Gabor Szilasi

Le monde de l'art à Montréal

1960–1980

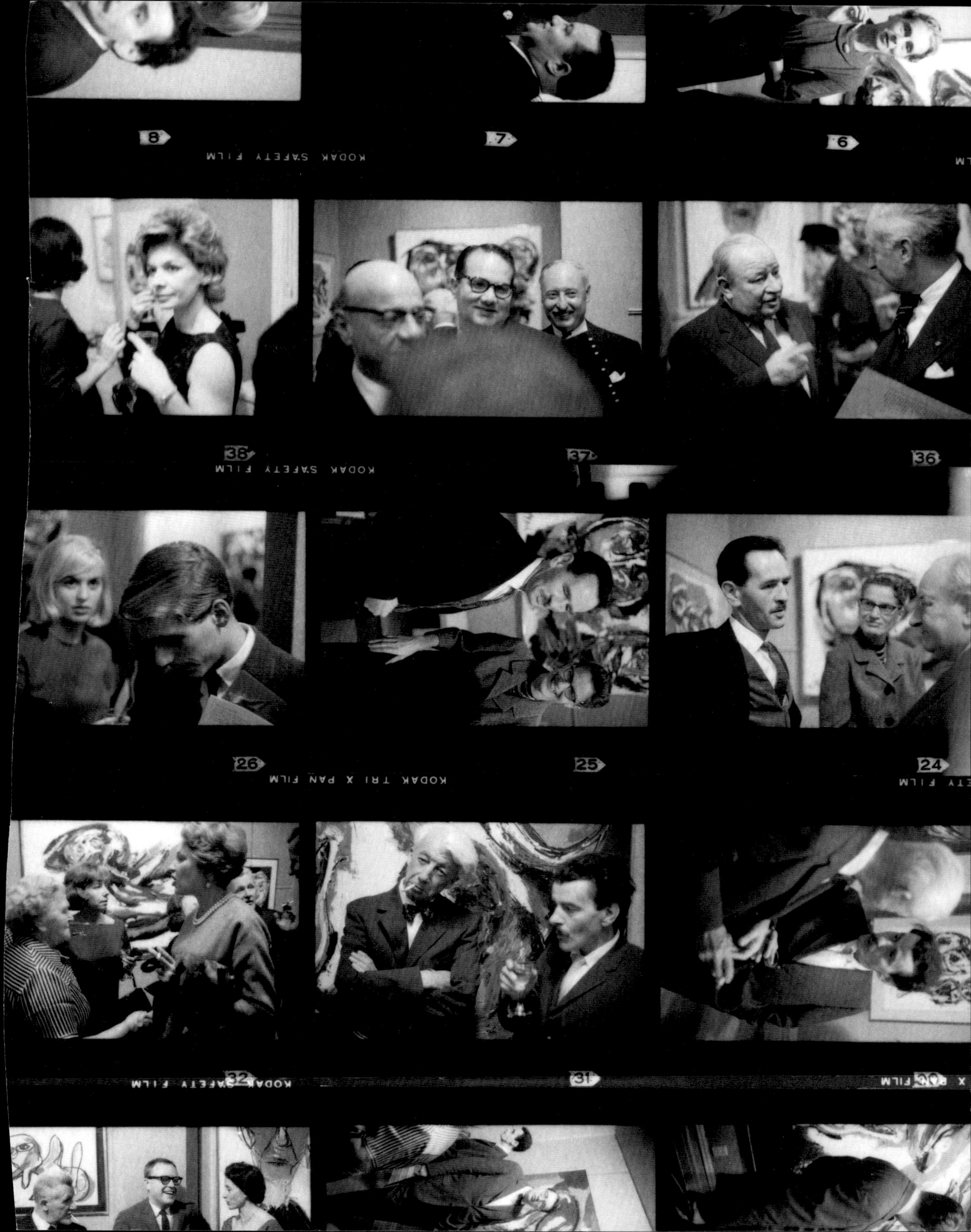

KODAK SAFETY FILM
KODAK TRI X PAN FILM

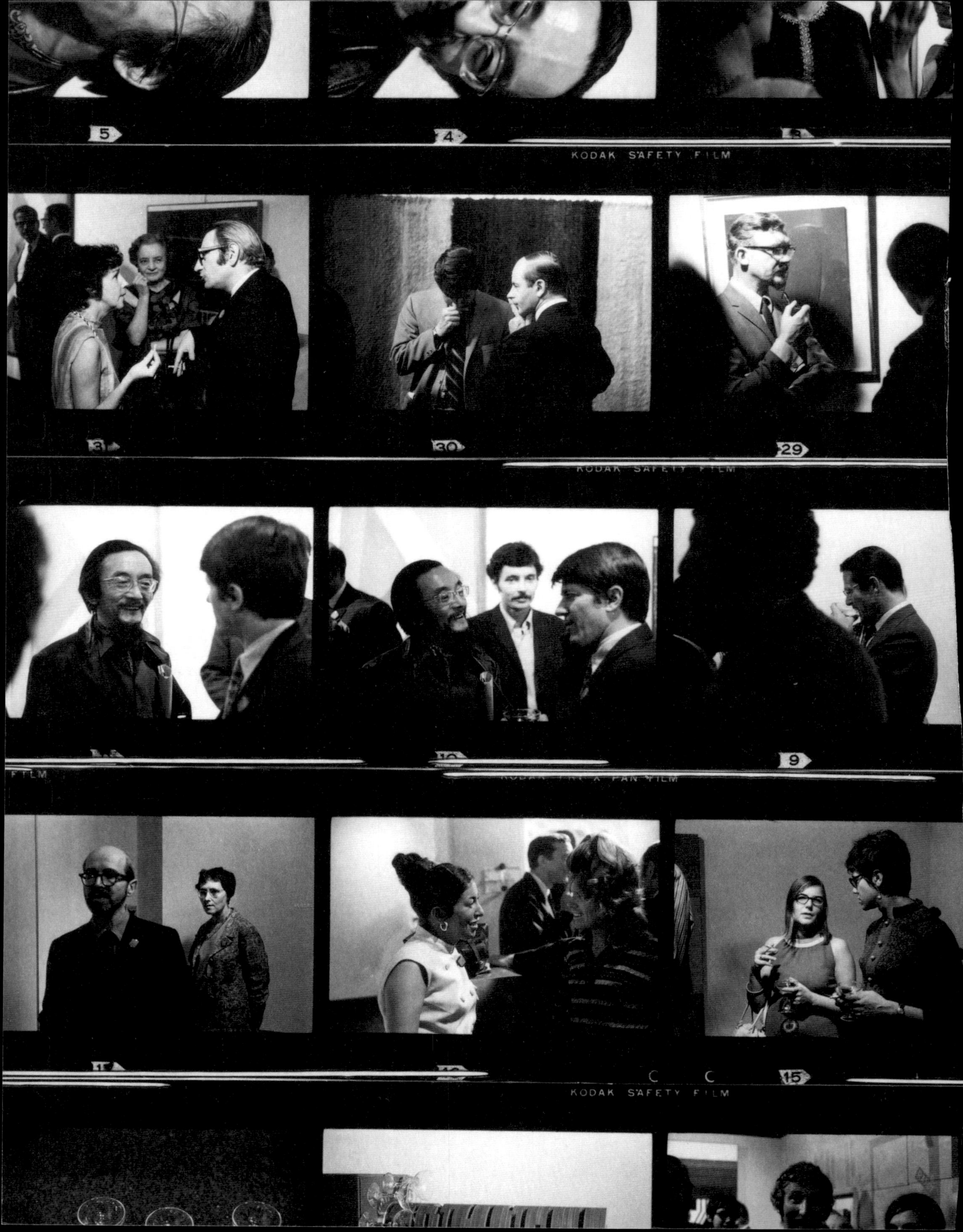
5
4
KODAK SAFETY FILM
30
29
9
15
KODAK SAFETY FILM

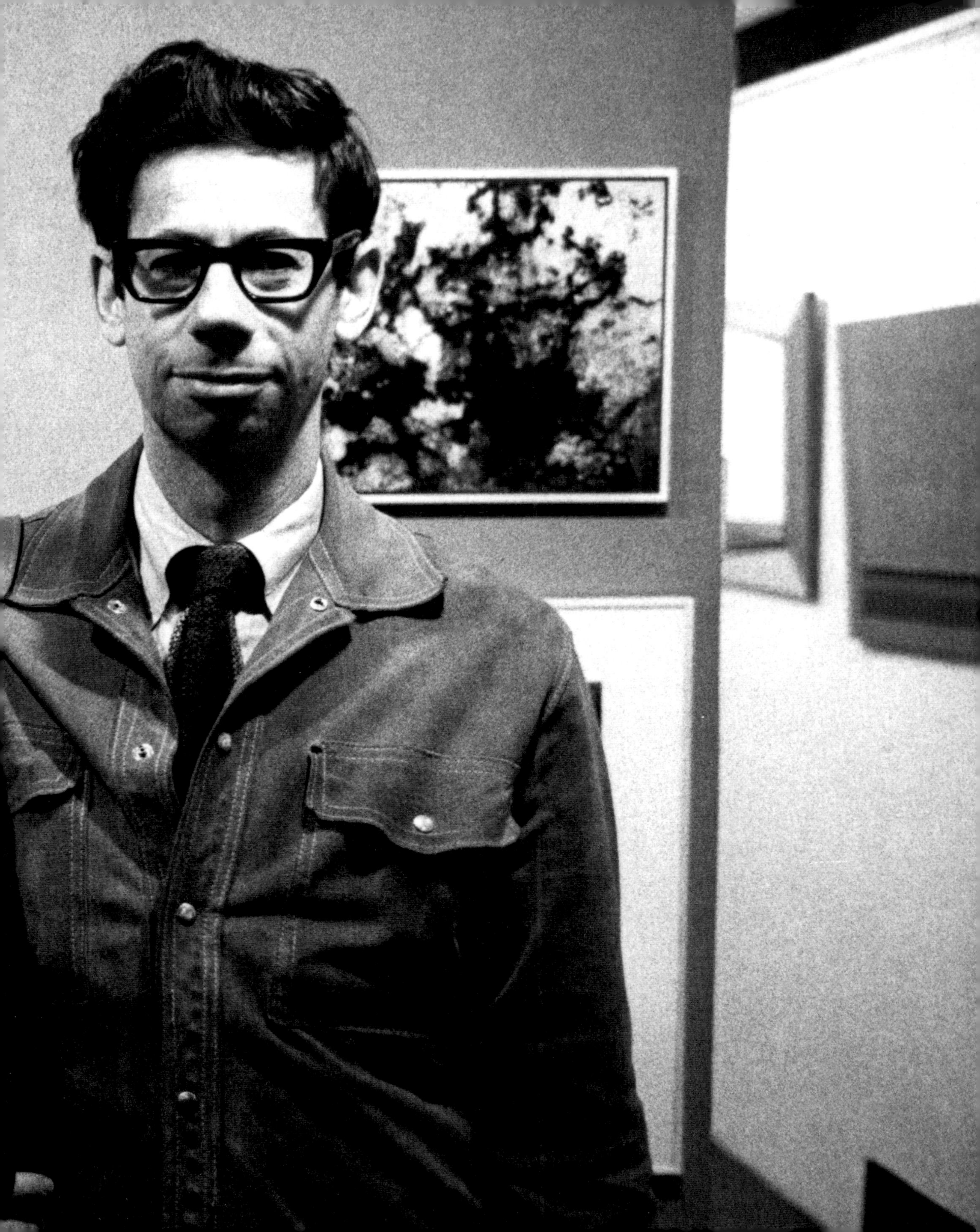

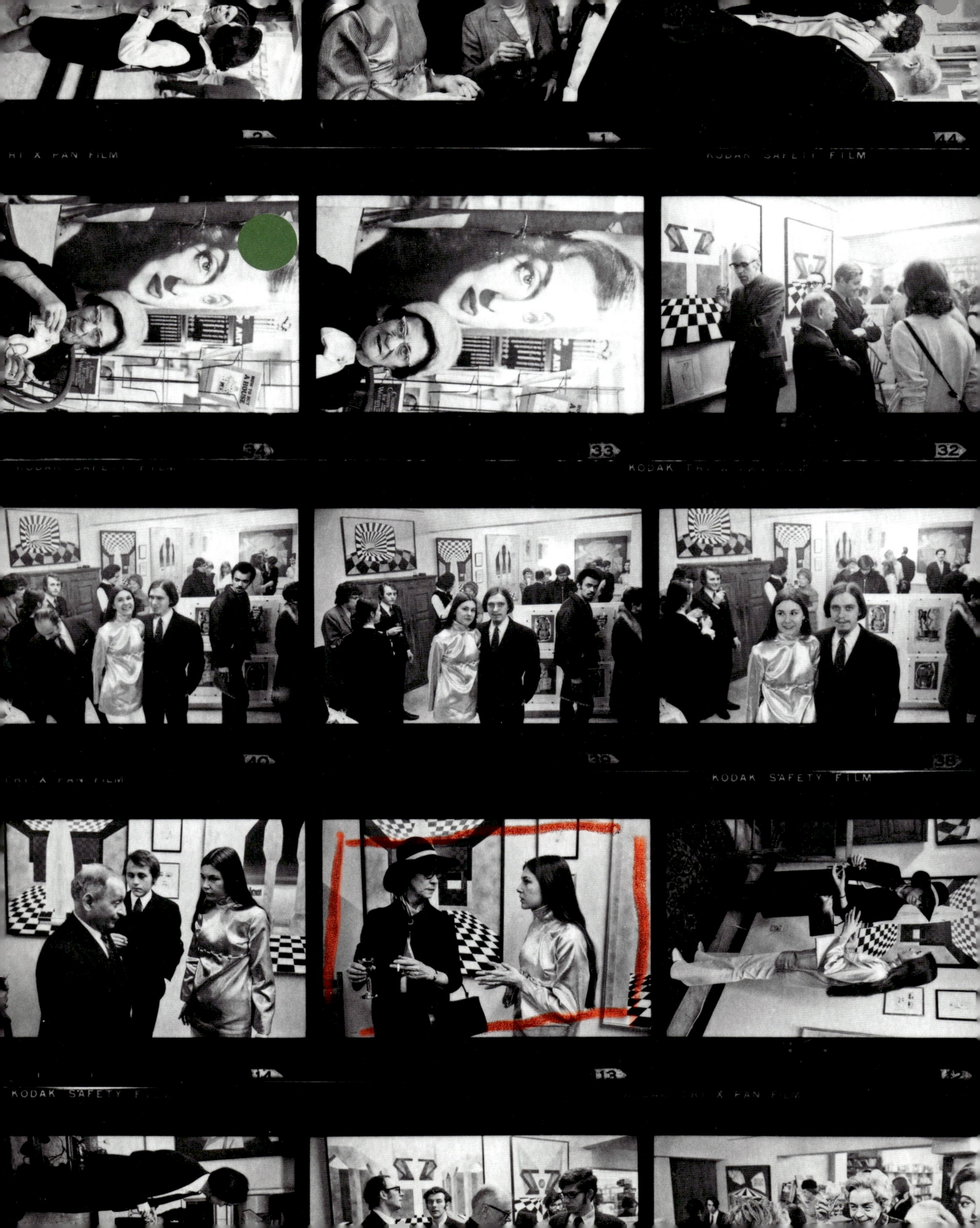
KODAK SAFETY FILM
44
33
32
KODAK SAFETY FILM
KODAK SAFETY

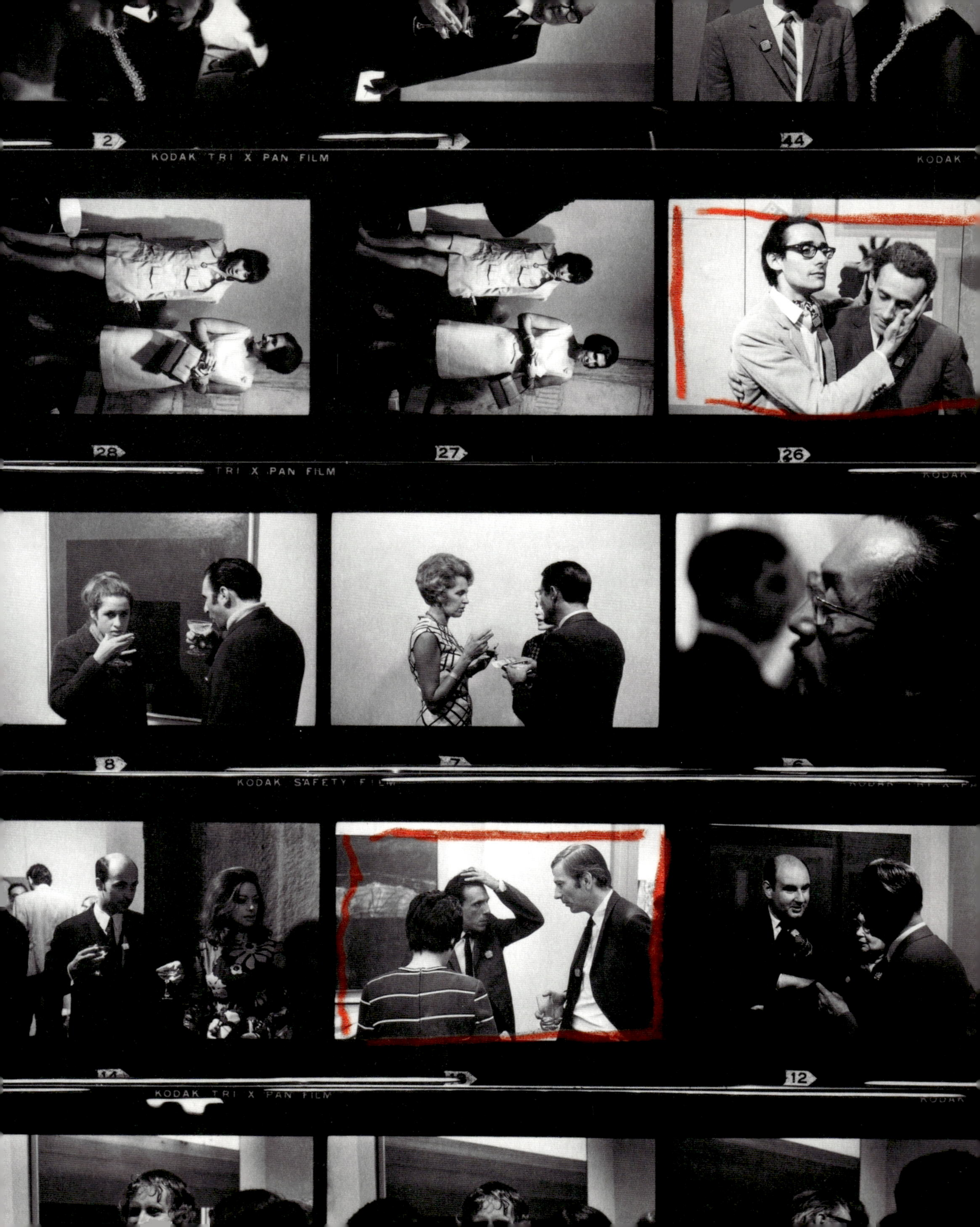
2
44
KODAK TRI X PAN FILM
KODAK
28
27
26
TRI X PAN FILM
8
KODAK SAFETY FILM
12
KODAK TRI X PAN FILM

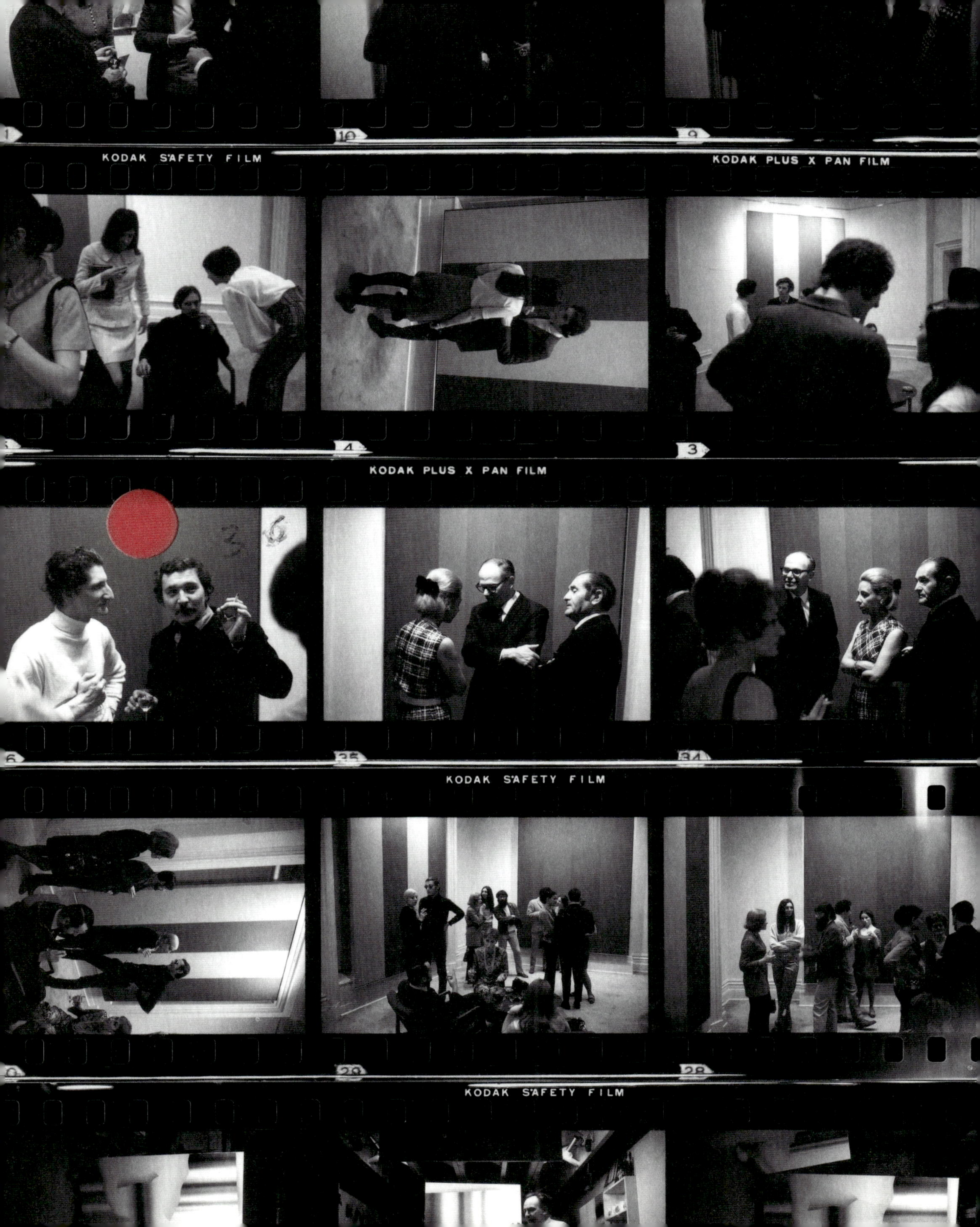
KODAK SAFETY FILM
KODAK PLUS X PAN FILM
KODAK PLUS X PAN FILM
KODAK SAFETY FILM
KODAK SAFETY FILM

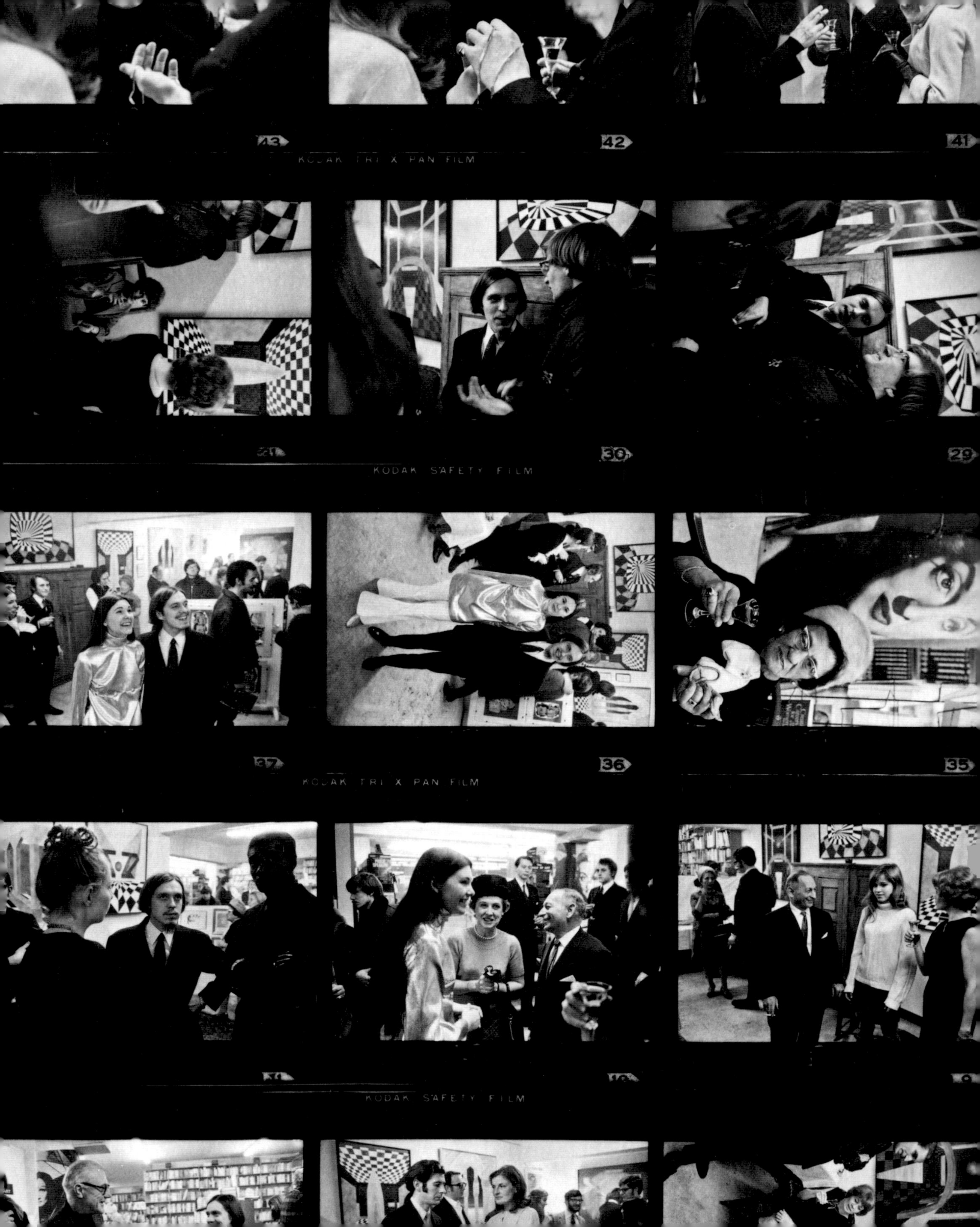
42
41
KODAK TRI X PAN FILM
30
29
KODAK SAFETY FILM
36
35
KODAK TRI X PAN FILM
KODAK SAFETY FILM

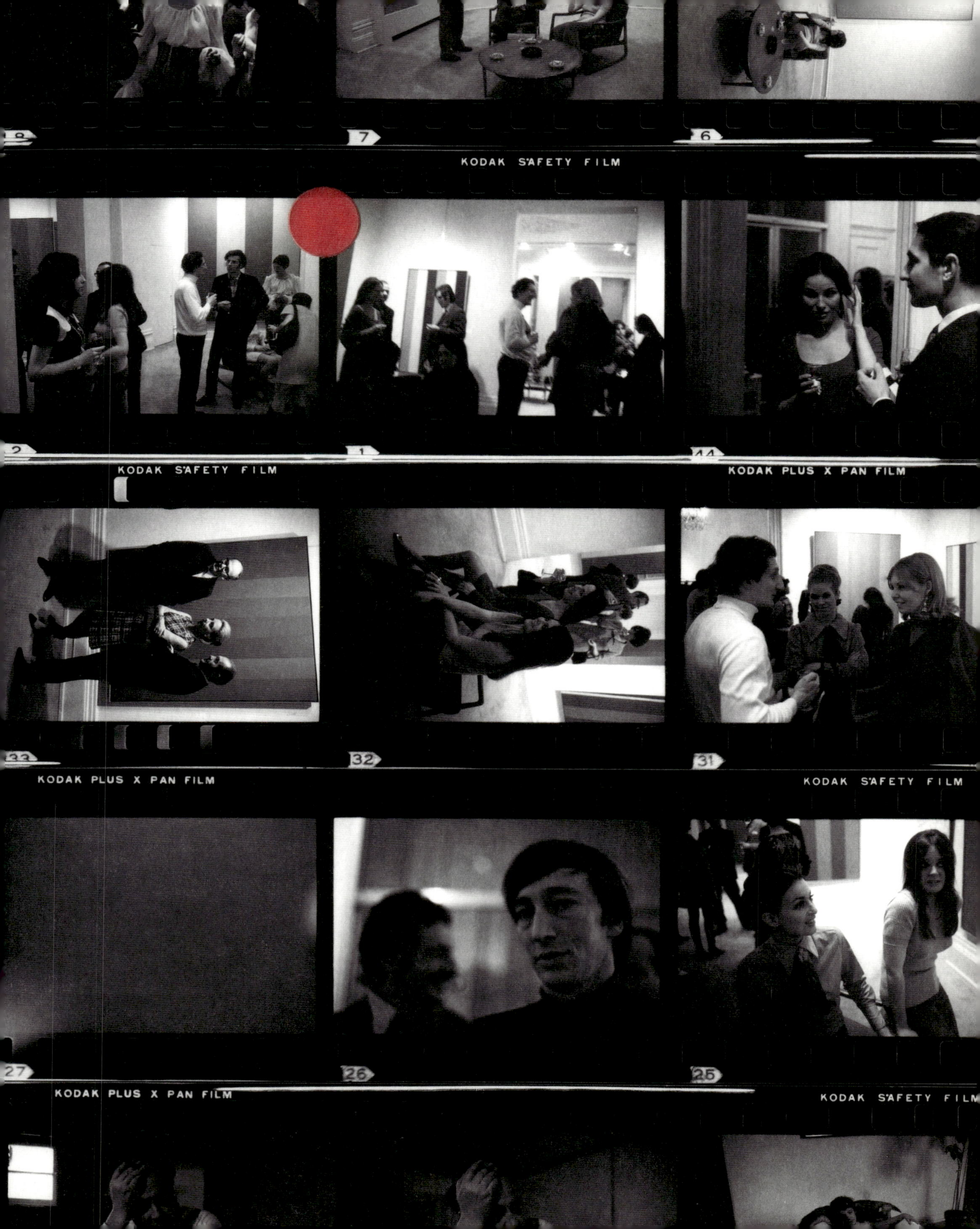
7
6
KODAK SAFETY FILM
1
44
KODAK SAFETY FILM
KODAK PLUS X PAN FILM
32
31
KODAK PLUS X PAN FILM
KODAK SAFETY FILM
27
26
25
KODAK PLUS X PAN FILM
KODAK SAFETY FILM

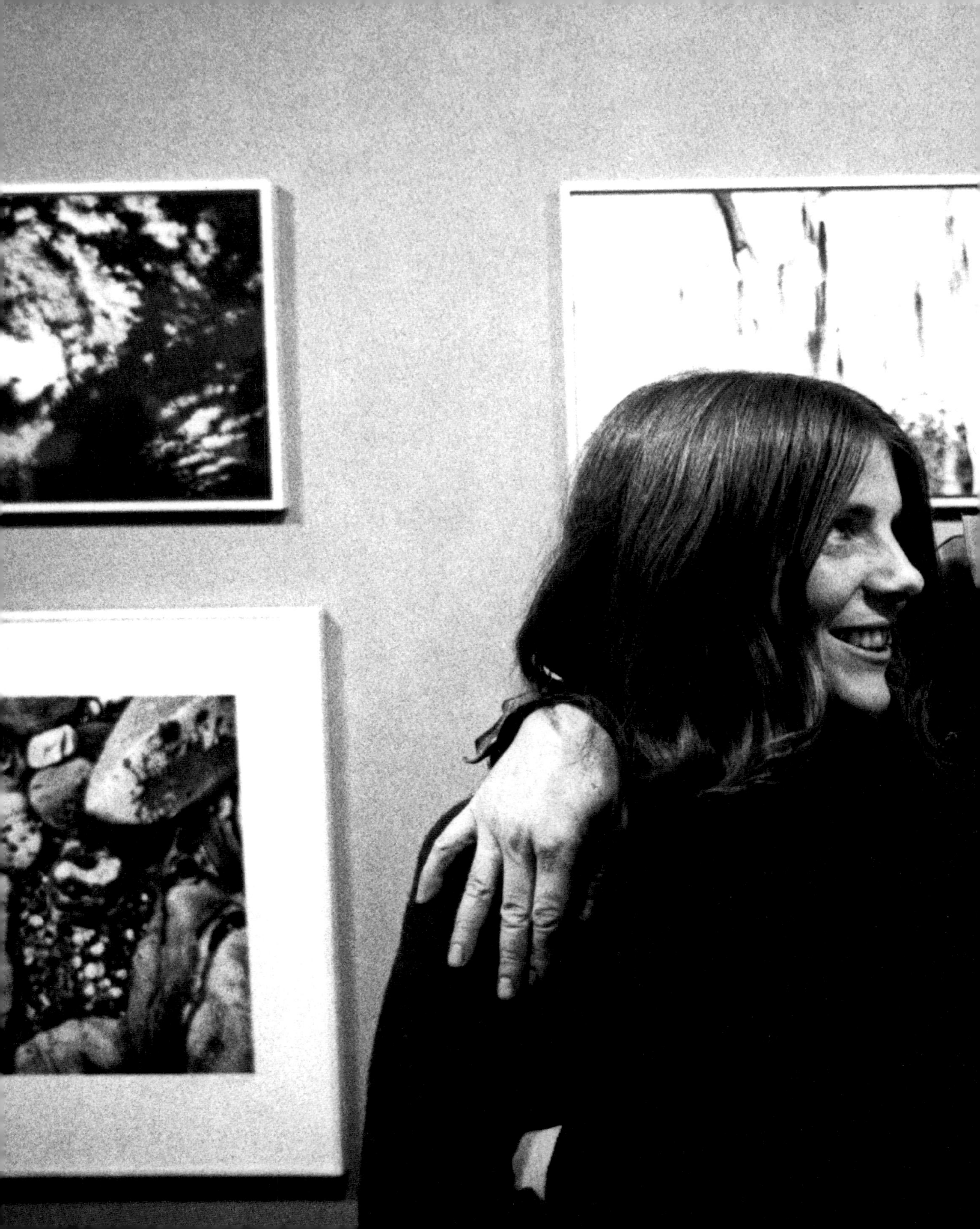

Gabor Szilasi
Le monde de l'art à Montréal
1960–1980

Sous la direction de Zoë Tousignant

MUSÉE McCORD

Publié en collaboration avec
McGill-Queen's University Press

AVANT-PROPOS

Suzanne Sauvage
Présidente et chef de la direction
Musée McCord

Gabor Szilasi – Le monde de l'art à Montréal, 1960–1980 a d'abord été une exposition présentée au Musée McCord de décembre 2017 à avril 2018. Les photographies inédites que Gabor Szilasi a réalisées spontanément lors de vernissages d'expositions et autres événements culturels nous révélaient un monde de l'art fébrile, intense, joyeux et manifestement optimiste, alors que la Révolution tranquille bouleversait les valeurs traditionnelles de notre société et ouvrait la porte à une grande liberté d'expression. Sans le savoir et sans le vouloir, avec ces images, Gabor Szilasi brossait pour les générations à venir le portrait d'une époque déterminante de l'art contemporain à Montréal. Quelle découverte et quelle richesse !

Conscients que nous n'avions montré qu'une petite partie de ce corpus d'environ 3 600 négatifs, nous avons cru opportun, en tant que musée d'histoire sociale dont les collections documentent la vie à Montréal d'hier et d'aujourd'hui, de rendre une plus vaste sélection de ces photographies accessible de façon permanente tant aux chercheurs qu'à un large public.

C'est ainsi que nous avons entrepris la publication de ce livre réalisé sous la direction de Zoë Tousignant, conservatrice adjointe, Photographie au Musée McCord. Je tiens à lui exprimer toute ma reconnaissance pour le professionnalisme et la passion dont elle a fait preuve pour mener à bien ce projet. Mes remerciements également aux auteures Martha Langford et Andrea Szilasi dont les textes nous apportent de nouveaux éclairages sur le photographe, l'homme et son œuvre.

J'exprime aussi toute ma gratitude à Gabor Szilasi qui a répondu avec enthousiasme à notre invitation à collaborer à cette publication et dont l'ouverture d'esprit, la sagesse et l'humour nous ont inspirés tout au long de ce travail.

Enfin, je remercie chaleureusement le Conseil des arts du Canada et le Conseil des arts et des lettres du Québec pour leur précieux soutien sans lequel cette publication n'aurait pu voir le jour.

INTRODUCTION

Zoë Tousignant
Conservatrice adjointe, Photographie
Musée McCord

Né en Hongrie en 1928, le photographe Gabor Szilasi immigre au Canada en 1957. Peu après s'être installé à Montréal, il commence à photographier les nombreux vernissages auxquels, avec sa femme l'artiste Doreen Lindsay, il assiste régulièrement. Au cours des deux décennies suivantes, il produira ainsi un important corpus photographique sur les individus composant la communauté des arts visuels de Montréal, dont certains joueront un rôle clé dans l'histoire de l'art au Canada.

Cet important ensemble, qui comprend quelque 3 600 négatifs, a été entièrement photographié en 35 mm, principalement avec un appareil Leica M4. Il est resté en grande partie inconnu jusqu'à ce qu'en 2017 une sélection de quarante-trois images devienne le sujet de l'exposition *Gabor Szilasi – Le monde de l'art à Montréal, 1960–1980*, organisée par le Musée McCord. Cette exposition qui fut une révélation pour de nombreuses personnes a symboliquement rendu ces photographies à la communauté d'où elles provenaient.

Le livre que voici en est un prolongement. Il présente cent images qui rendent compte, avec la candeur, la perspicacité et l'humour caractéristiques de Szilasi, de certains des changements qui se sont produits dans le monde de l'art montréalais au cours des années 1960 et 1970. Les images montrent qu'à l'élégance discrète du début des années 1960 a succédé, vers la fin de la décennie, une ambiance d'enthousiasme débridé qui, avec l'arrivée des années 1970, a elle-même été remplacée par une atmosphère d'irrévérence décontractée. Surtout, elles témoignent de l'inaltérable fascination que les gens—en particulier les artistes—exercent sur Szilasi. Photographier les vernissages l'a peut-être aidé, au début, à s'intégrer sur la scène artistique, mais c'est ensuite devenu une façon de reconnaître les rapports affectifs qui le lient à sa ville d'adoption. Prises parallèlement à ses nombreux portraits d'artistes et à ses commandes de documentation d'œuvres d'art, les images révèlent le rôle central de Szilasi dans ce milieu.

Le livre contient trois essais ainsi qu'un entretien avec le photographe qui offrent différents points d'entrée dans son œuvre. Le premier essai donne un aperçu de l'histoire institutionnelle illustrée par le corpus. Le deuxième, par l'historienne de la photographie Martha Langford, discute du rôle performatif des photographies de Szilasi en tant qu'éléments constitutifs du monde de l'art montréalais. L'artiste Andrea Szilasi, fille du photographe, signe le troisième essai : elle y évoque sa propre expérience des vernissages où elle allait avec ses parents. Une conversation entre Szilasi et moi-même sur la signification plus large des photographies de vernissage dans son œuvre complète le tout.

Bien des gens qui faisaient partie intégrante de la communauté représentée dans ces pages sont aujourd'hui décédés. Ce livre leur est dédié. Avec l'aide de ceux et celles qui restent, nous avons cherché à identifier tant les personnes que les lieux qui ont contribué à bâtir cette histoire commune de l'art. Le livre se termine par un index des sujets représentés. À ceux et celles qui ont participé à cette histoire orale, nous adressons nos plus sincères remerciements.

LE MONDE DE L'ART DE GABOR

Zoë Tousignant

Il n'y a rien *dans* l'art qui en fait de l'art. Il n'y a pas de condition esthétique essentielle sans laquelle un objet donné ne peut pas être considéré comme de l'art. C'est plutôt le cadre, la structure complexe des institutions et discours entourant un objet qui lui donne ce statut. Telle est, en substance, la définition institutionnelle de l'art, un modèle esquissé en 1964 par Arthur C. Danto dans «The Artworld[1] ». Écrivant à l'époque où les boîtes de Brillo de Warhol et les bandes dessinées de Lichtenstein faisaient leur entrée au musée et sur le marché, Danto cherchait à établir une base philosophique pour l'idée selon laquelle *n'importe quoi* peut être de l'art si c'est légitimé par le monde de l'art[2].

On voit très peu d'art dans l'immense corpus photographique de Gabor Szilasi sur les vernissages d'exposition tenus à Montréal au cours des années 1960 et 1970. Parmi les cent images contenues dans ce livre, choisies dans un ensemble constitué d'une centaine de rouleaux de pellicule 35 mm—quelque 3 600 négatifs—, seulement quelques-unes permettent de voir les œuvres exposées. Sur les photographies de Szilasi, les œuvres fonctionnent généralement comme d'intéressants arrière-plans aux portraits de face ou offrent des contrepoints physiques aux corps debout ou assis dans l'espace d'exposition (p. 45, 91, 98–99, 117). Le photographe a un remarquable talent pour capter les étranges moments de mimétisme entre le spectateur et l'œuvre d'art (p. 44, 46–47, 100), et pourtant, même dans ces cas, l'art n'est pas le principal sujet de la photographie.

Dans la documentation ainsi produite par Szilasi sur le monde de l'art montréalais, les personnes occupent le premier plan : les artistes, mais aussi les galeristes, les commissaires, les critiques, les collectionneurs, et tous les gens qui, d'une façon ou d'une autre, faisaient partie de la scène. Le photographe l'avoue, c'étaient les gens qui l'intéressaient dans les vernissages[3]. C'étaient leurs visages, leurs gestes, leurs manières de se comporter—en d'autres mots, leur humanité—qui méritaient d'être photographiés. Il l'a fait plusieurs décennies durant, de son arrivée à Montréal en 1959 jusqu'au milieu des années 1980 environ, moment où son intérêt s'est estompé, ou s'est porté ailleurs. Pendant ces années, Szilasi a accumulé ce qui deviendrait un incomparable répertoire des individus composant la communauté des arts visuels de Montréal. *Tout le monde* n'y est pas, bien sûr, parce que le choix des personnes sur qui il dirigeait son appareil était en partie déterminé par ses relations personnelles : ses connaissances (ce qui est déjà beaucoup de monde !) et ses amis. Néanmoins, la force de ce corpus, si on le considère comme un grand projet documentaire à long terme, tient à sa fidèle et empathique représentation d'une communauté de personnes dans laquelle le photographe était profondément enraciné.

Chose plus importante encore aux fins de cet essai, la force du projet tient aussi à l'inventaire des *contextes* dans lesquels s'inscrit l'art contemporain à Montréal à l'époque. Suivant les conventions de la photographie documentaire, les titres des images se présentent comme des énumérations de faits : qui, quoi, où, quand. En l'absence occasionnelle d'un *qui* identifié, le *où* devient le point d'ancrage, vraisemblablement plus que le *quand*, parce qu'à part quelques dates emblématiques qui sont en soi de puissants dispositifs mnémoniques en raison de leur résonance culturelle (1967, 1970, 1976, etc.), les distinctions entre les années sont rarement significatives. L'ensemble compose une histoire institutionnelle, un registre des structures physiques et sociales de diffusion de l'art contemporain pendant une période de rapide expansion et de changement dans l'art à Montréal, au Québec et au Canada. Autrement dit,

fig. 1 Vernissage de l’exposition de Roy Kiyooka à la Galerie du Siècle, octobre 1965

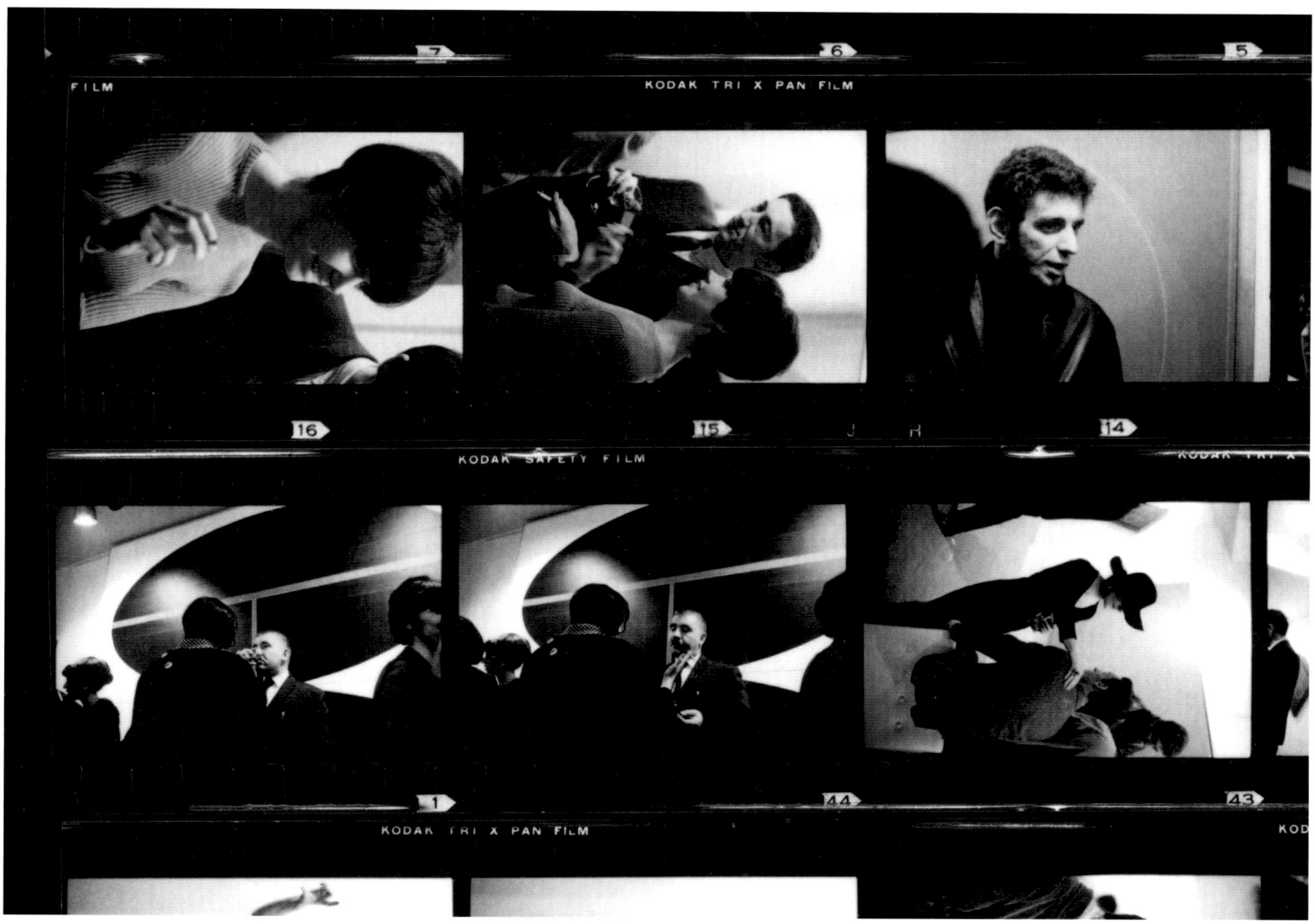

fig. 2 Vernissage de l'exposition de Günter Nolte à la Galerie Sherbrooke, janvier 1970

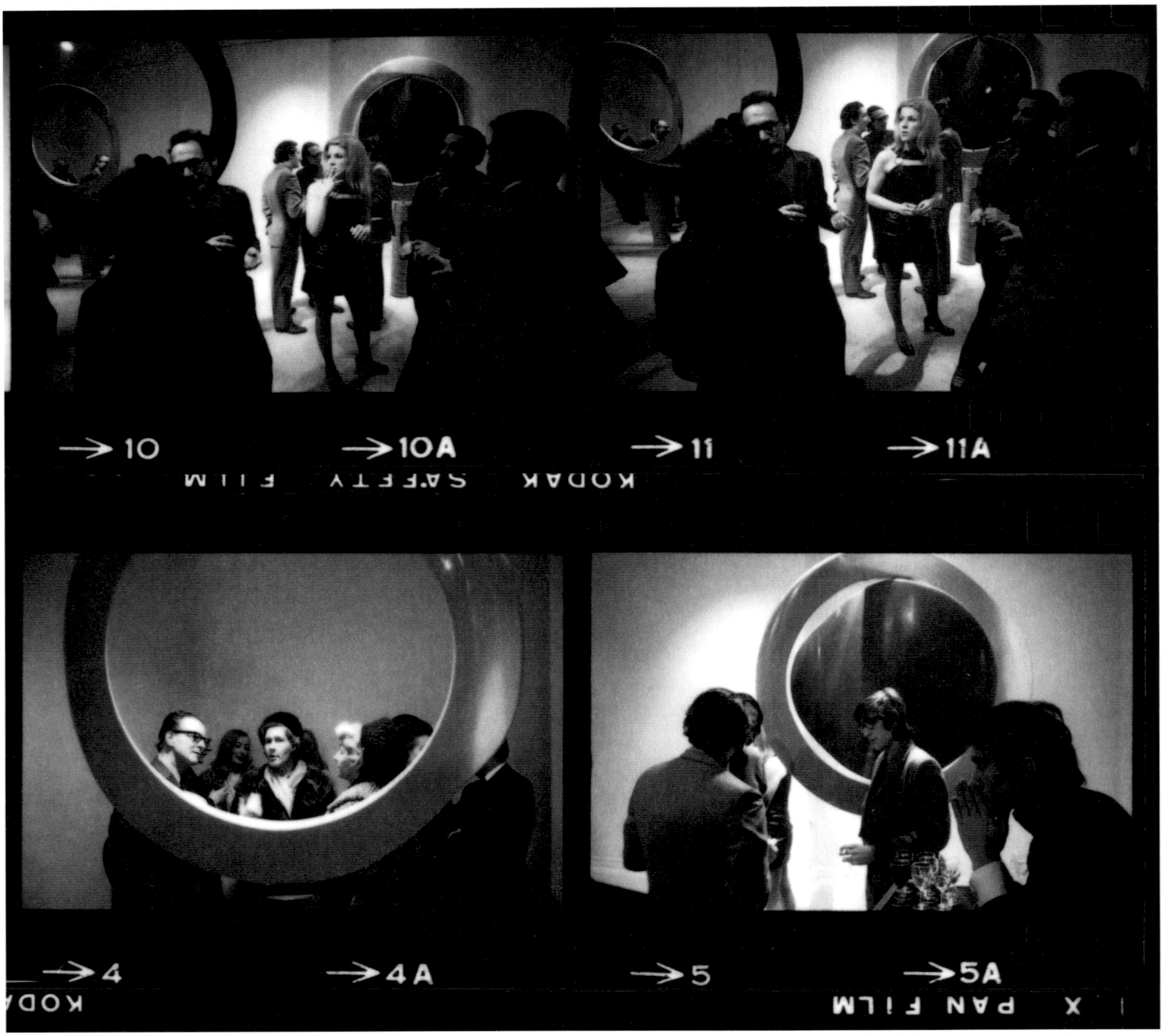

bien qu'on n'y voie pas beaucoup d'œuvres d'art, les images sont une représentation du cadre qui légitime l'art—une représentation du monde de l'art.

Beaucoup des premières photographies de vernissages de Szilasi, celles de la première moitié des années 1960, ont été prises dans des galeries d'art privées pour la plupart situées à l'époque au centre-ville, non loin du Musée des beaux-arts de Montréal (MBAM). Espace dynamique de diffusion de l'art contemporain, ce musée était aussi un pôle d'attraction pour les galeries privées, qui souhaitaient bénéficier de la proximité du musée en s'attirant la clientèle qui le fréquentait[4]. D'après ses dossiers, Szilasi n'a pas assisté à beaucoup de vernissages au MBAM, exception faite, notamment, de l'exposition conjointe de peintures de Tobie Steinhouse et de sculptures de Stanley Lewis en mai 1959 (p. 38–40), et de la rétrospective posthume Paul-Émile Borduas en janvier 1962 (p. 46–49). Ses photographies de galeries voisines du MBAM comme la Galerie Dresdnere et la Galerie Agnès Lefort (plus tard Galerie Godard Lefort) sont plus fréquentes.

Comme l'a démontré l'historienne de l'art Hélène Sicotte, dans les années 1950 et au début des années 1960 les galeries privées de Montréal, quoique peu nombreuses comparativement à aujourd'hui, ont connu un véritable « boom ». Pendant cette période, une vingtaine de galeries se sont ajoutées aux cinq de quelque importance existant à la fin des années 1940[5]. La scène comptait en outre quelques personnalités marquantes qui, par leur engagement à faire connaître les œuvres récentes d'artistes locaux, auraient une influence durable sur le développement du monde de l'art à Montréal. Simon Dresdnere, auparavant directeur de la succursale montréalaise de la Galerie Monique de Groote, a ouvert sa galerie éponyme en 1959 au 2170 de la rue Crescent[6]. Les photographies que Szilasi fait de cette galerie indiquent que Dresdnere montait régulièrement des expositions d'œuvres abstraites d'artistes québécois et canadiens tels Harold Town (p. 44–45), Robert Roussil (p. 56) et Edmund Alleyn (p. 58).

Agnès Lefort avait été une figure influente dans le milieu des galeries privées au cours des années 1950, mais au moment où Szilasi commença à photographier des vernissages à la Galerie Agnès Lefort, celle-ci avait déjà été achetée par Mira Godard, qui deviendrait elle-même connue comme une pionnière pour son soutien à l'art contemporain au Canada[7]. Les nombreux rouleaux de pellicule que Szilasi a consacrés à cette galerie, située au 1504, rue Sherbrooke Ouest pendant la plus grande partie des années 1960, nous renseignent sur des expositions d'artistes comme Marcelle Ferron (p. 42–43), Louise Louvin (p. 50–51), Stanley Lewis (p. 52) et Arthur Lismer (p. 60). Ses photographies d'une exposition de peintures de l'artiste néerlandais Karel Appel, membre central du mouvement d'art moderne connu sous le nom de CoBrA, dénotent l'intérêt pour la création de liens entre l'avant-garde européenne et les courants esthétiques locaux. Les peintres Jean McEwen, Yves Gaucher et Jacques de Tonnancour sont parmi les artistes présents au vernissage de l'exposition Appel tenue en 1962 (p. 1, 53–55)[8].

Dans la deuxième moitié des années 1960, Szilasi a assisté à de nombreux vernissages à la Galerie du Siècle et à la Galerie Sherbrooke, deux lieux qui ont constamment soutenu l'art contemporain—et en particulier l'art abstrait—québécois et canadien. La spacieuse Galerie du Siècle, située au 1494, rue Sherbrooke Ouest, a été fondée en 1963 par la galeriste Denyse Delrue, avec l'appui financier de l'homme d'affaires et mécène Aubert Brillant[9]. De 1965 jusqu'à sa fermeture deux ans plus tard, elle a été dirigée par le critique d'art Yves Lasnier. Szilasi y a photographié deux expositions de Roy Kiyooka, artiste de Vancouver qui a vécu à Montréal de 1965 à 1970 (fig. 1, p. 62–63). Les expositions à la Galerie du Siècle de cet artiste qui représentait le Canada à la Biennale de São Paulo en 1965 témoignent du rôle central de Montréal sur la scène nationale des arts visuels, en même temps que d'une affinité entre l'approche picturale de Kiyooka et celle de plusieurs artistes québécois (dans un article de 1966, Fernande Saint-Martin faisait même de Kiyooka un membre du groupe des « plasticiens de Montréal »[10]).

La Galerie Sherbrooke, fondée par l'homme d'affaires Henry Federer, a été inaugurée en janvier 1969 dans une belle demeure sise au 1196, rue Sherbrooke Ouest. Ouverte pour seulement un an environ, elle présentera des œuvres contemporaines de nombreux artistes canadiens, dont Ronald Bloore, Greg Curnoe, Kosso Eloul, Guido Molinari (p. 6–7), Günter Nolte (fig. 2), Claude Tousignant (p. 82–83) et Rita Letendre (p. 85). Federer, peut-on lire dans un court mais enthousiaste compte rendu sur le premier et très réussi vernissage de la Galerie Sherbrooke, publié dans la revue *Vie des arts*, « rêve d'exposer les meilleurs peintres du Canada, de Montréal, Québec, Toronto, Vancouver. En fait, d'un océan à l'autre. [...] Je crois, dit-il, que l'on trouvera ici ce qu'il y a de plus nouveau, voire futuriste dans la peinture canadienne[11] ». Cette célébration avouée d'un art d'avant-garde et d'un art canadien—et l'idée que leur combinaison pourrait être un judicieux investissement financier—est l'aboutissement d'un virage, commencé plus tôt dans les années 1960, vers une plus grande acceptation sociétale de l'art moderne et contemporain.

Au cours des années 1960, comme l'historienne de l'art Francine Couture l'a démontré, l'art qui durant les deux décennies précédentes était considéré comme rebelle ou d'avant-garde s'est progressivement imposé et a même été érigé en emblème de l'identité culturelle québécoise et canadienne[12]. Avec la génération des automatistes, puis des plasticiens et des post-plasticiens, l'art abstrait, en particulier, est devenu une sphère culturelle intéressante pour les gens d'affaires et les gouvernements. La Galerie du Siècle et la Galerie Sherbrooke peuvent sans doute être considérées comme les descendantes *mainstream* de L'Actuelle et de L'Échourie, deux importantes galeries alternatives qui, au cours de la décennie précédente, avaient offert à l'avant-garde un lieu de refuge, à l'écart des galeries privées plus conventionnelles[13].

Dans le corpus de photographies de Szilasi, la grande cérémonie de canonisation des automatistes et de leurs successeurs est représentée par le vernissage de l'exposition *Borduas et les automatistes, Montréal, 1942–1955*, tenue au Musée d'art contemporain en décembre 1971[14] (p. 29, 94–95, 154–155). À en juger par les photos, l'événement remplissait une fonction cathartique. L'exposition était la dernière d'une série montée par le Musée d'art contemporain et mettant en vedette le travail des automatistes. Le Musée en avait aussi présenté une version au cours de l'été 1967; organisée pour coïncider avec Expo 67, elle était le tout premier survol de la production picturale moderne et contemporaine du Québec[15]. Au moment de l'exposition de 1971, cette production était devenue tout à fait établie—c'était ça, l'art québécois.

Pendant la seconde moitié des années 1960, toutefois, la peinture abstraite gagnant du terrain sur le plan culturel, de nombreux lieux qui n'étaient ni des galeries privées ni des musées ont émergé, reflétant la diversité des recherches artistiques de l'époque. Szilasi fréquentait toutes sortes de lieux, dont le Loyola Bonsecours Centre, lieu d'art multimédia expérimental administré par le collège Loyola (aujourd'hui l'Université Concordia) de 1965 à 1968 et situé sur la rue Saint-Paul dans le Vieux-Montréal (p. 68–71); Le Drug, espace-concept conçu par François Dallegret, ouvert en 1965 et qui a fonctionné pendant deux ans simultanément comme pharmacie, boutique, restaurant, discothèque, bureau de poste et galerie d'art (p. 64–65); et le Mansfield Book Mart, librairie/galerie anglophone appartenant au spécialiste des livres anciens Heinz Heinemann, située au 2065, rue Mansfield (p. 4–5, 76–77, 79). Szilasi est également allé au Café l'Œuf, un établissement de la bohème qui, rue Saint-Denis, tenait des expositions et a même présenté une brève série de « happenings photo » au cours desquels des groupes de gens se photographiaient mutuellement, tous en même temps (p. 66–67)[16]. Il se dégage des photographies de ces différents endroits une formidable énergie, l'impression que tout est possible, comme si le caractère expérimental des œuvres présentées avait imprégné jusqu'à l'atmosphère des vernissages.

Une part de l'esprit qui animait ces espaces alternatifs de diffusion serait réimaginée et formalisée au début des années 1970 avec la fondation de certains des premiers centres d'artistes autogérés du Canada[17]. Szilasi était présent à l'inauguration de Véhicule Art, installé d'abord, en octobre 1972, au 61, rue Sainte-Catherine Ouest (p. 100–103, 144–145)[18]. Ses photographies de l'événement rendent compte de l'excitation engendrée par ce nouveau centre, conçu à la fois comme une galerie d'arts visuels et un lieu pour la présentation de performances, vidéos, films, danse, musique et soirées de poésie. Mais elles révèlent également qu'on se souciait peu du décorum, comme si l'inauguration de ce centre n'était qu'un autre *party*, avec des gens qui dansent ou s'assoient, décontractés, le dos appuyé au mur. D'ailleurs, les *partys* étaient de rigueur à l'atelier d'impression et galerie Graff, centre autogéré fondé par l'artiste Pierre Ayot en 1966. Les photographies prises par Szilasi au lancement des Éditions Graffofones en mai 1973 à la Galerie de l'Atelier Graff, au 848, rue Marie-Anne, montrent à quel point les vernissages étaient devenus chaotiques (p. 112–115)[19]. Le photographe a assisté également à de nombreux vernissages à la Galerie Powerhouse (aujourd'hui La Centrale Galerie Powerhouse) en raison de la participation de son épouse, Doreen Lindsay, à ce centre fondé en 1973 par un collectif de femmes artistes et d'abord situé à l'étage d'un appartement du 1210, avenue Greene (p. 123, 132, 134–135)[20].

La création de ces centres témoigne d'une évolution dans l'art et la pratique de l'art. Les centres d'artistes autogérés offraient le premier cadre institutionnel officiel à des formes d'expression qui, auparavant, se rangeaient difficilement dans la catégorie de l'art, y compris—pour n'en nommer que quelques-unes—la performance, l'art féministe, la photographie et l'art multimédia. Leur création était également le résultat d'un processus complexe de professionnalisation de l'artiste, commencé dans les années 1960 et ancré dans un désir de reconnaissance, au niveau sociétal, du travail des artistes. Si les années 1960 ont apporté la reconnaissance culturelle et financière à certains d'entre eux, les années 1970 ont mis de l'avant la conviction que les artistes peuvent et doivent contrôler leurs propres institutions et leurs propres moyens de subsistance[21].

De tels changements seraient assimilés tant par les galeries privées que par les musées. La Galerie Martal a été un précurseur dans l'acceptation commerciale de nouvelles formes d'art. Fondée en 1972 par la mécène Martha Tapiero-Lawee et le financier Alfred Lawee, cette galerie du 1110, rue Sherbrooke Ouest exposait des œuvres qui mettaient en question les exigences traditionnelles du marché de l'art (p. 96–99, 108, 118–119, 158–159). Les images que Szilasi y a prises d'un vernissage de sculptures de Günter Nolte donnent à voir une galerie investie par les artistes, qui sont debout ou assis par terre entre les œuvres, manifestement absorbés dans d'intenses conversations. Ici, le lieu de diffusion de l'art n'est plus réservé principalement à l'élite, aux marchands et aux collectionneurs qui vendent et achètent des œuvres, il appartient désormais au domaine des créateurs eux-mêmes. Dans ce nouveau contexte, le fait qu'une œuvre puisse facilement être accrochée dans une maison a moins d'importance que sa capacité à véhiculer la vision unique de l'artiste, et le vernissage offre le cadre idéal pour discuter de cette vision.

Szilasi a photographié ces transformations dans la structure du monde de l'art montréalais avec constance et sans juger. Il était toujours intéressé, toujours attentif, toujours prêt à sortir pour soutenir ses amis et connaissances, indépendamment de l'endroit où l'exposition se tenait. Les gens qu'il a photographiés aux vernissages—leur apparence, leurs comportements—ont changé au fil des ans, tout comme le cadre d'approbation de l'art. Ce qui n'a pas changé, jamais, c'est la fascination du photographe pour son sujet.

1 Arthur Danto, « The Artworld », *Journal of Philosophy*, vol. 16, n° 19 (American Philosophical Association Eastern Division Sixty-First Annual Meeting, 15 octobre 1964), p. 571–584 (traduction française parue en 2004 sous le titre « Le Monde de l'art » dans *Philosophie analytique et esthétique*, Klincksieck).

2 Danto a plus tard développé son argumentaire dans *The Transfiguration of the Commonplace: A Philosophy of Art*, Cambridge (Mass.), Harvard University Press, 1981 (traduction française parue en 1989 sous le titre *La Transfiguration du banal : une philosophie de l'art*, Paris, Seuil).

3 Voir, dans ce livre, « Conversation avec Gabor Szilasi », p. 141.

4 Hélène Sicotte, « Un état de la diffusion des arts visuels à Montréal. Les années cinquante : lieux et chronologie. Deuxième partie : 1955 à 1961 », *Annales d'histoire de l'art canadien/Journal of Canadian Art History*, vol. 16, n° 2 (1995), p. 43.

5 *Ibid.*, p. 42.

6 *Ibid.*, p. 50–51.

7 La peintre Agnès Lefort a ouvert sa galerie en 1950 au 1028, rue Sherbrooke Ouest. Relocalisée ensuite au 1504, rue Sherbrooke Ouest, cette galerie fut achetée en 1961 par Mira Godard qui en conserva le nom jusqu'en 1968, année où elle la renomma Galerie Godard Lefort. Sur les contributions exceptionnelles d'Agnès Lefort et de Mira Godard au développement de l'art au Canada, voir Hélène Sicotte, *La Galerie Agnès Lefort, 1950–1961 : les années fondatrices*, Montréal, Galerie Leonard et Bina Ellen, 1996 ; et Heather Dianne Fyfe, « Mira Godard: Canada's Art Dealer », mémoire de maîtrise, Université Concordia, 2008.

8 Rappelons que Willem Sandberg, alors directeur du Stedelijk Museum d'Amsterdam et important défenseur du mouvement CoBrA, était également présent au vernissage, peut-être à la place de Karel Appel. Fait intéressant, Sandberg avait aussi été commissaire de la rétrospective Paul-Émile Borduas présentée au Stedelijk Museum en 1960–1961. Il semble que cette rétrospective ait été différente de celle présentée en 1962 au MBAM (photographiée par Szilasi), puis au Musée des beaux-arts du Canada et au Musée des beaux-arts de l'Ontario (alors respectivement appelés Galerie nationale du Canada et Art Gallery of Toronto). Voir François-Marc Gagnon, « Borduas, Paul-Émile », dans *Dictionaire biographique du Canada*, vol. 18, Université Laval/University of Toronto, 2003, consulté le 3 mars 2019, http://www.biographi.ca/fr/bio/borduas_paul_emile_18E.html

9 Yves Robillard, « Les lieux de la nouvelle expression de 1940 à 1980 », *ETC*, vol. 12 (automne 1990), p. 11. Sur la contribution de Denyse Delrue au milieu des galeries de Montréal, voir également Sicotte, « Un état de la diffusion des arts visuels à Montréal », p. 43–44, 49–50.

10 Fernande Saint-Martin, « Le dynamisme des plasticiens de Montréal », *Vie des arts*, n° 44 (automne 1966), p. 47.

11 « Arts – Actualités – Expositions », *Vie des arts*, n° 54 (printemps 1969), p. 76.

12 Francine Couture, « Les années 60 : art contemporain et identité nationale », *ETC*, n° 17, (hiver 1992), p. 14–17. Voir aussi Francine Couture (dir.), *Les arts visuels au Québec dans les années soixante : la reconnaissance de la modernité*, Montréal, VBL Éditeur, 1993.

13 Dirigée conjointement par le couple Guido Molinari et Fernande Saint-Martin, L'Actuelle a présenté un solide et très audacieux (bien qu'éphémère) programme d'art abstrait. Voir Lise Lamarche, Gilles Daigneault et Lisa Bouraly, *L'Actuelle : galerie d'art non-figuratif (1955–1957)*, Montréal, Fondation Guido Molinari et Les Éditions du passage, 2016.

14 Fondé par le gouvernement du Québec en 1964, le Musée d'art contemporain a ouvert ses portes en 1965 dans un local temporaire de la Place Ville Marie. Avant de s'installer dans son bâtiment actuel près de la Place des Arts en 1992, il a logé au Château Dufresne (1965–1968) et à la Cité du Havre (1968–1992). Voir Michel Champagne, « Musée d'art contemporain de Montréal », dans *L'Encyclopédie canadienne*, consultée le 3 avril 2019, https://www.thecanadianencyclopedia.ca/fr/article/musee-dart-contemporain-de-montreal

15 Voir Gilles Hénault, *Panorama de la peinture au Québec, 1940–1966*, Montréal, Musée d'art contemporain, 1967 ; et Henri Barras, « Vie des arts à Montréal : deux grandes expositions au Musée d'art contemporain », *Vie des arts*, n° 48 (automne 1967), p. 60.

16 Jean-Claude Germain, « Qu'est-il advenu de l'œuf photographe ? », *Foto Canada*, vol. 1, n° 4 (1968), p. 64.

17 Sur le développement et les activités des centres d'artistes autogérés au Canada, voir AA Bronson, Peggy Gale, René Blouin et coll., *From Sea to Shining Sea*, Toronto, The Power Plant, 1987.

18 Pour une histoire de Véhicule Art, voir Sandra Paikowsky, « Véhicule Art : une histoire brève », *Artefact : Bulletin de la Galerie d'art Concordia*, vol. 1, n° 3 (1991), n.p. Ce texte est reproduit sur le site des Archives et Collections spéciales de l'Université Concordia, Fonds Véhicule Art (Montréal) Inc., sous « Histoire administrative », consulté le 3 avril 2019, https://concordia.accesstomemory.org/vehicule-art-montreal-inc-fonds?sf_culture=fr

19 Jocelyne Lupien et Jean-Pierre Gilbert, « Le monde selon Graff, 1966–1986 : chronologies », dans *Le monde selon Graff, 1966–1986*, Montréal, Éditions Graff, 1987, p. 135.

20 Voir « Historique et mandat », site web de La Centrale Galerie Powerhouse, consulté le 3 avril 2019, http://www.lacentrale.org/qui-est

21 Pour une discussion de l'émergence de l'idéologie des centres autogérés au Canada et au Québec, voir Guy Sioui Durand, *L'art comme alternative : réseaux et pratiques d'art parallèle au Québec, 1976–1996*, Québec, Éditions Intervention, 1997, p. 65–83.

ATTENTION ! ARTISTES AU TRAVAIL : GABOR SZILASI ET LE PORTRAIT DE GROUPE AUX VERNISSAGES

Martha Langford

> Les portraits peuvent susciter une modification du comportement chez les spectateurs, comme si les œuvres d'art se présentaient sous la forme d'une proposition, « Voici Untel », et les spectateurs se comportaient alors en conséquence. —Richard Brilliant[1]

En cette ère de réseautage social, les photographies de gens qui célèbrent leur sentiment d'appartenance sont chose courante. Être ensemble est l'occasion de prendre une photo ou, d'un autre point de vue, la photographie fait ressortir l'essence d'une occasion sociale en encadrant la coprésence[2]. L'acte photographique ne fait pas que rendre compte d'une dynamique sociale, il en crée une. Cela est vrai de la photo d'amateur. Cela est également vrai quand l'appareil est manié par un professionnel—par le photographe du groupe. Le message est clair : il se passe quelque chose d'important.

De telles observations sont à la base de la théorie photographique contemporaine. Elles éclairent ce que Gabor Szilasi a commencé à faire à la fin des années 1950, quand il a entrepris de systématiquement photographier ce qu'on appelait alors en anglais les « previews » des expositions d'art montréalaises[3]. Elles décrivent ce qui s'est passé lorsqu'il a continué, des décennies durant, à assister aux ouvertures, aux lancements et à toute la gamme de manifestations que les Montréalais appellent encore « vernissages ». Il venait, il voyait, il créait une scène. Cette habitude a engendré des attentes—dès que deux artistes ou plus se réunissaient, Gabor devait être là avec son appareil photo[4]. De ce projet personnel est issu un énorme corpus d'images. Certaines, présentées lors de la rétrospective Szilasi tenue il y a une décennie[5], se sont démarquées, lançant l'idée qu'elles devaient être rassemblées. *Elles*. Maintenant que la commissaire Zoë Tousignant et l'artiste ont fait leur travail, nous savons—du moins, pour la plupart—à quoi ressemblent ces images, d'où elles venaient, qui elles représentent et à quelle occasion elles ont été prises, mais le défi est de savoir comment les nommer. Elles appartiennent à un type, ce que les historiens de l'art appellent un « genre », un groupe d'images qui procèdent d'un intérêt commun et remplissent une même fonction.

De prime abord, nous pourrions classer ces photographies sous la rubrique Portraits. Le processus muséologique d'identification les pousse dans cette direction : voici Guido Molinari, voici Irene Whittome, et ainsi de suite. Mais deux aspects du travail remettent cette classification en cause. Premièrement, ce n'est pas ainsi que Gabor Szilasi les a désignées dans son carnet ; les photos y sont invariablement classées par date, événement et lieu. D'où le travail de détective nécessaire à l'identification des personnalités, qui est à la base du remarquable court métrage de Tousignant, *Vernissages*[6], un supplément didactique à l'exposition de photos qui a paradoxalement eu pour

fig. 1 Image tirée du documentaire *Vernissages* (2017)

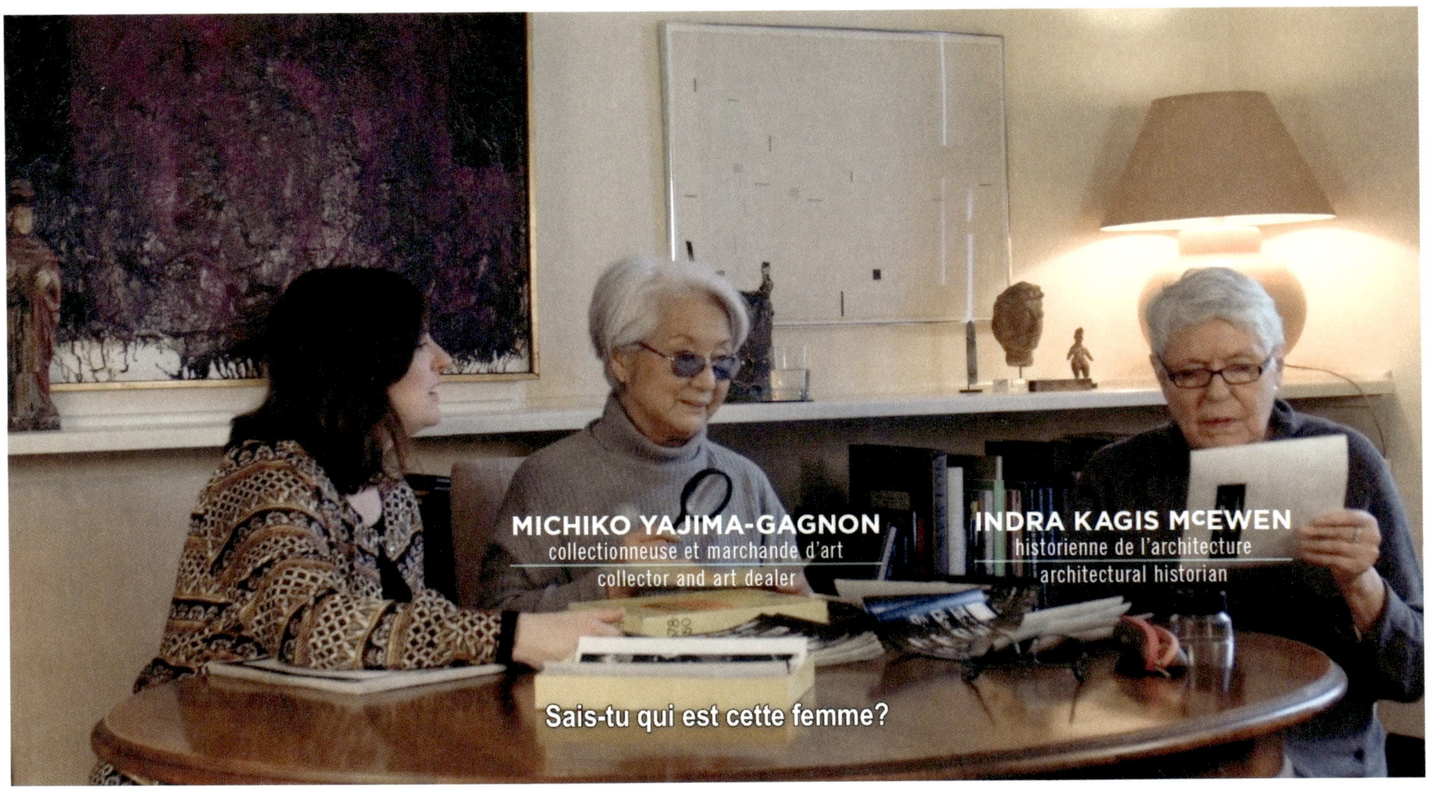

fig. 2 Nina Leen,
The Irascibles, 1950

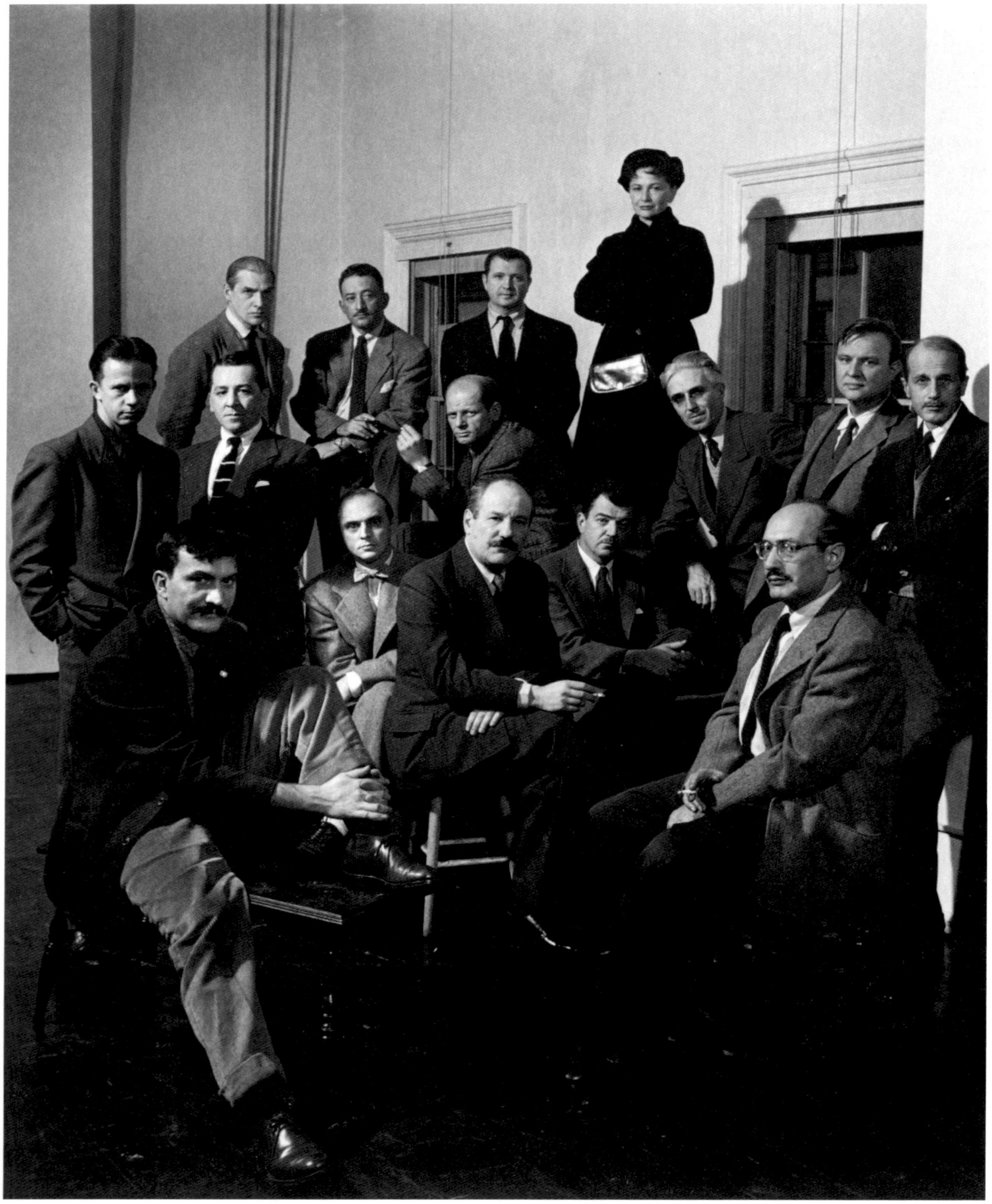

fig. 3 Portrait de groupe au vernissage de l'exposition *Borduas et les automatistes, Montréal, 1942–1955* au Musée d'art contemporain, décembre 1971

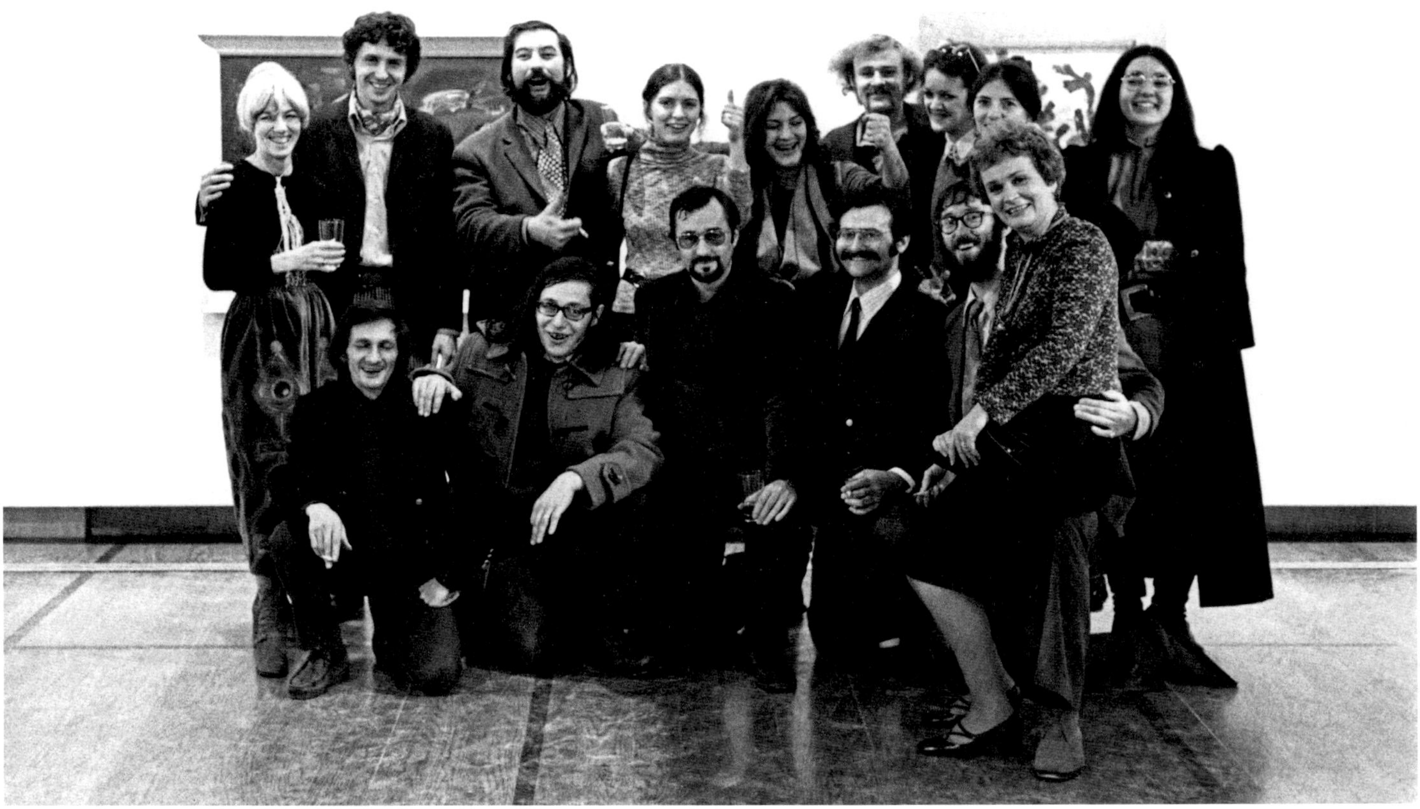

effet de montrer au public ce que peut littéralement être un portrait de groupe. À l'écran, on voit la collectionneuse et marchande d'art Michiko Yajima-Gagnon et l'historienne de l'architecture Indra Kagis McEwen faisant face à la caméra ; leurs nom et profession sont durablement inscrits, ce qui renforce leur autorité en tant que participantes-témoins (fig. 1). Deuxièmement, les images fonctionnent même quand les personnes ne sont pas identifiées, c'est-à-dire quand on se concentre sur les figurants, les types qui fréquentent les vernissages et se comportent en amateurs d'art, conformément aux protocoles du jour, ce qui les amène notamment à se costumer pour la fête, que ce soit en robe cocktail dos-nu, en complet-cravate, en veste de jean ou en collants scintillants. Ces photos densifient la description, rendent tout le corpus plus convaincant, témoin fidèle d'une troupe pas très contrôlable.

Donc, une forme de portrait, oui, mais peut-être une sous-catégorie du genre qui dépend beaucoup de ce qui se passe dans l'espace, c'est-à-dire de ce que les sujets font là. L'activité définit l'espace et l'espace définit l'activité. Les espaces de représentation pour les artistes se répartissent généralement entre espaces de travail et espaces de sociabilité. Dans le monde de l'art montréalais illustré par Szilasi, les deux se confondent.

Pour ce qui est des espaces de travail, on pense tout de suite aux portraits d'artistes à leur chevalet, que ce soit dans la ruche bourdonnante de l'atelier du dix-neuvième siècle ou dans le studio moderniste, espace privé de réflexion et d'expérimentation[7]. Le cube blanc imitait cet espace et le purifiait encore en évinçant le créateur. Toutefois, même au moment où Szilasi entamait ce long projet, l'art délaissait l'objet pour s'axer davantage sur le processus, devenait plus idéationnel, plus social ; avec l'installation et la performance, l'espace de travail se prolongeait dans la galerie d'art. Des choses créatives s'y passaient, dans cette sorte de lieu semi-public fonctionnant comme l'atelier de l'artiste, la *bottega* de la Renaissance—une zone de contact entre le savoir ésotérique et l'expérience quotidienne. Les Galeries de photographie du Centaur, situées dans le hall d'un théâtre, étaient un tel espace. Sur un portrait de groupe de Szilasi, les quatre membres du Collectif de l'imagerie populaire de Disraeli (Cedric Pearson, Claire Beaugrand-Champagne, Roger Charbonneau et Michel Campeau), affiliés au Groupe d'action photographique (GAP), posent assis dans des fauteuils de metteur en scène, face au mur sur lequel ils ont disposé leurs photos de Disraeli, une localité rurale du Québec. Ils sont en train de « jouer » ce laborieux processus (p. 105).

Ce genre de performance sociale est discernable dans tout l'œuvre de Szilasi. Nous l'interprétons comme un comportement destiné à l'appareil photo, sachant que nombre de ses sujets, tout à fait conscients de la présence dans la pièce d'un photographe qui prospecte le terrain, revêtent leur identité avant qu'il déclenche l'obturateur. Les artistes participent à la construction de l'histoire de l'art en autorisant ou en encourageant Szilasi à documenter leurs expressions de solidarité. Ils paraissent tels qu'ils veulent qu'on se souvienne d'eux, et en compagnie de ceux qu'ils ont choisis de côtoyer, ensemble pour toujours à défendre leur travail. Dans le contexte de ce livre, c'est là une prophétie autoréalisatrice. La reconnaissance a sûrement influé sur certains choix—ce sont eux les gagnants.

Ils ne sont cependant pas les seuls performeurs sociaux. Leurs concurrents et les amateurs d'art se mettent eux aussi en scène, et tout aussi consciemment (p. 82–83). C'est une vérité incontournable, entrée dans la culture et la contre-culture dès le début des années 1960, avec la popularisation des théories sociologiques et historiques sur la théâtralité de la vie quotidienne[8]. La pénétrante analyse qu'Erving Goffman fait de l'auto-engagement dans *Comment se conduire dans les lieux publics* comprend des commentaires sur l'utilisation des miroirs : le geste qui consiste à vérifier son image et à la corriger sur une surface réfléchissante[9]. L'appareil photo de Szilasi était une telle surface. Regarder l'objectif avec confiance était une façon d'affirmer une image de soi ; ignorer froidement l'objectif en était une autre. Ces deux sortes de performance sociale, et toutes leurs variantes, se retrouvent dans cette collection.

Sur le plan des espaces sociaux, le monde de l'art ne se limite pas aux musées et aux galeries ; font également partie des espaces de sociabilité les cuisines, chambres à coucher, salles de classe, tavernes—tous ces lieux, en fait, que les artistes colonisent et utilisent pour exprimer leur identité singulière et collective. Une photo peut capter un de ces espaces, ou en devenir elle-même un. Donnons-en comme exemple américain le célèbre portrait de groupe photographié par Nina Leen et connu sous le titre *The Irascibles* (1950), qui réunit les peintres abstraits protestant contre la résistance du Metropolitan Museum of Art à l'expressionnisme abstrait—tous des hommes en complet-veston, à une seule exception (fig. 2). Cette photo emblématique de Leen a été prise dans un atelier, mais l'arrière-plan étant à peine visible, il devient insignifiant—sauf qu'il ne s'agit pas du Met, et c'est ça le propos. La redoutable ambition de ces artistes emplit le cadre et déborde dans la conscience populaire. Le portrait de groupe des célébrants de la rétrospective *Borduas et les automatistes, Montréal, 1942–1955*, pris par Szilasi au Musée d'art contemporain en 1971, rappelle les irascibles du Québec tout en les installant dans le panthéon moderne (fig. 3). Mieux vaut tard que jamais.

Les portraits de groupe que Gabor Szilasi a faits dans des vernissages nous restituent le monde de l'art montréalais en train de se construire—dans chaque cadre, la construction d'un monde[10]. Le photographe a saisi ce que ce monde était et ce qu'il était en train de devenir : intergénérationnel, interculturel, intermédia—non pas un monde de l'art, mais des mondes de l'art[11]. Les sujets jouaient leur rôle devant l'objectif, et le style transparent du photographe contribuait à donner réalité à une proposition collective : pas seulement « Voici Untel », mais « Nous voilà ! » Cette proposition performative est interprétée de manière évidente par l'artiste abénaquise québécoise Rita Letendre expliquant l'abstraction à un Autre intéressé (p. 139).

1 Richard Brilliant, *Portraiture*, Cambridge (Mass.), Harvard University Press, 1991, p. 24.

2 Pour un exposé complet sur la notion d'« encadrement », voir Ronald Godzinski Jr. (2005), « (En)Framing Heidegger's Philosophy of Technology », *Essays in Philosophy*, vol. 6, nº 1, article 9, consulté le 6 février 2019, https://commons.pacificu.edu/cgi/viewcontent.cgi?article=1179&context=eip

3 Szilasi appela ces événements *previews* jusqu'au milieu des années 1960, moment où les mots « vernissage » et « *opening* » (ouverture) apparaissent dans son carnet. La scène artistique qui se matérialisait dans ses photographies est analysée par Hélène Sicotte dans « Un état de la diffusion des arts visuels à Montréal. Les années cinquante : lieux et chronologie. Deuxième partie : 1955 à 1961 », *Annales d'histoire de l'art canadien/Journal of Canadian Art History*, vol. 16, nº 2 (1995), p. 40–76.

4 Même au service à la mémoire d'un collègue, on lui a mis un appareil photo entre les mains (j'en ai été moi-même témoin).

5 David Harris, commissaire, *Gabor Szilasi : l'éloquence du quotidien*, Joliette, Musée d'art de Joliette/Ottawa, Musée canadien de la photographie contemporaine, 2009.

6 *Vernissages*, vidéo, 27 min 32 s, réalisation par Zoë Tousignant, caméra et montage par Vincent Lafrance, Montréal, Musée McCord, 2017.

7 À Toronto pendant la même période, Tess Taconis et Michel Lambeth ont contribué, par leurs portraits, à définir la scène autour de la Isaacs Gallery, souvent en allant *en coulisses* pour montrer les artistes dans leur atelier, vues privilégiées d'espaces sanctifiés.

8 Les textes classiques sont Erving Goffman, *The Presentation of Self in Everyday Life*, New York, Doubleday & Company, [1956] 1959 (traduction française parue en 1973 sous le titre *La mise en scène de la vie quotidienne*, Paris, Éditions de minuit), et Daniel J. Boorstin, *The Image: A Guide to Pseudo-Events in America*, New York, Harper & Row, 1964, d'abord publié sous le titre *The Image, or, What Happened to the American Dream*, Londres, Weidenfeld and Nicolson, 1961 (traduction française parue en 1963 sous le titre *L'image*, Paris, Julliard).

9 Voir Erving Goffman, *Behavior in Public Places: Notes on the Social Organization of Gatherings*, New York, The Free Press, 1963, p. 66–67 (traduction française parue en 2013 sous le titre *Comment se conduire dans les lieux publics. Notes sur l'organisation sociale des rassemblements*, Paris, Economica, coll. « Études sociologiques »).

10 Pour une vaste étude de la notion persistante de « manière de faire des mondes » élaborée par Nelson Goodman, voir Vera Nünning, Ansgar Nünning et Birgit Neumann (dir.), *Cultural Ways of Worldmaking: Media and Narratives*, Berlin et New York, De Gruyter, 2010.

11 Sur cette vision pluraliste, voir Johanne Sloan, « Urban Art Histories (in Canada) », dans Martha Langford (dir.), *Narratives Unfolding: National Art Histories in an Unfinished World*, Montréal et Kingston, McGill-Queen's University Press, 2017, p. 271–287.

LES PHOTOS DE VERNISSAGE DE MON PÈRE

Andrea Szilasi

J'ai grandi à Montréal, allant avec mes parents à des vernissages d'exposition. J'étais fille unique, avec deux parents artistes, et nous étions très proches. Le monde de l'art était notre univers intime.

Les photographies de ce livre ont été prises entre 1960 et 1980, soit pendant la période de ma vie qui va de ma naissance à mes seize ans. Quand, au moment où on m'a demandé d'écrire ce texte, j'ai commencé à regarder les photos de vernissages sur les planches-contacts de mon père, je m'attendais à m'y voir toute petite, puis enfant et adolescente, avec mes parents. J'ai été surprise de découvrir que, en réalité, je n'apparais que sur quelques images. Tout compte fait, c'est normal puisque mon père allait à ces expositions pour photographier les artistes et les œuvres disposées sur les murs et dans l'espace. Pour capter la « scène ». Pas pour faire des photos de famille.

Quand je repense à mon père aux vernissages, ce qui m'habite, plus que n'importe quel souvenir précis, c'est une impression générale, l'impression qu'il est au centre de tout et relié à tout le monde autour de lui. Je ne me souviens pas qu'il ait voulu stopper l'action et officiellement « prendre une photo ». Il ne semblait jamais interrompre une conversation ou déplacer des gens, il syntonisait au bon moment et se glissait dans la situation pour la capter, comme un courant électrique (fig. 1).

En regardant les photos, je suis frappée de voir ma mère si belle et si heureuse, en interaction avec les gens qui l'entourent. On dirait qu'il y a entre elle et ceux et celles à qui elle parle des liens physiques, tels d'épais rubans de velours la reliant aux autres. Je vois des liens non seulement entre elle et d'autres personnes, mais entre tout le monde qui paraît sur les photos.

Cette interaction directe, combinée à l'allure et aux vêtements des gens, rendait les vernissages très sexys à mes yeux. Même toute petite, je réagissais à cette sorte de désinvolture, d'irrévérence qu'il y avait dans l'air. Il émane des artistes le sentiment d'être bien dans leur peau, une véritable attractivité qui provient de la célébration de soi. Qu'ils aient eu les cheveux crépus, bouclés ou raides, ils n'y changeaient rien. Les femmes portaient leur chandail sans soutien-gorge, et d'intéressants colliers par-dessus leur col roulé. Hommes et femmes portaient des motifs géométriques voyants et des chemises à longs cols pointus sous leur gilet. Il y avait quelque chose de festif, de théâtral et de fringant dans ces vêtements et dans la manière dont ils étaient portés. Un de mes souvenirs les plus chers (et un des plus vifs même s'il n'existe pas de photo pour en témoigner) est celui d'un vernissage à la Galerie Powerhouse. Je me rappelle un long escalier, étroit et sombre, se séparant en deux pour mener à une galerie de chaque côté du palier. Il y avait foule, et Sylvia Safdie se tenait sur le palier entre les deux galeries : elle portait un long manteau de fourrure et des jeans. Je me souviens m'être dit que la combinaison de cette fourrure décadente avec un jeans brut était le summum du glamour.

Les vernissages étaient *excitants*. Je regardais tout et tout le monde, et il ne m'est jamais venu à l'esprit de me demander si je comprenais ou non les œuvres. Je me contentais de les absorber par mes sens. Je me souviens de la sensation que j'ai éprouvée en plongeant ma main, doigts collés ensemble, vers le fond de l'aquarium rempli de Smarties brillants et lisses au vernissage de l'exposition de François Dallegret au Musée des beaux-arts de Montréal en 1976.

Pour moi, les conversations qui se tenaient dans les vernissages étaient les meilleures conversations qui puissent être. Les artistes, ceux et celles qui avaient concrétisé leurs idées,

fig. 1 Brian Merrett, *Gabor Szilasi (au premier plan) prenant une photographie au vernissage de l'exposition de Sam Tata aux Galeries de photographie du Centaur*, 1974

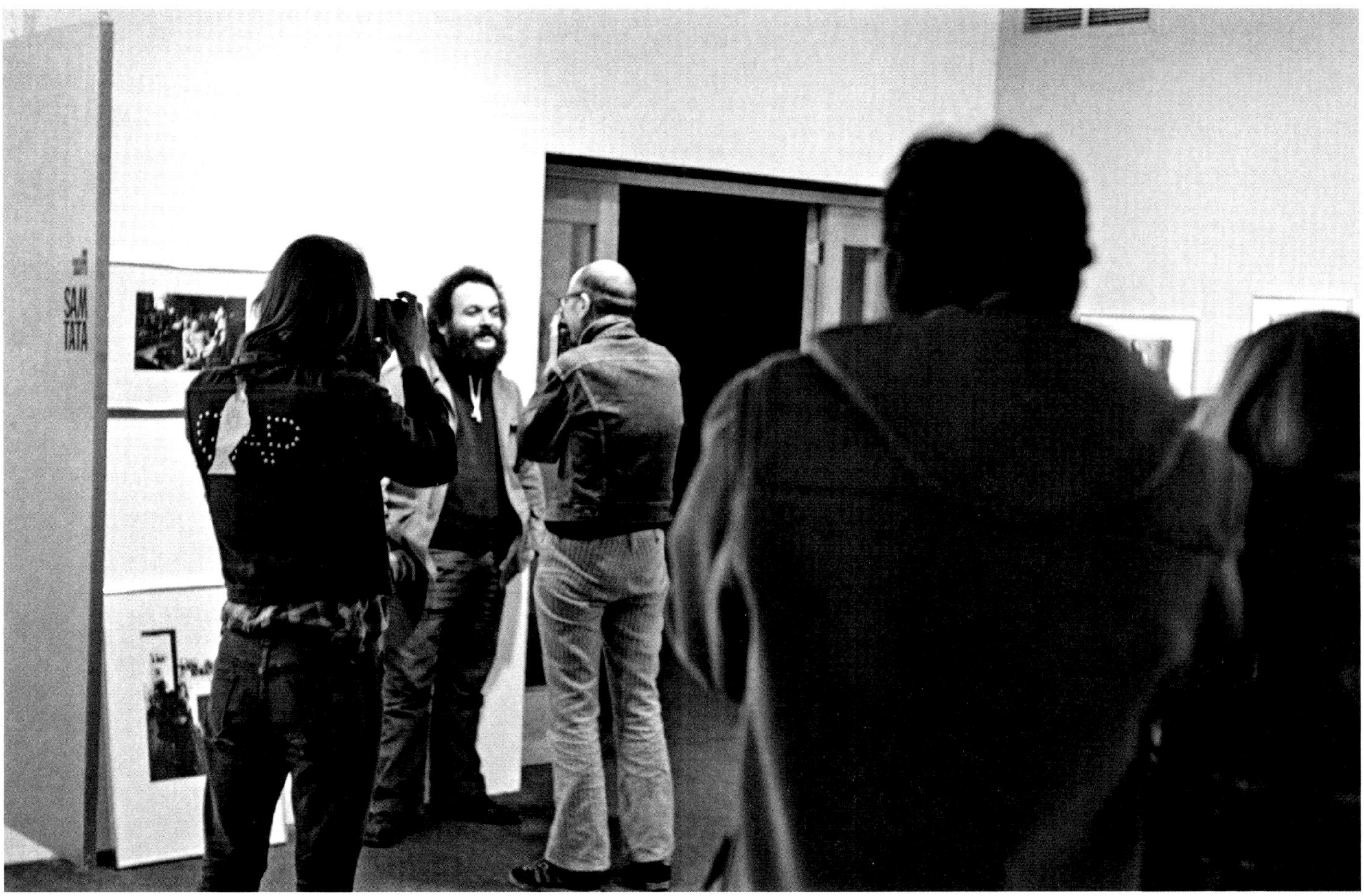

fig. 2 Planche-contact
du rouleau n° 981, 1976

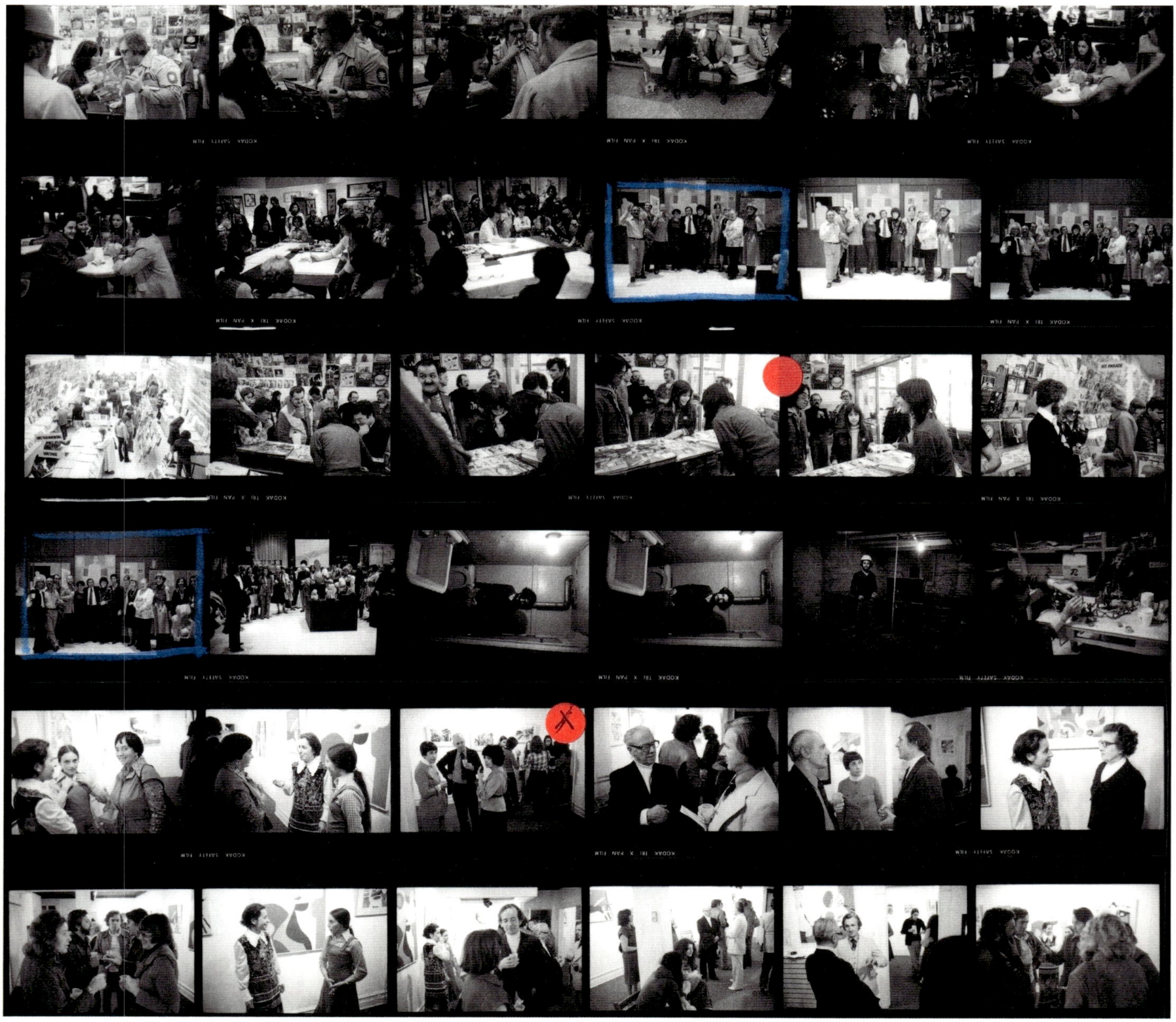

parlaient de leur démarche et de plein d'autres choses en même temps. J'adorais les blagues et les jeux de mots de mon père et de ses amis, qui me paraissaient tellement subtils. Souvent, ces conversations se poursuivaient chez nous au fil de longs soupers, et longtemps après que je fus montée me coucher. J'aimais m'endormir au son des conversations et des rires. Je ne distinguais pas les mots, c'étaient l'atmosphère et la texture des mots autour de la table de cuisine qui venaient me rejoindre à travers le plafond, directement sous mon lit.

Sur les planches-contacts tirées par mon père, les photos des vernissages sont de petites images de 1½ × 1 pouce, nichées parmi d'autres photographies. C'est très différent de les voir ainsi plutôt qu'en agrandissements de 11 × 14 pouces, format dans lequel elles ont été présentées à son exposition au Musée McCord en 2017–2018.

J'aime le fait que, sur les planches-contacts, le temps l'emporte sur le sujet. Des événements sans lien les uns avec les autres y coexistent parce qu'ils se sont produits pendant la période qu'il a fallu pour que mon père finisse un rouleau de 36 poses. Au lieu d'une planche-contact contenant seulement des portraits, par exemple, nous voyons (fig. 2) trois hommes — dont un avec une cabane d'oiseau — assis sur un banc au centre commercial Les Terrasses, Claude Blin à son vernissage à la Galerie Signal, David Miller en pleine rénovation du sous-sol de sa nouvelle maison, et moi obtenant l'autographe de Nanette Workman chez Sam the Record Man. Le magasin a l'air bondé, avec des albums qui tapissent les murs du plancher au plafond et des bacs remplis de microsillons dans lesquels fouillent les nombreux clients. (Des bacs sont étiquetés « Instrumental » et « Vintage » — qu'est-ce qui était *vintage* en 1976 ?)

Parce que les planches-contacts sont tirées suivant une durée d'exposition moyenne et qu'elles ne montrent de chaque image que ce qu'il fallait pour que mon père décide de faire ou non un agrandissement, l'effet général est saccadé et contrasté, vivant et cinétique. Mon père imprimait ses planches-contacts sur du papier fibre épais, blanc et doux au verso, lisse et glacé du côté émulsion. Prendre une de ces planches dans la pile, c'est comme tenir un petit univers dans sa main.

PHOTOGRAPHIES

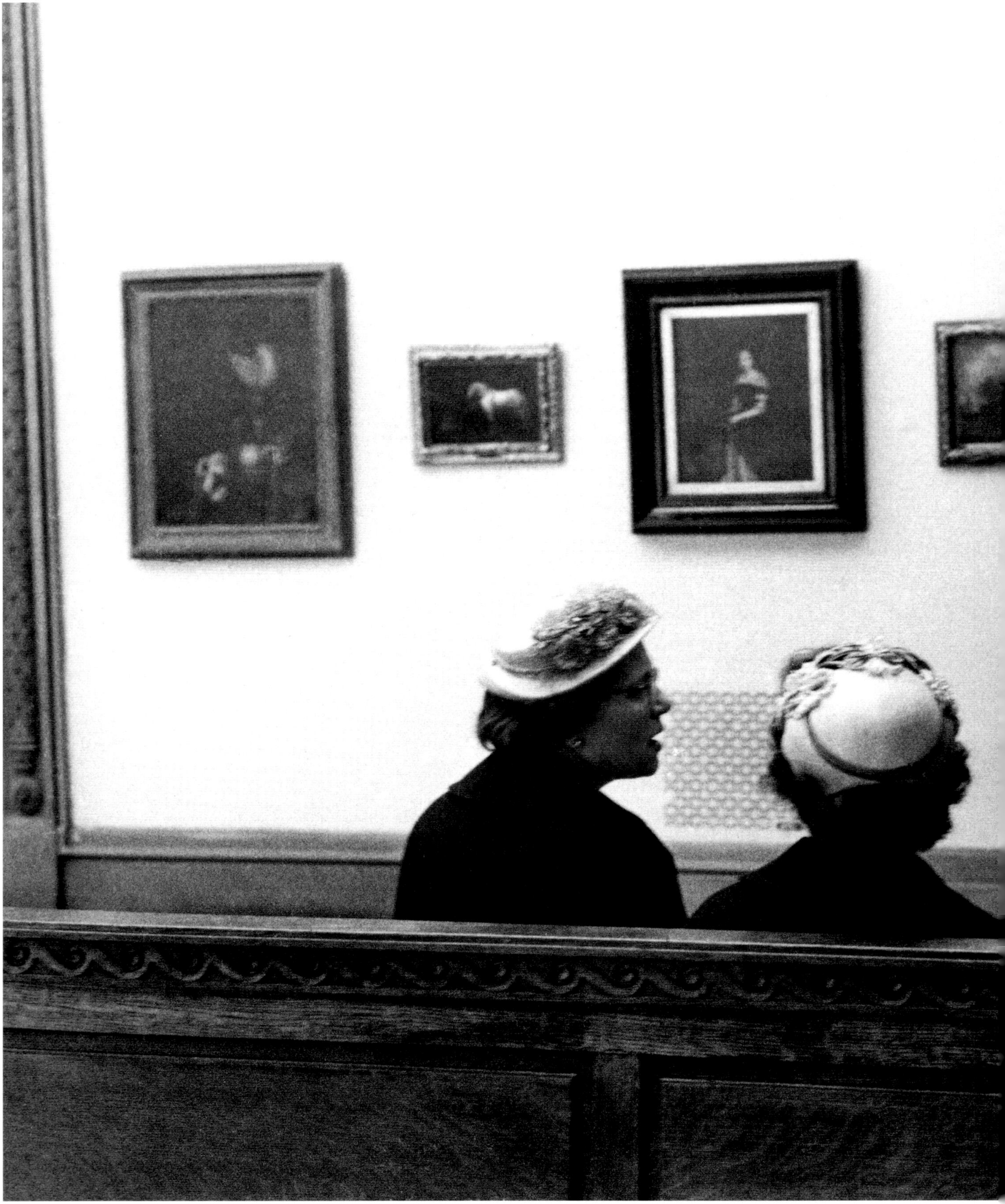

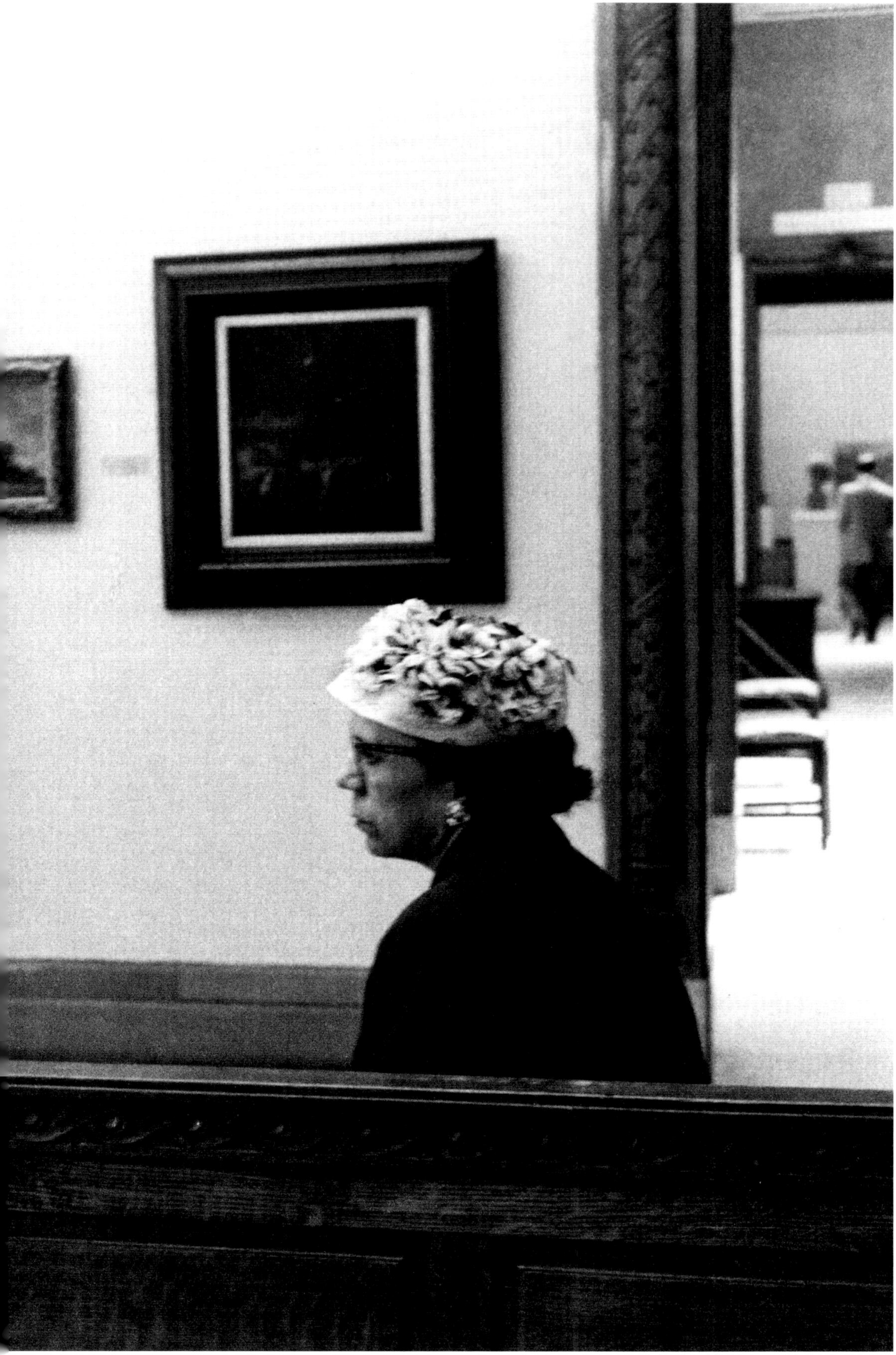

p. 38–39 Vernissage de l'exposition de Tobie Steinhouse et de Stanley Lewis au Musée des beaux-arts de Montréal, mai 1959

Tobie Steinhouse au vernissage de son exposition au Musée des beaux-arts de Montréal, mai 1959

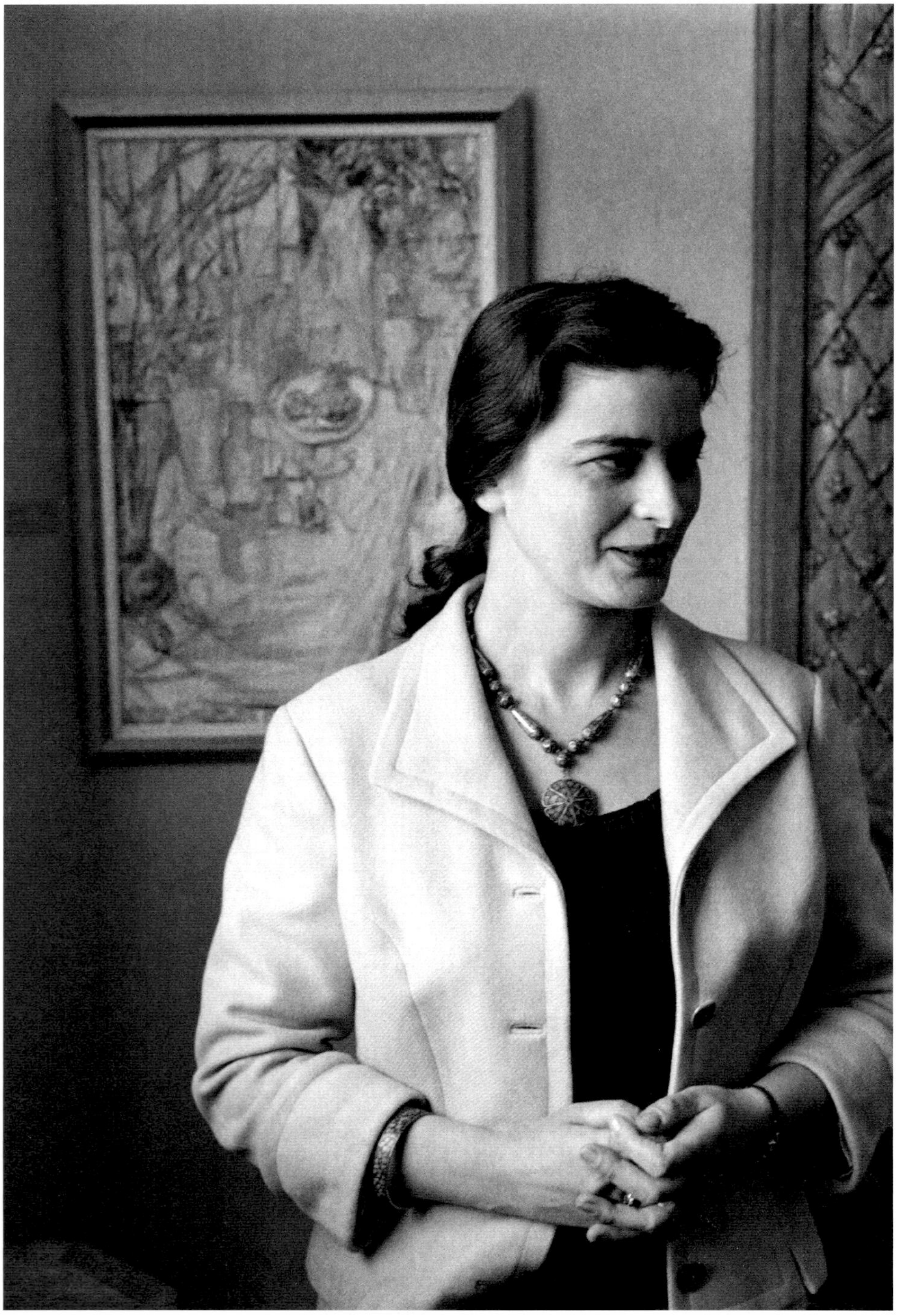

Vernissage de l'exposition de Michel Ciry à la Galerie Dresdnere, avril 1961

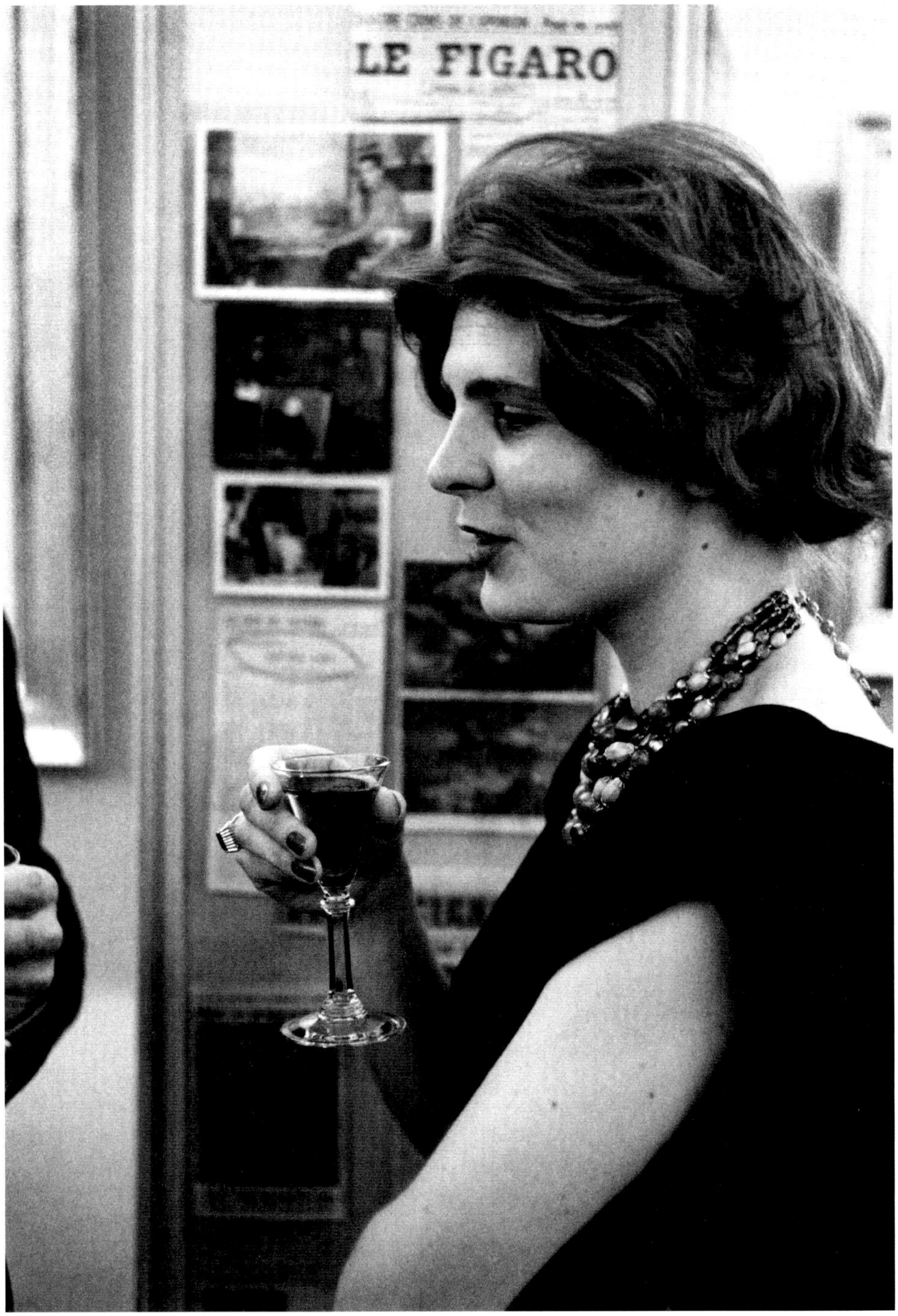

Marcelle Ferron au vernissage de son exposition à la Galerie Agnès Lefort, novembre 1961

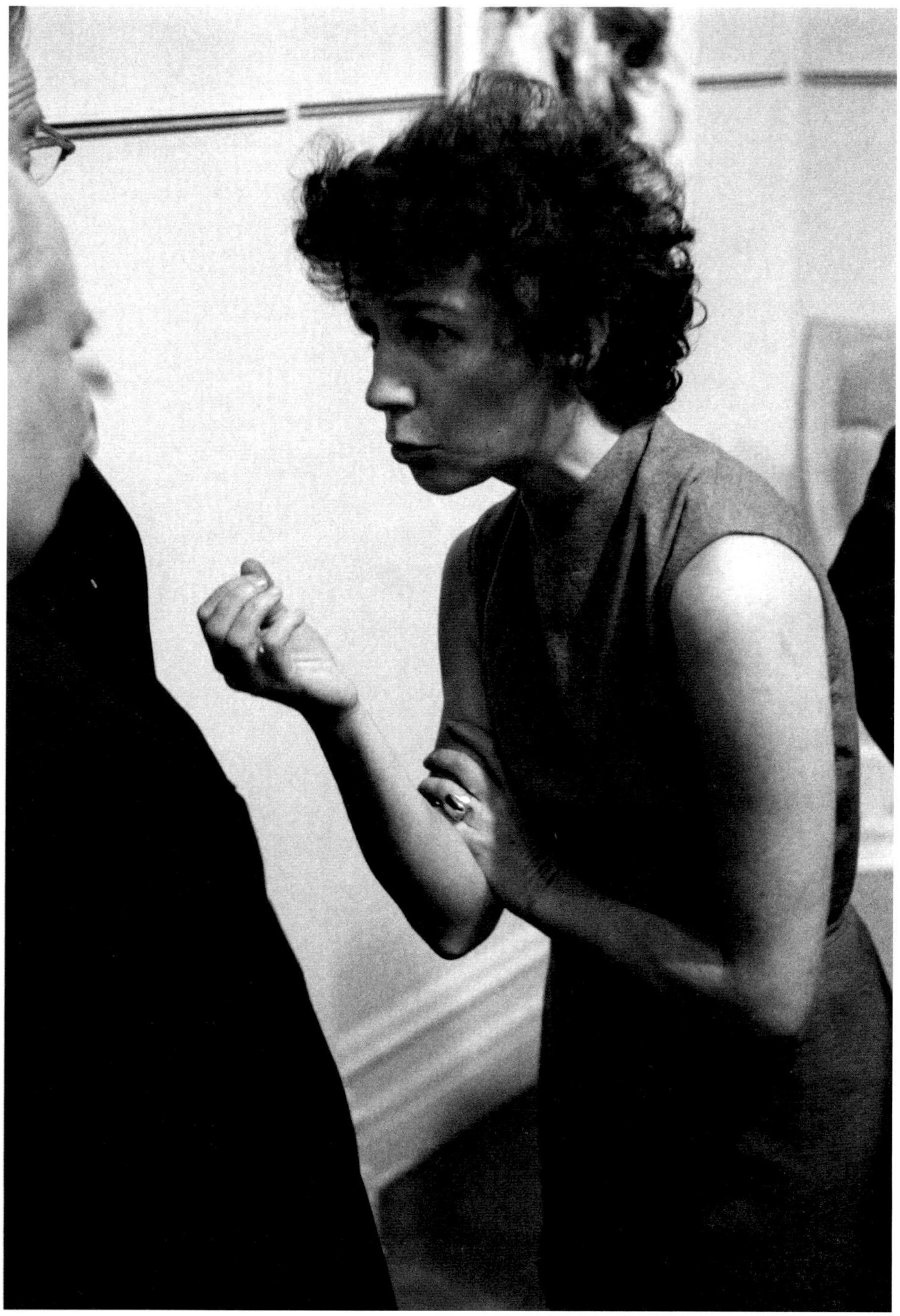

Vernissage de l'exposition de Marcelle Ferron à la Galerie Agnès Lefort, novembre 1961

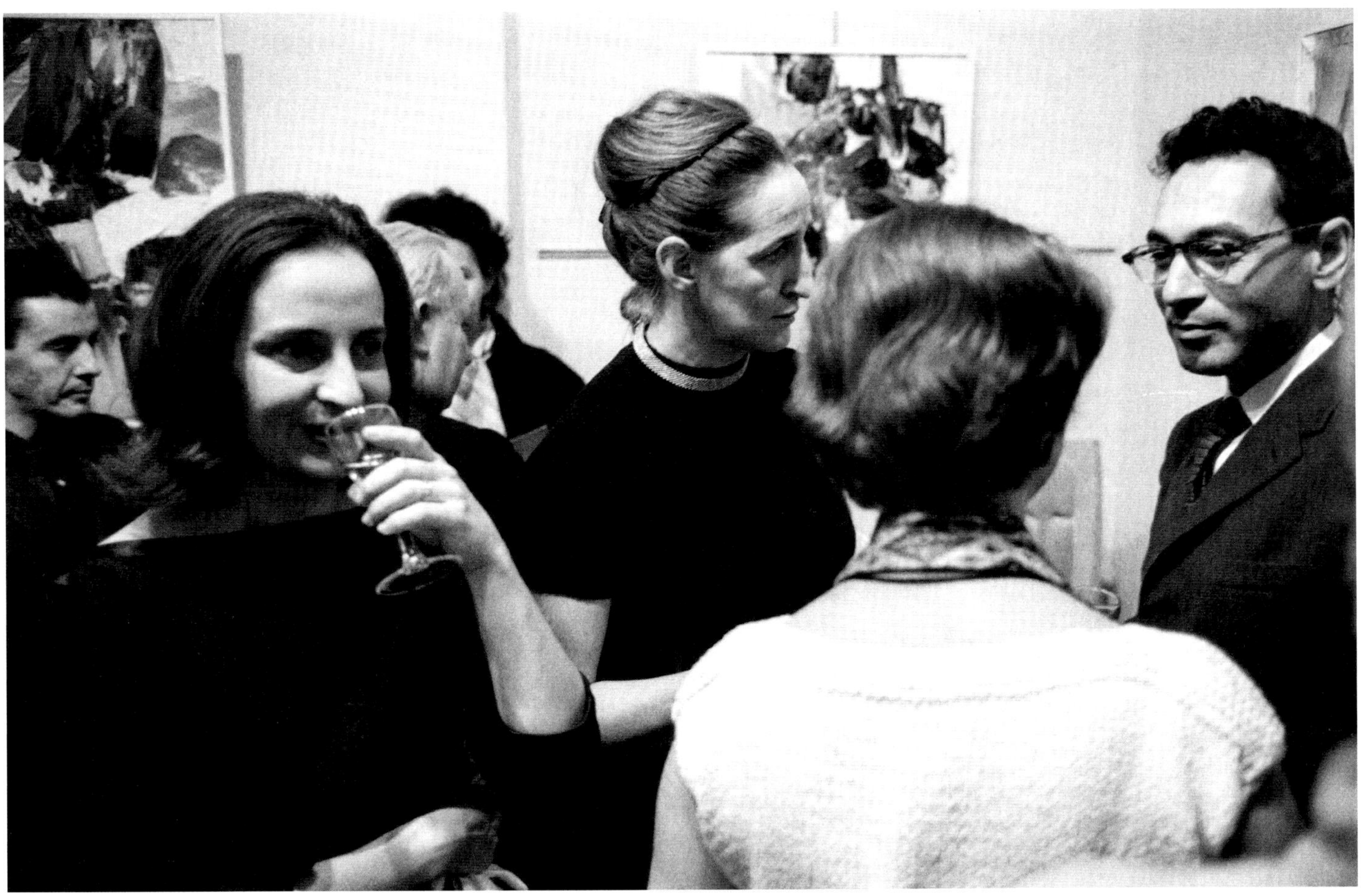

Alanis Obomsawin au vernissage de l'exposition de Harold Town à la Galerie Dresdnere, décembre 1961

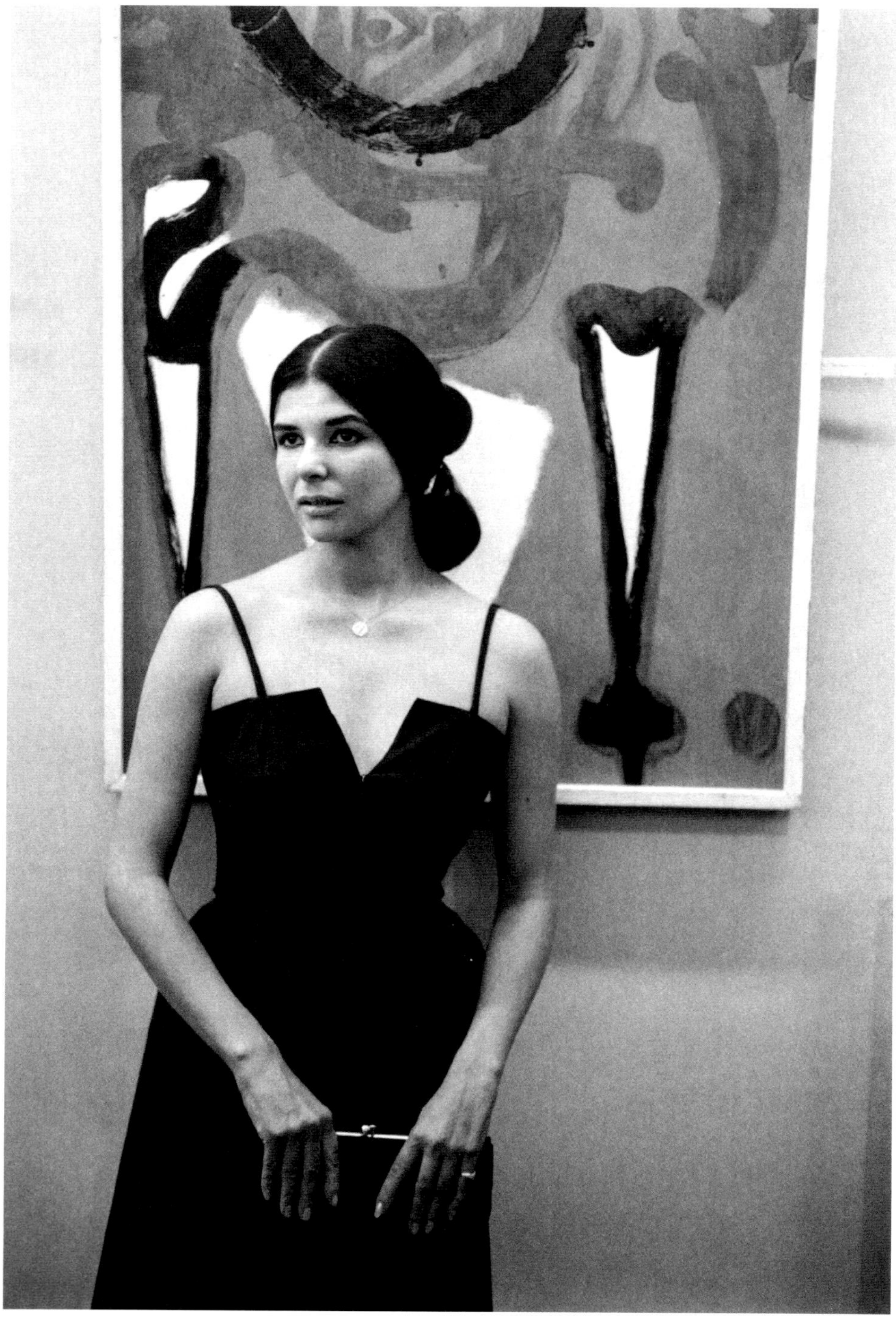

Joyce Rose et Alan Rose
au vernissage de l'exposition
de Harold Town à la Galerie
Dresdnere, décembre 1961

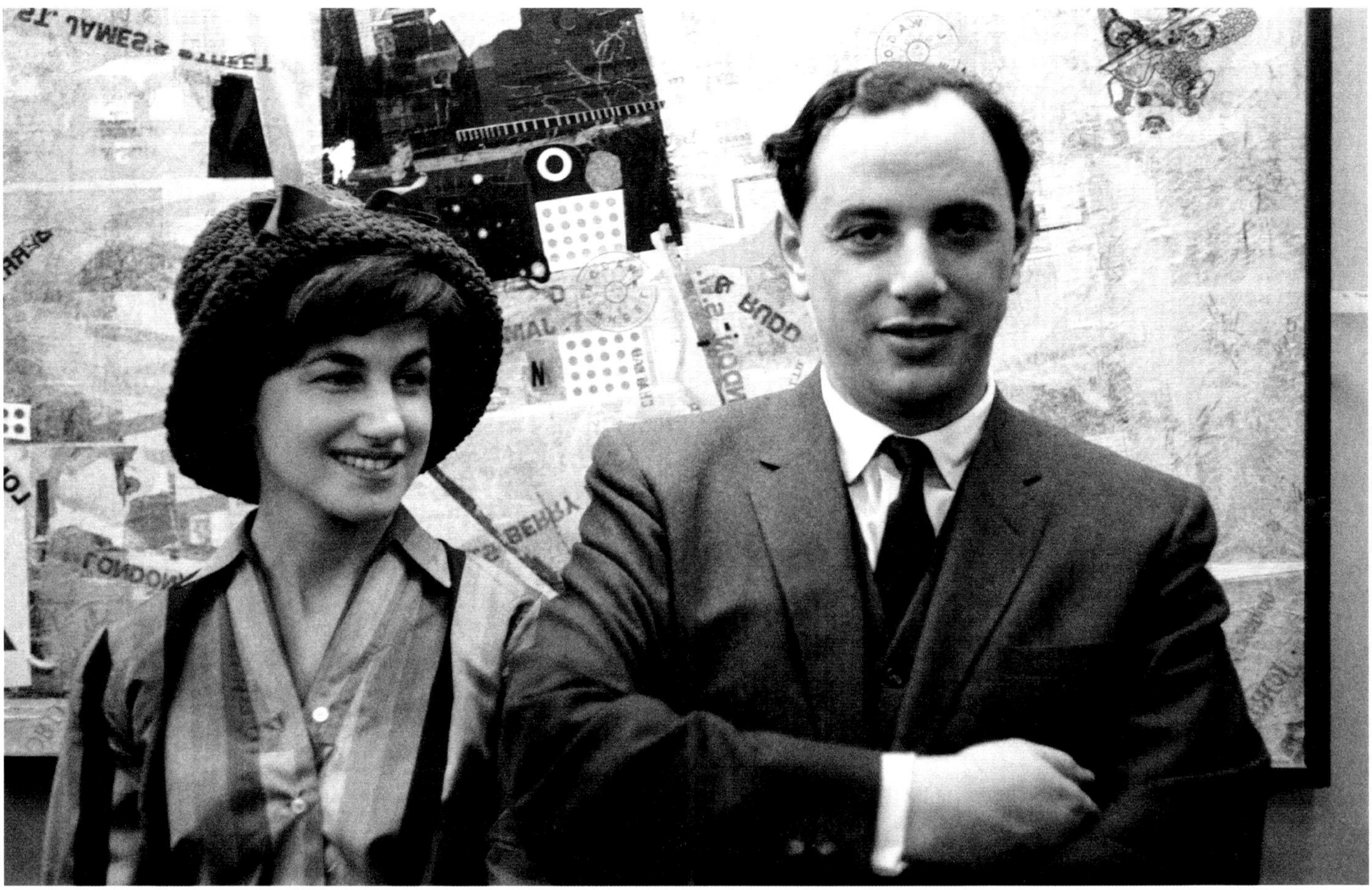

Vernissage de l'exposition *Paul-Émile Borduas, 1905–1960* au Musée des beaux-arts de Montréal, janvier 1962

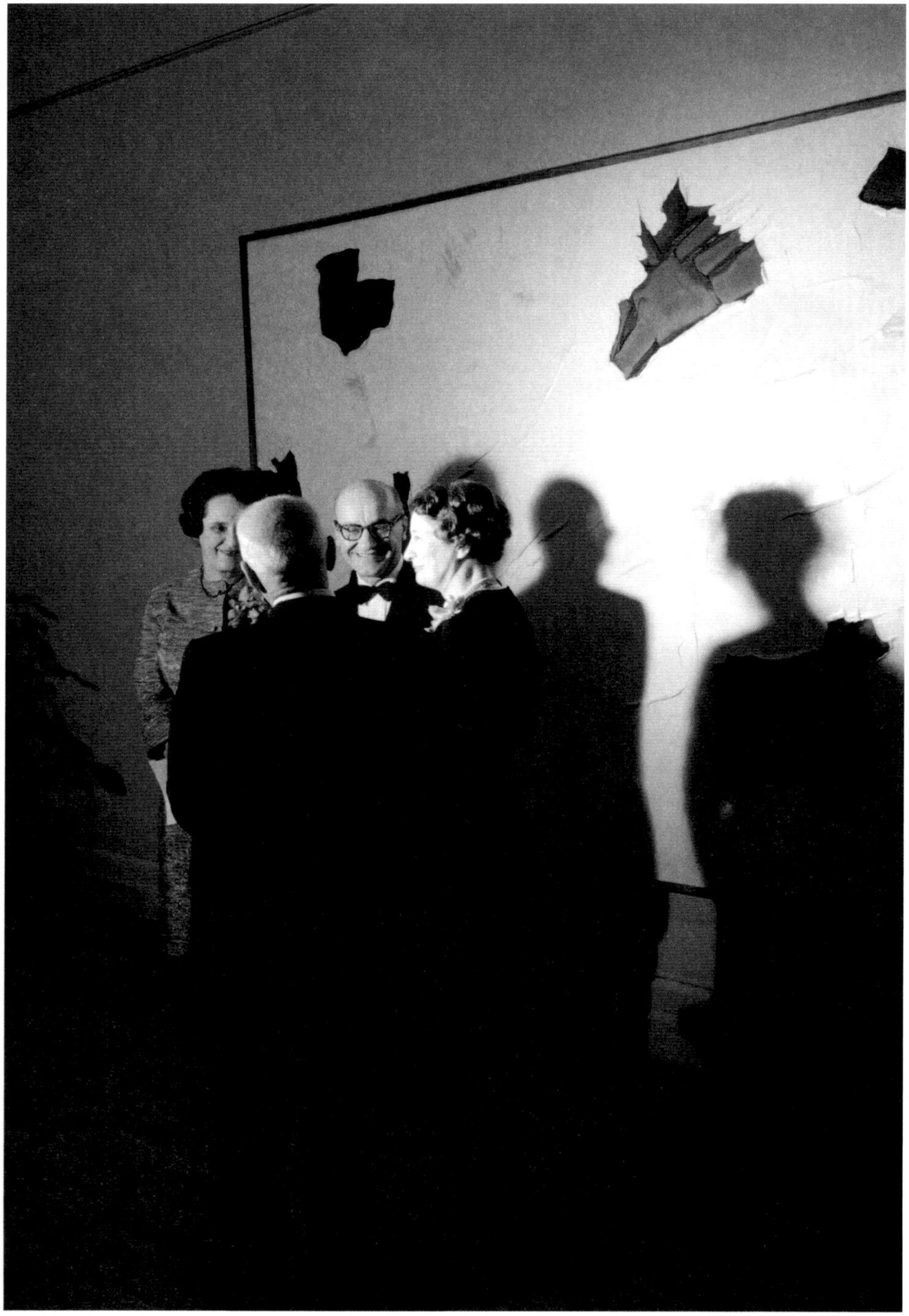

Doreen Lindsay au vernissage de l'exposition *Paul-Émile Borduas, 1905–1960* au Musée des beaux-arts de Montréal, janvier 1962

p. 48–49 Vernissage de l'exposition *Paul-Émile Borduas, 1905–1960* au Musée des beaux-arts de Montréal, janvier 1962

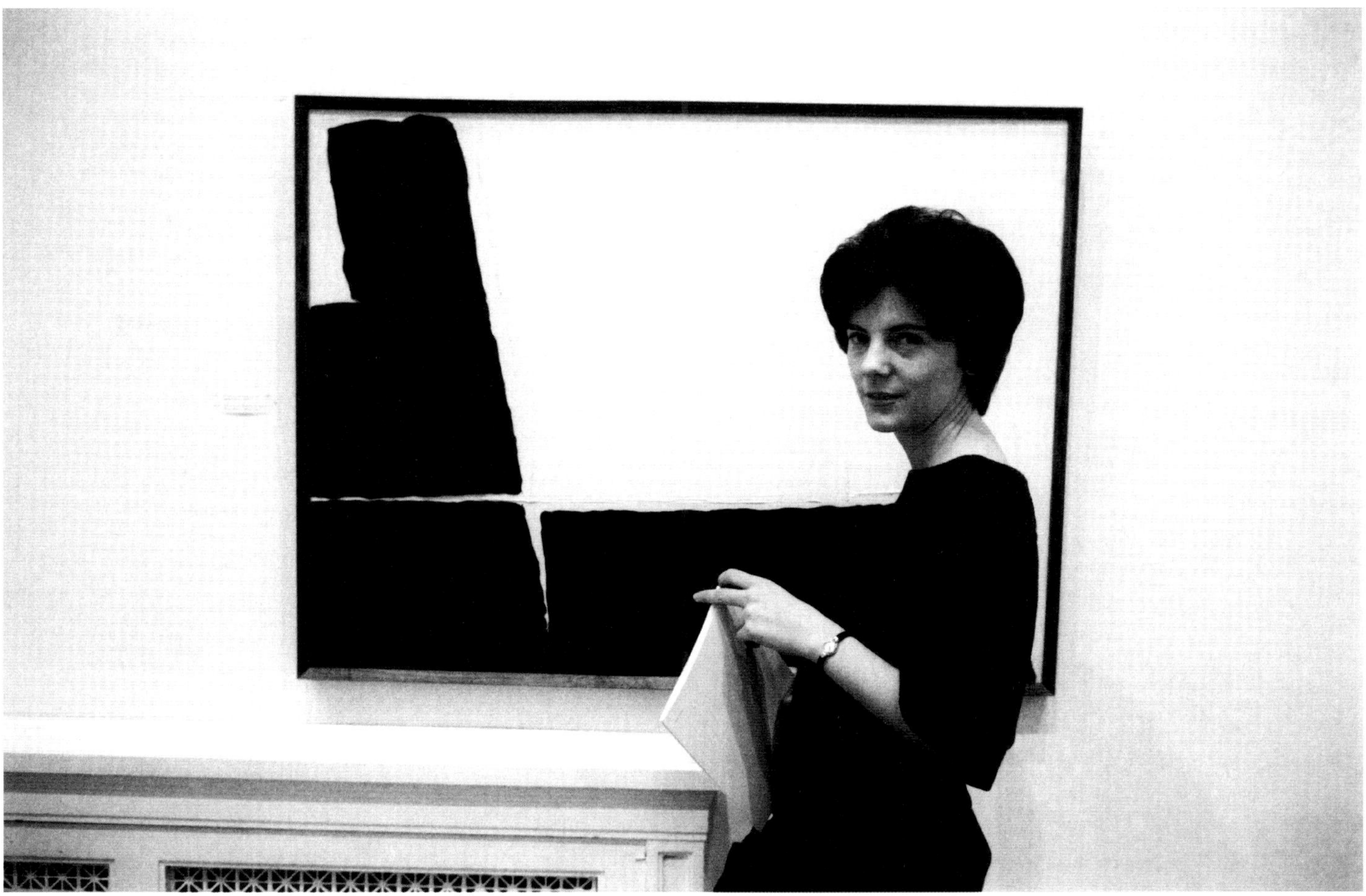

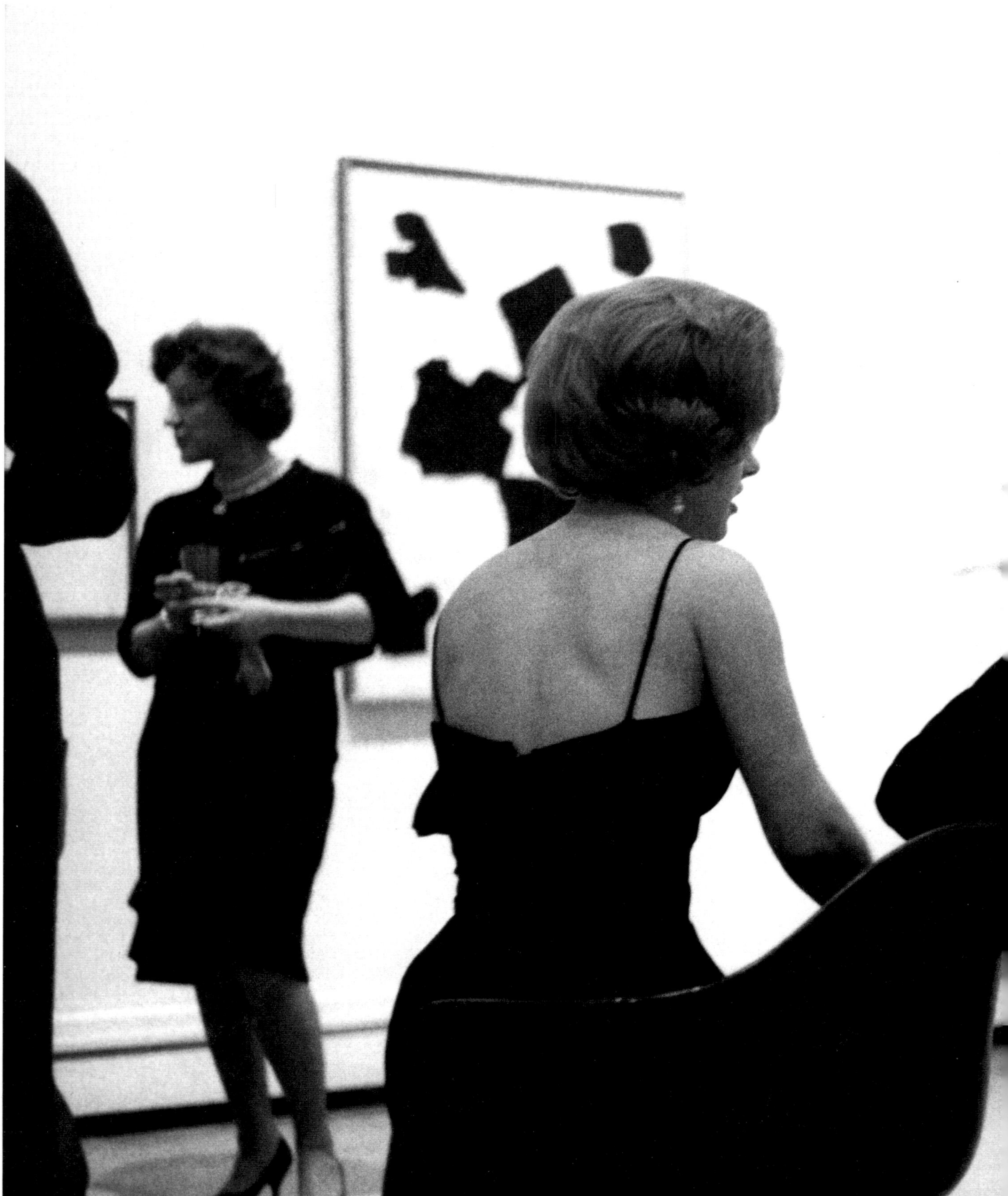

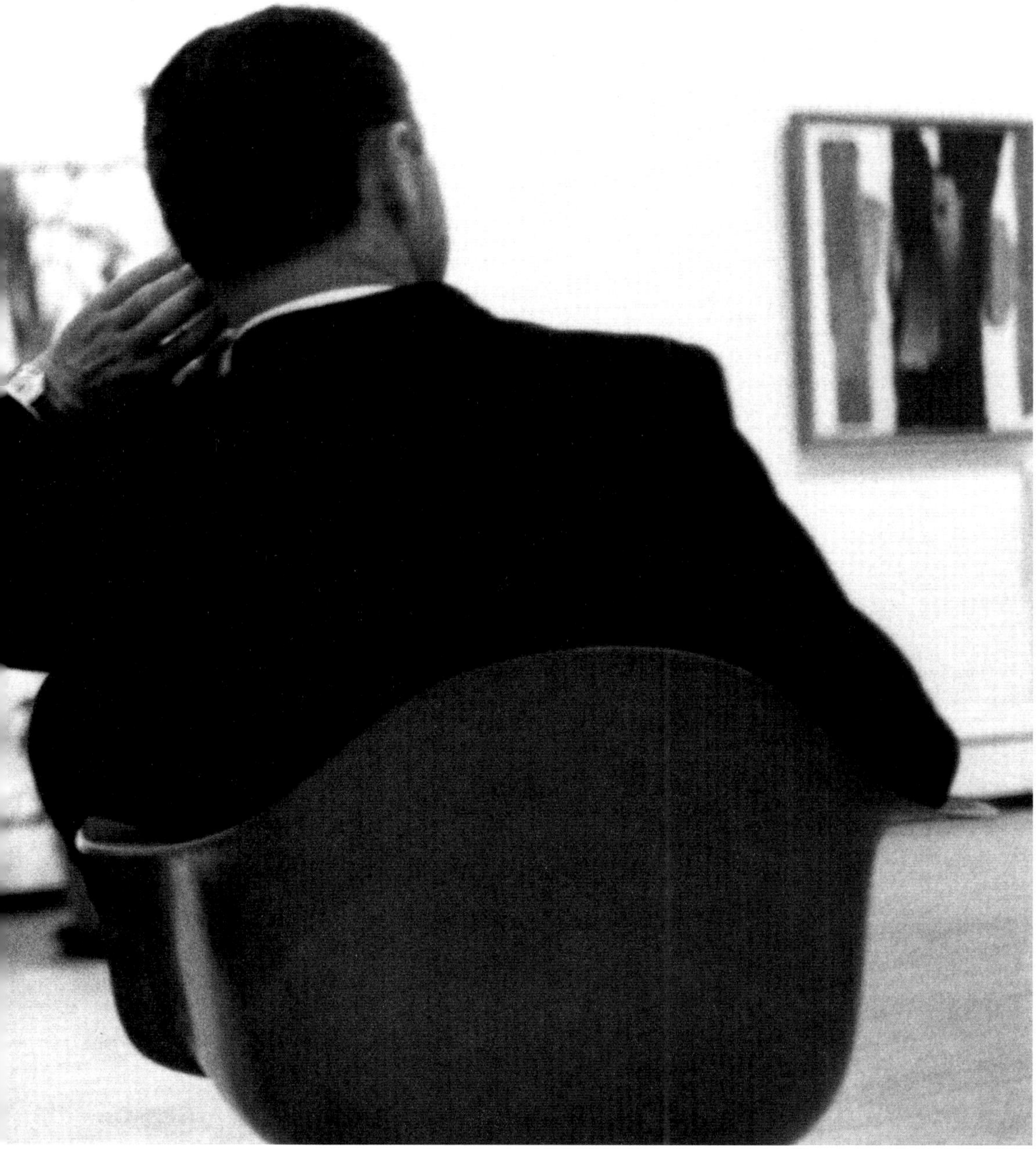

Vernissage de l'exposition de Louise Louvin à la Galerie Agnès Lefort, avril 1962

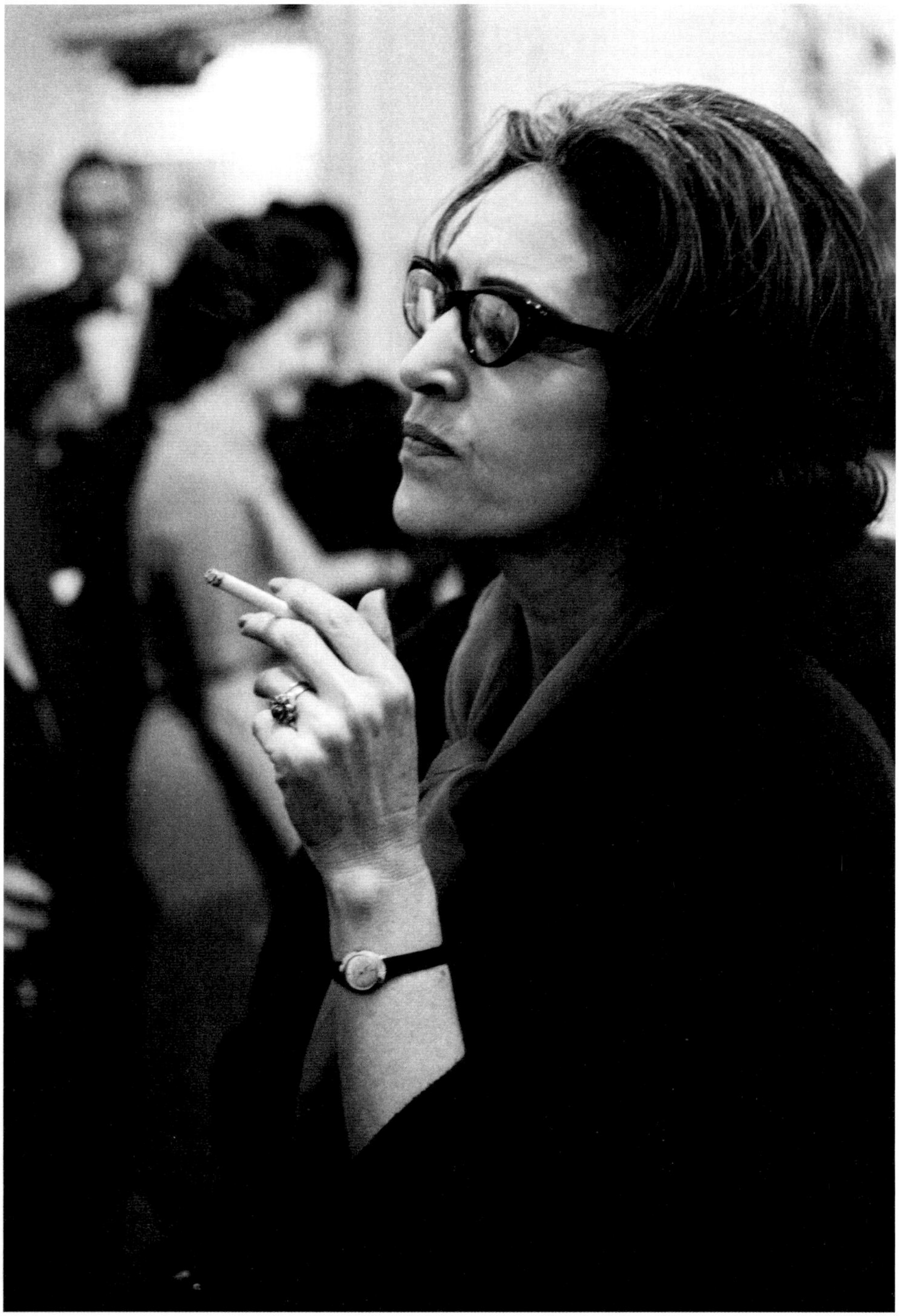

Vernissage de l'exposition de Louise Louvin à la Galerie Agnès Lefort, avril 1962

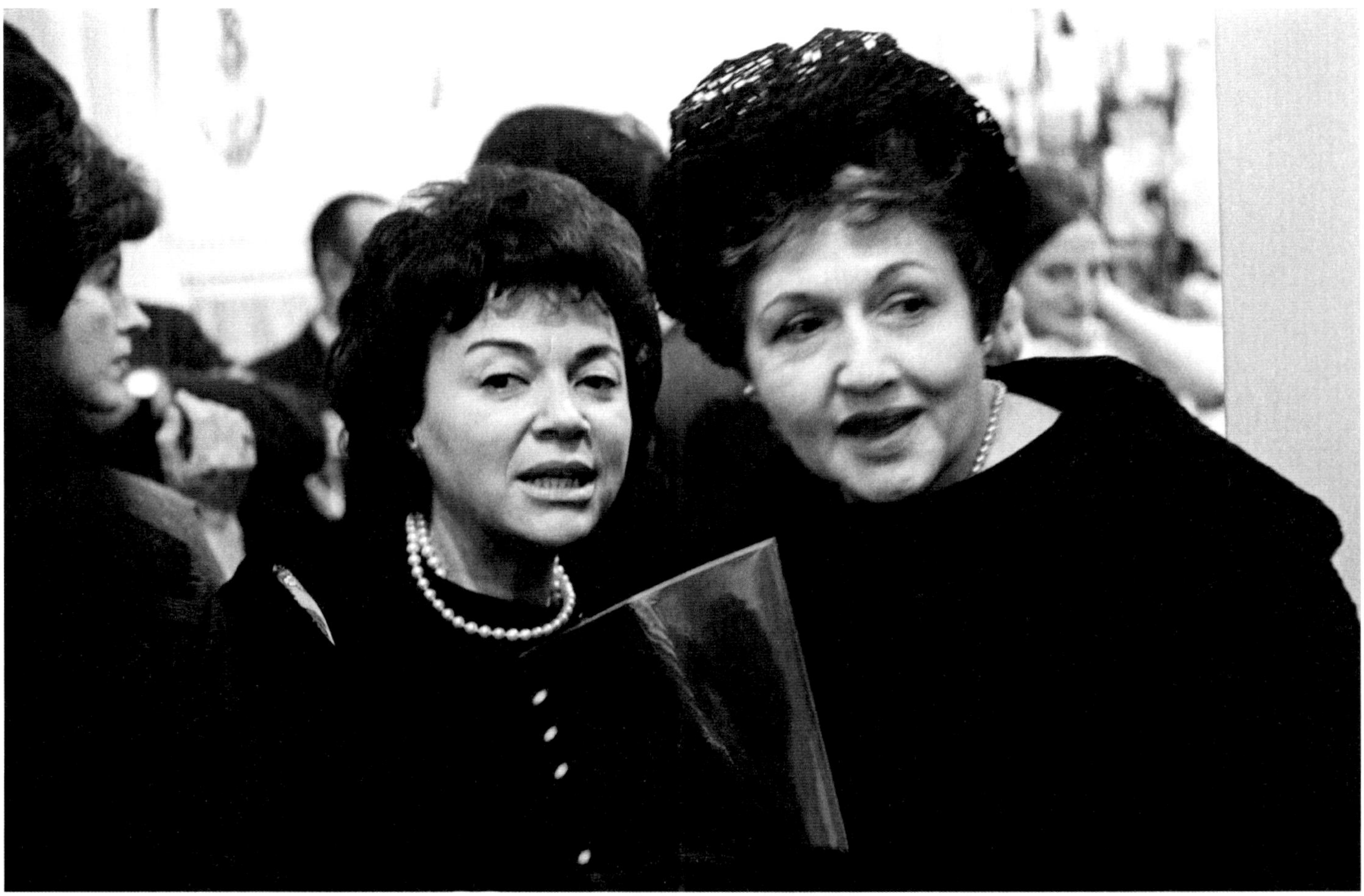

Vernissage de l'exposition de Stanley Lewis à la Galerie Agnès Lefort, janvier 1962

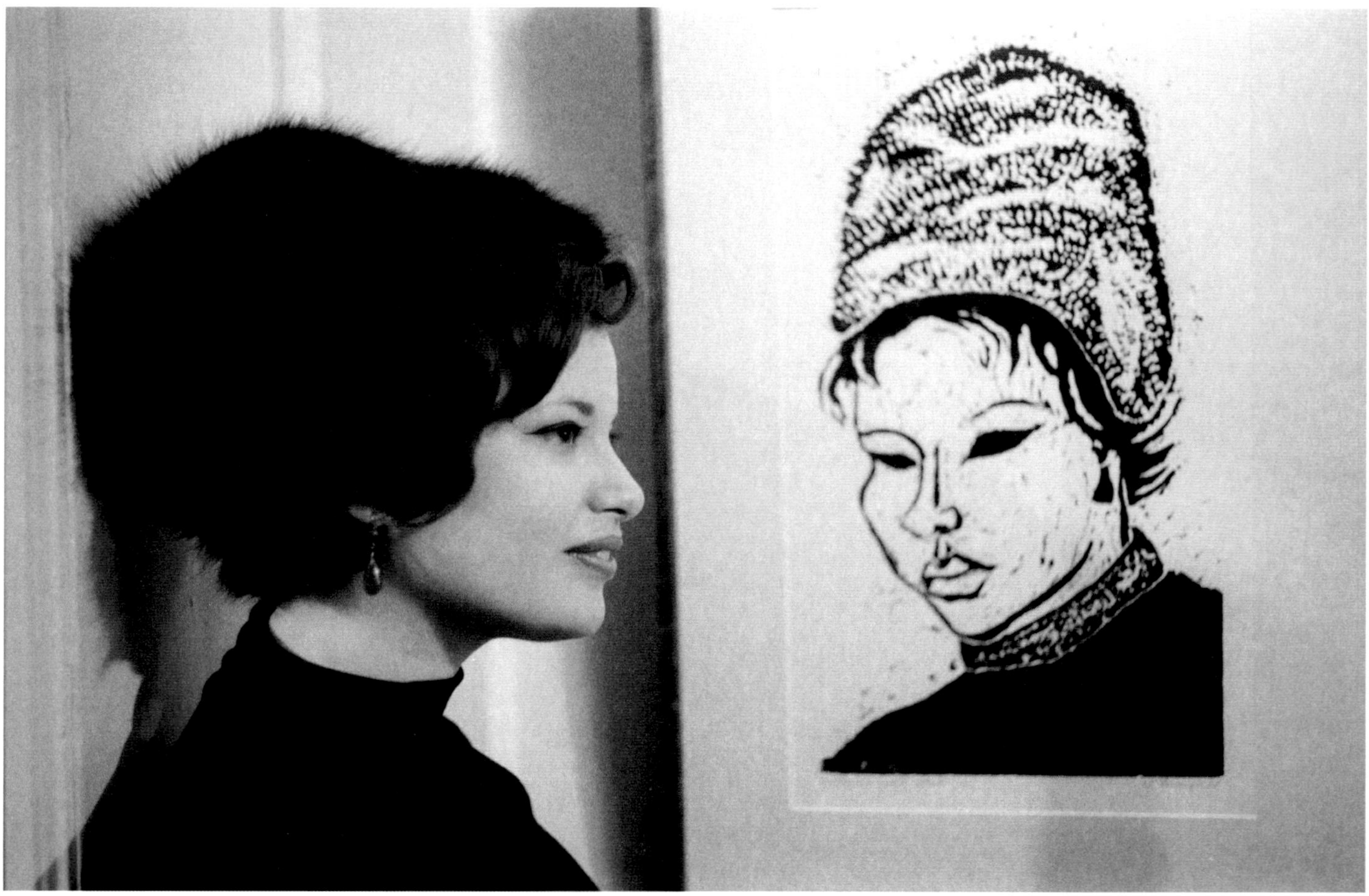

Jean McEwen (au centre) au vernissage de l'exposition de Karel Appel à la Galerie Agnès Lefort, octobre 1962

p. 54–55 Willem Sandberg et Walter Moos au vernissage de l'exposition de Karel Appel à la Galerie Agnès Lefort, octobre 1962

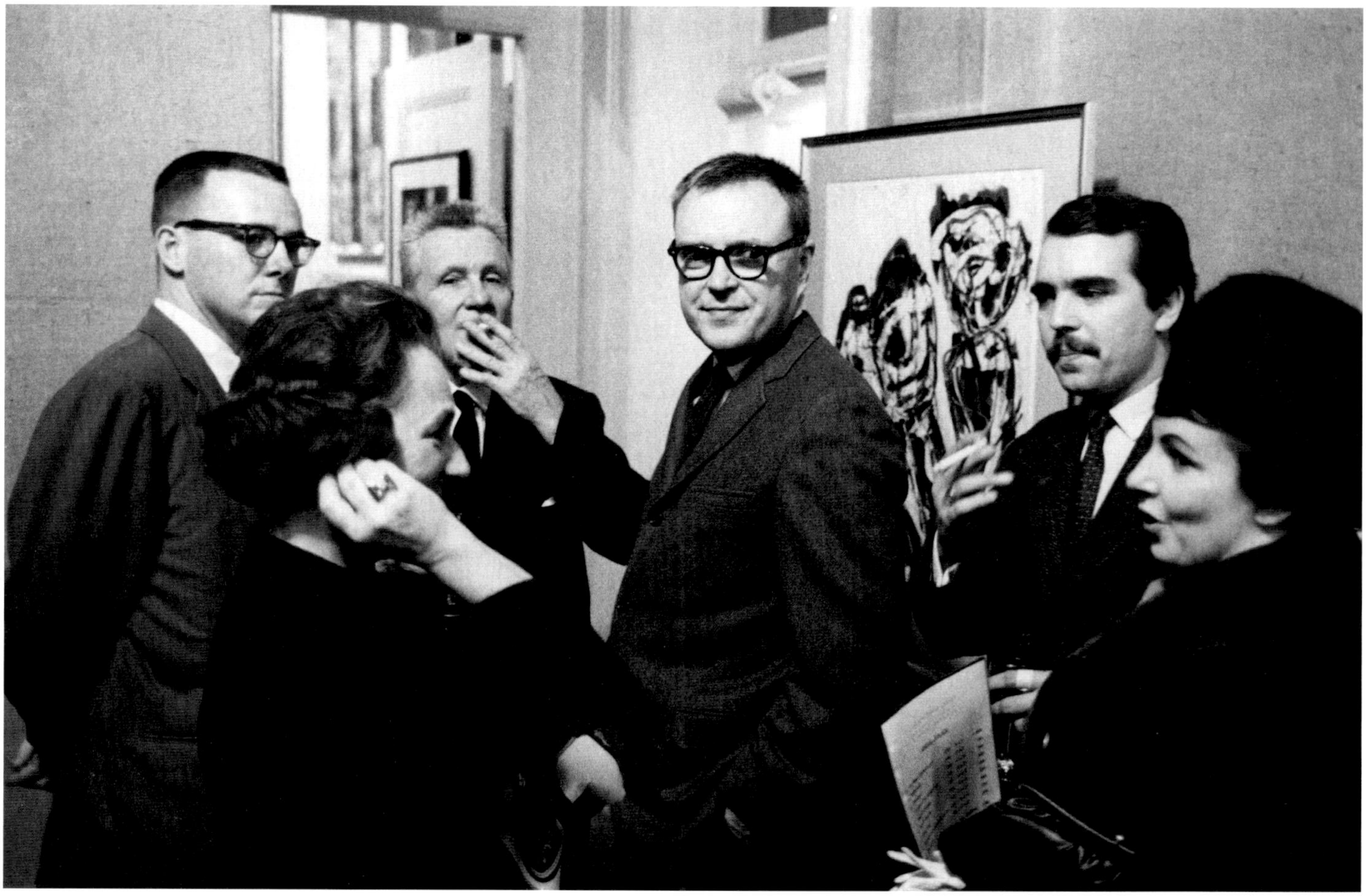

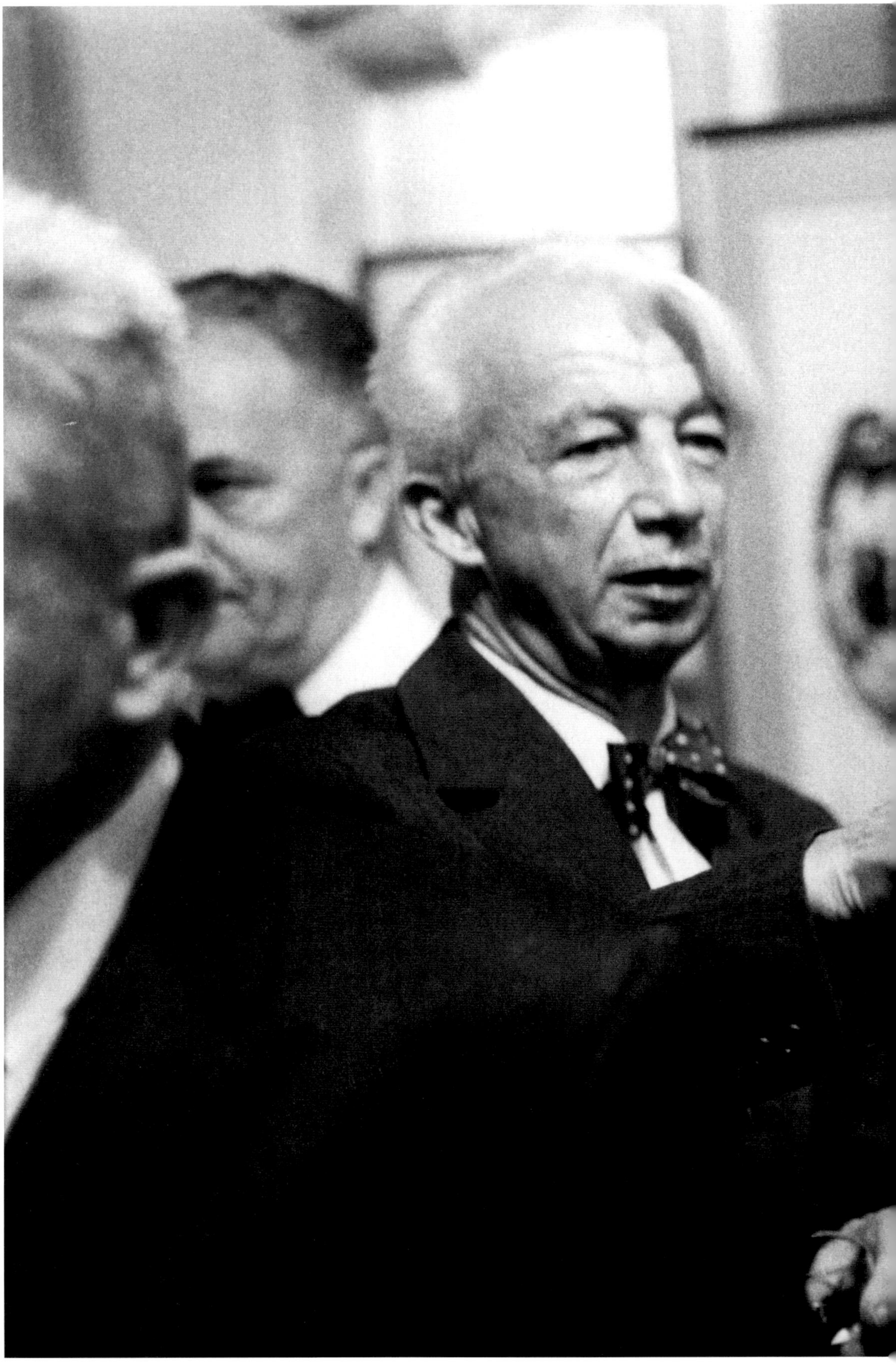

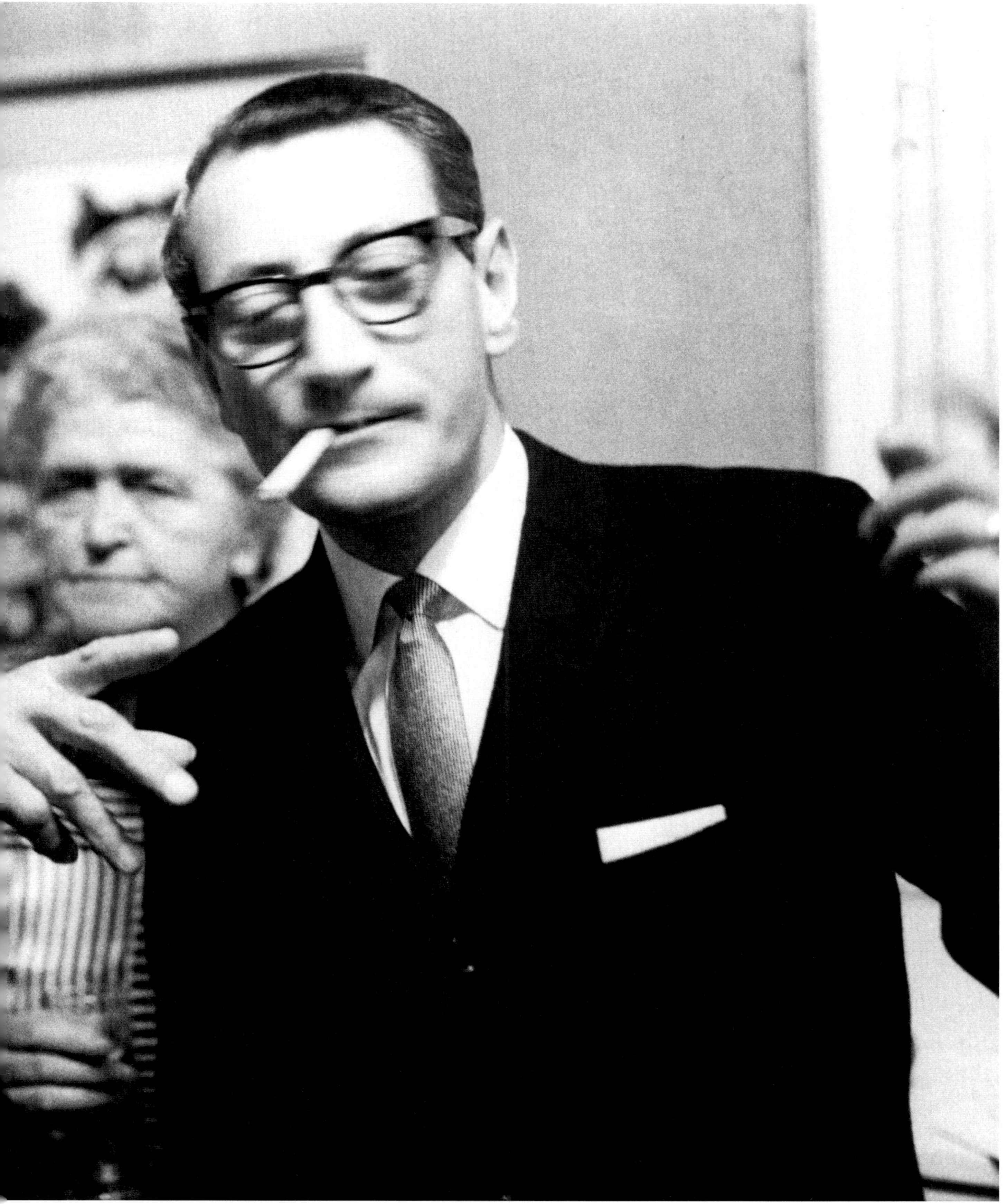

Robert Roussil au vernissage de son exposition à la Galerie Dresdnere, octobre 1962

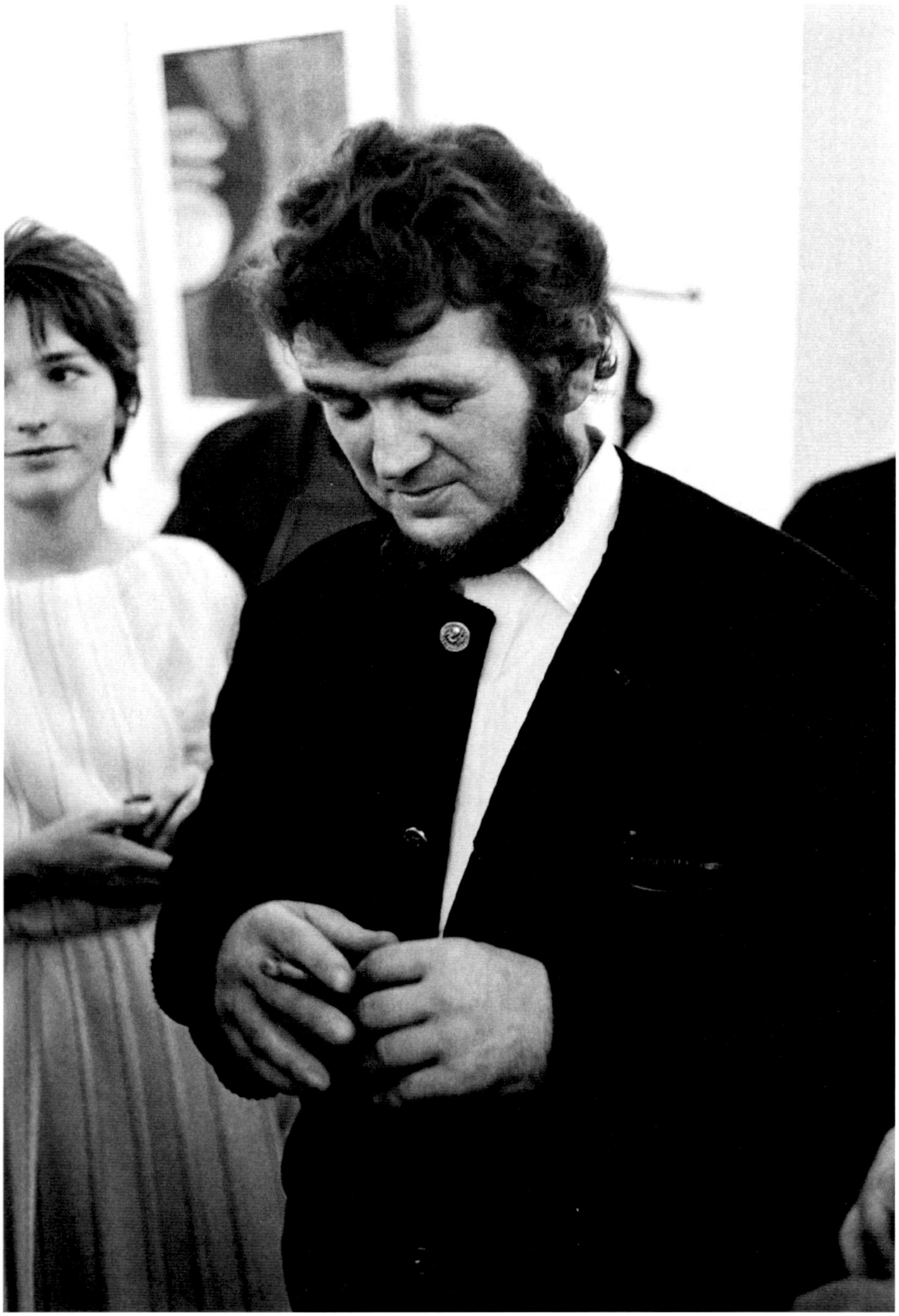

Doreen Lindsay au vernissage de l'exposition de Julie Szablowski à la West End Gallery, novembre 1965

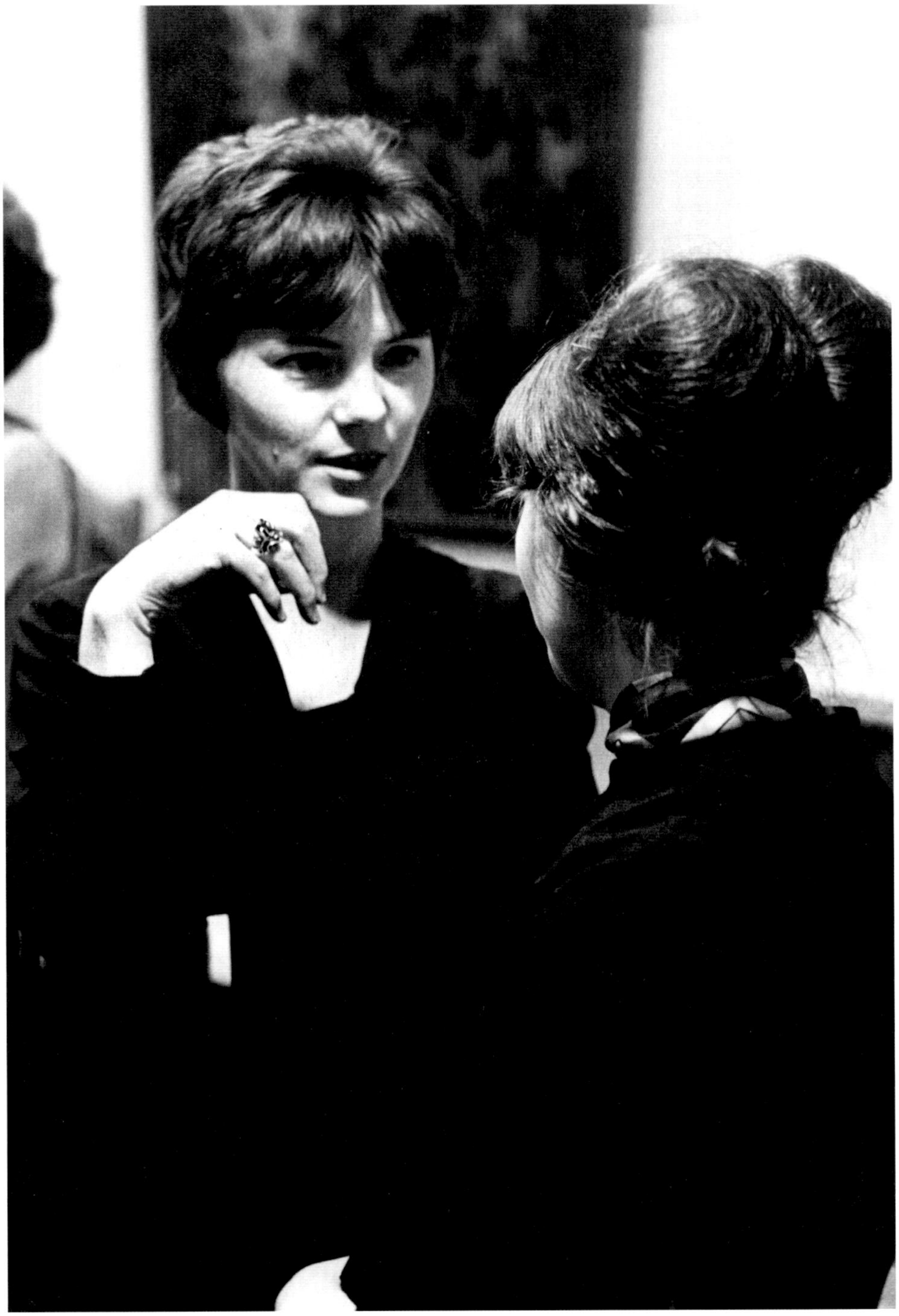

Edmund Alleyn et une invitée au vernissage de l'exposition d'Edmund Alleyn à la Galerie Dresdnere, février 1963

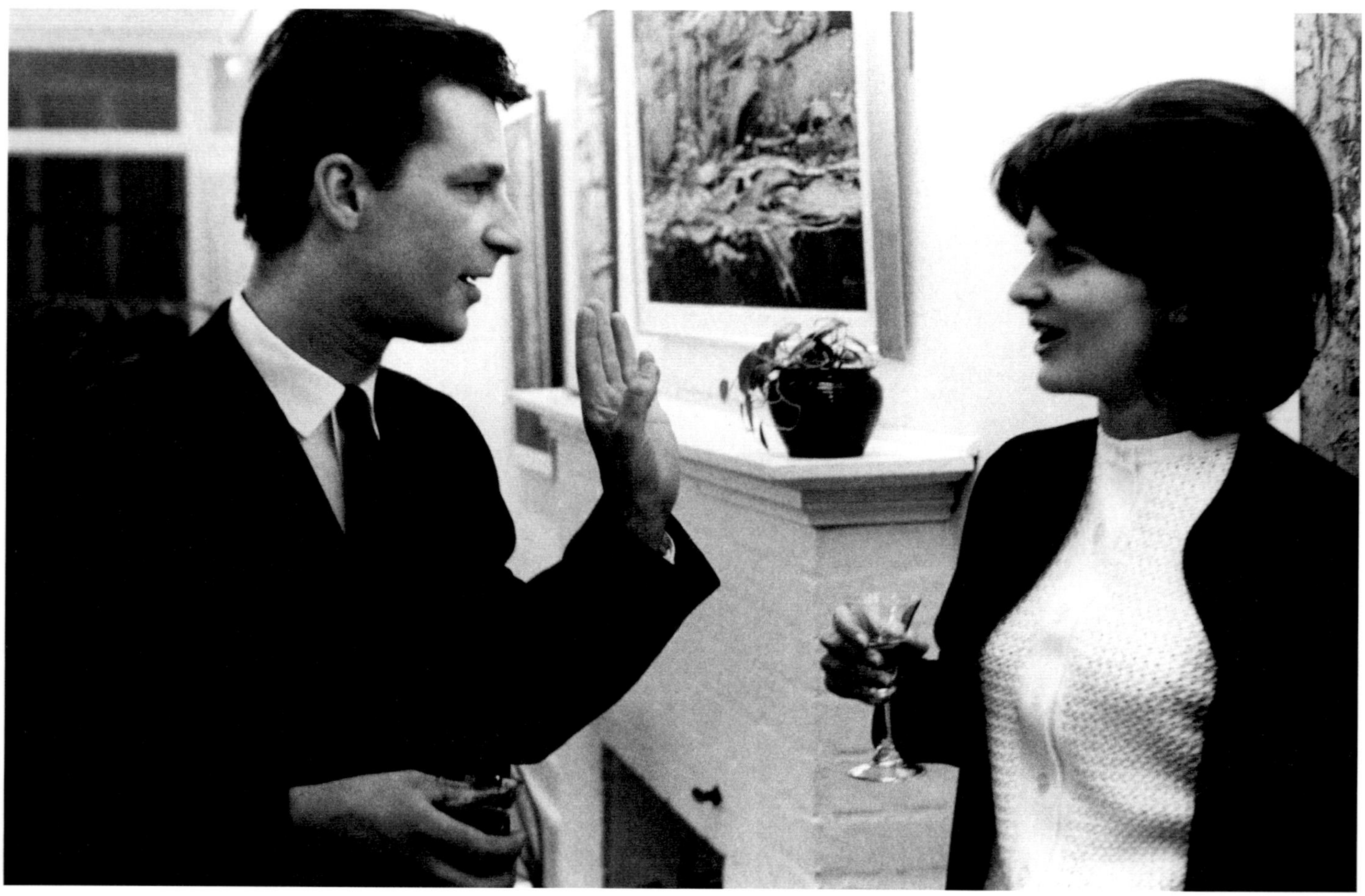

Joyce Rose et Pierre Elliott Trudeau au vernissage de l'exposition de Joyce Rose à la Galerie Libre, avril 1963

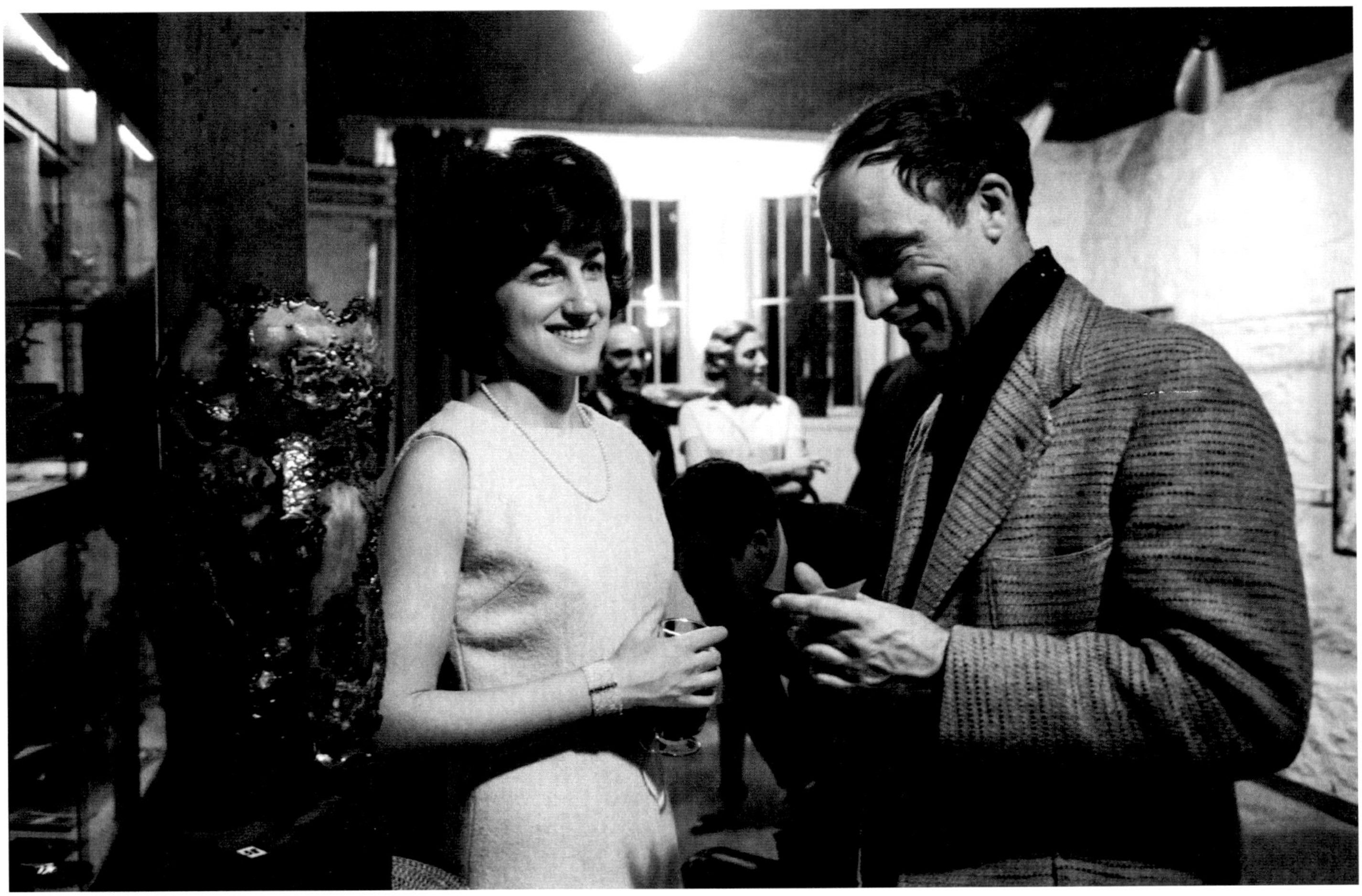

Arthur Lismer au vernissage de son exposition à la Galerie Agnès Lefort, septembre 1963

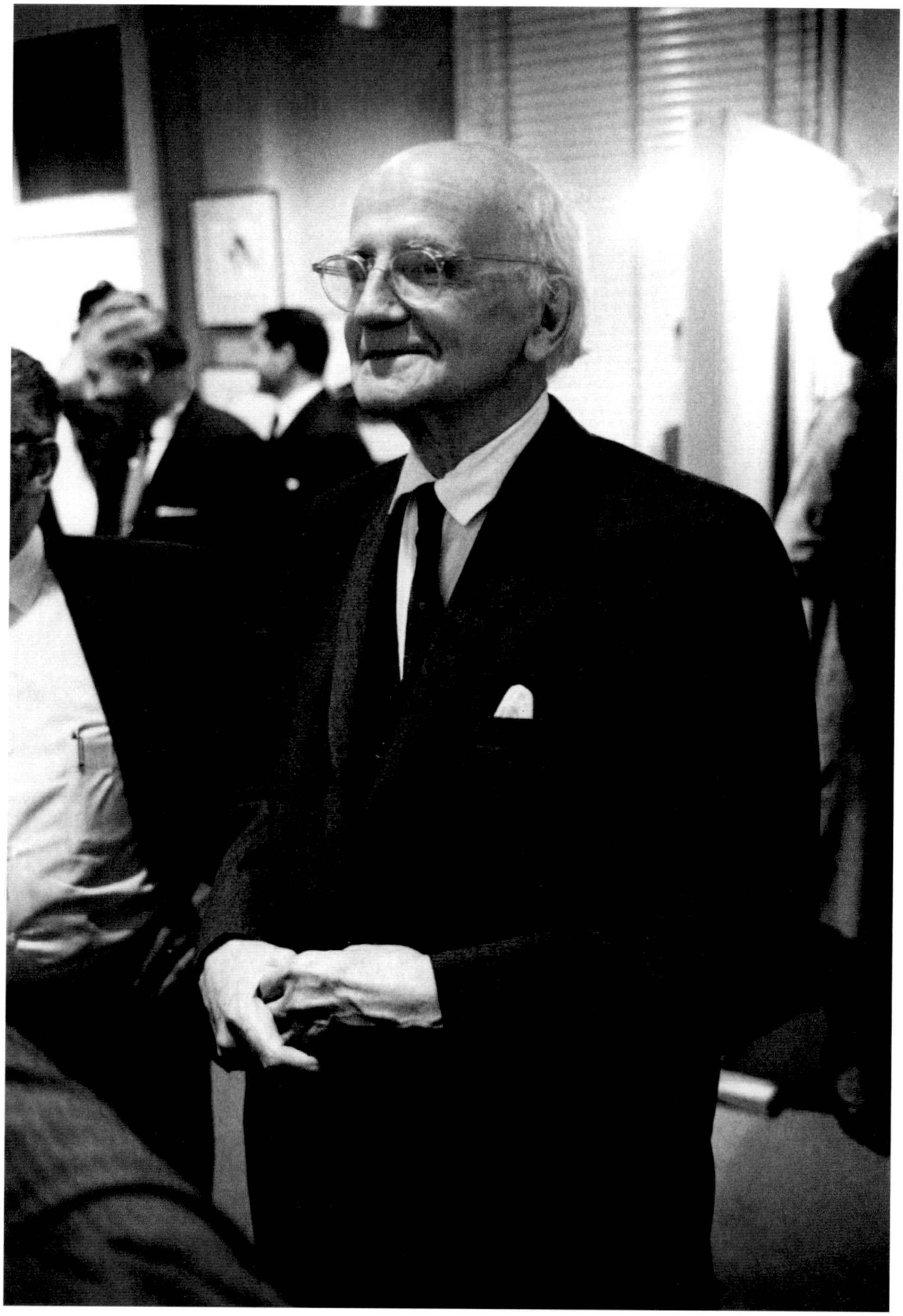

A.Y. Jackson, Anne Savage (portant un chapeau) et Arthur Lismer au vernissage de l'exposition de Ralph Burton à la West End Gallery, février 1967

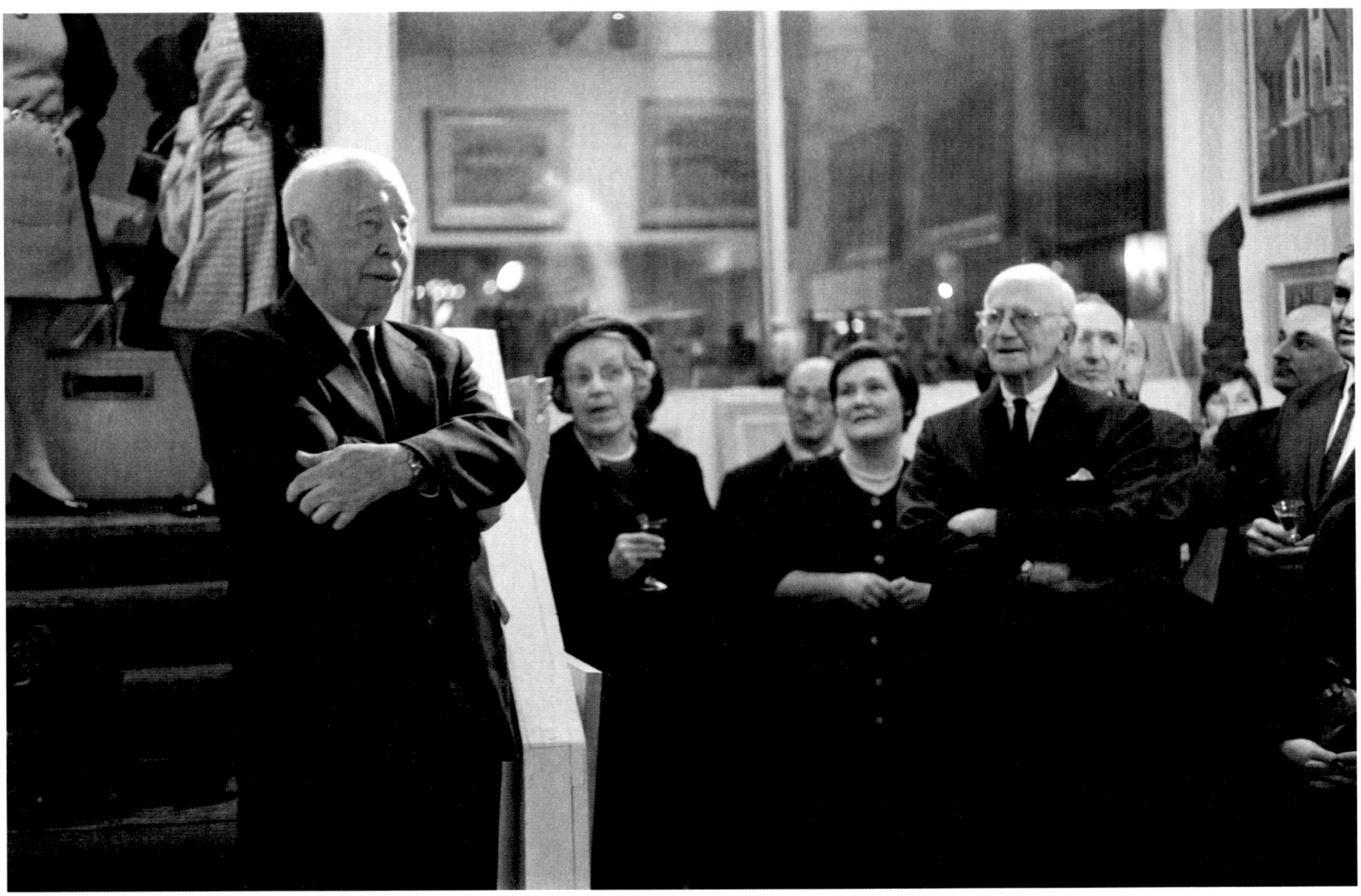

Jean Goguen, Monica Kiyooka, Roy Kiyooka et une amie au vernissage de l'exposition de Roy Kiyooka à la Galerie du Siècle, avril 1967

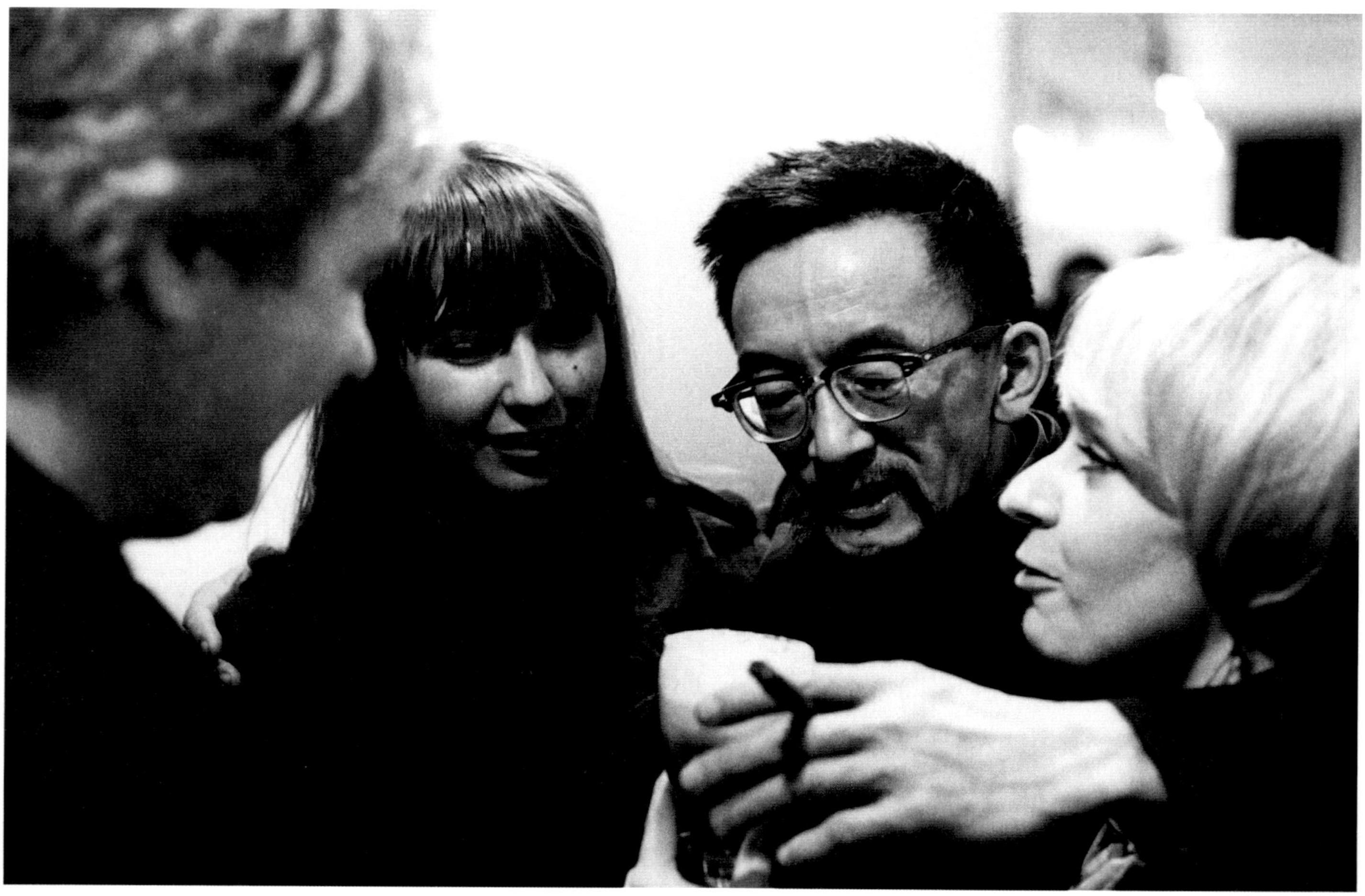

Yves Lasnier (à droite) au vernissage de l'exposition de Roy Kiyooka à la Galerie du Siècle, avril 1967

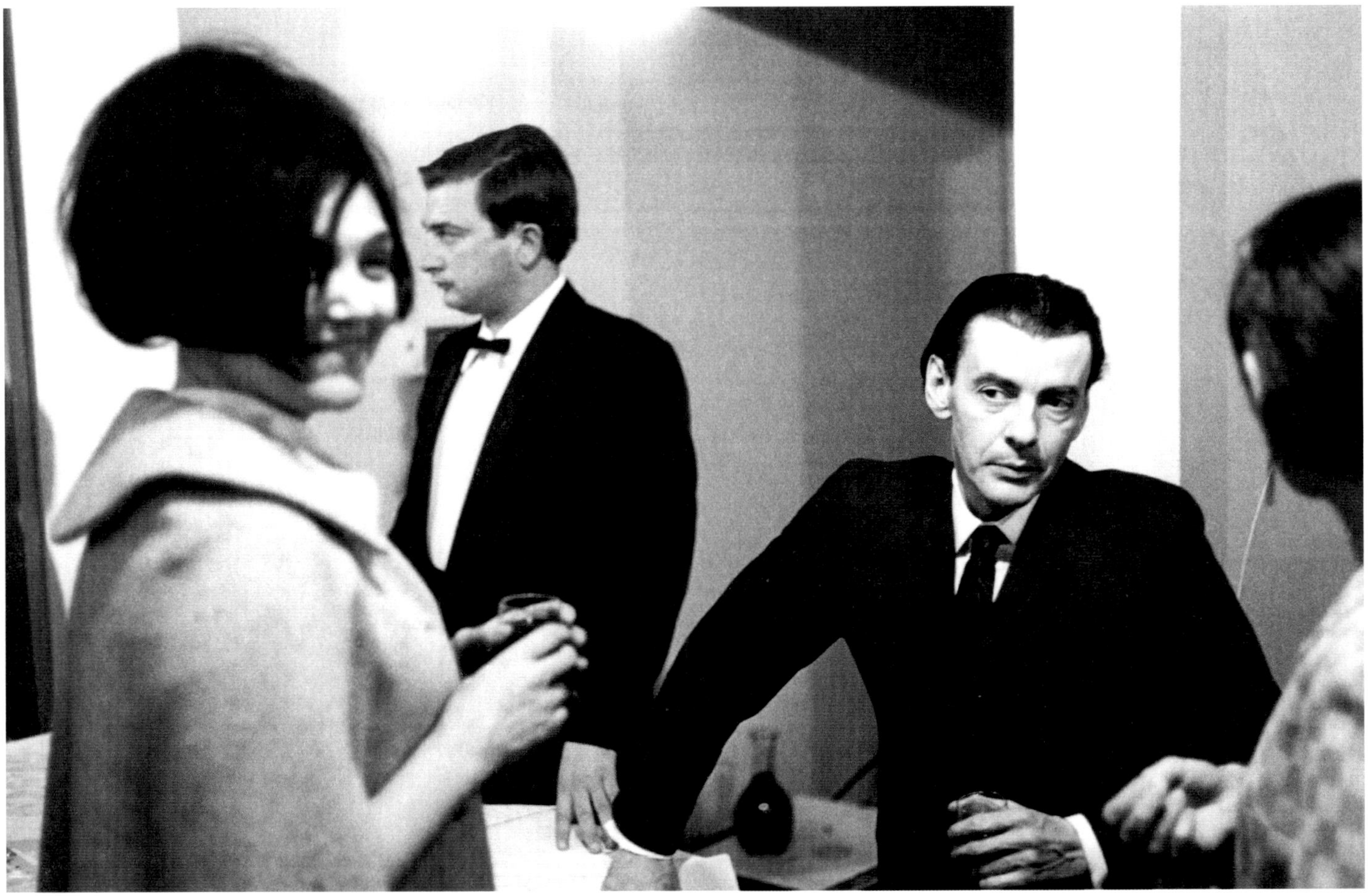

Mariette Lévesque et Jacques de Montjoye à l'ouverture de la pharmacie-boutique Le Drug, mai 1965

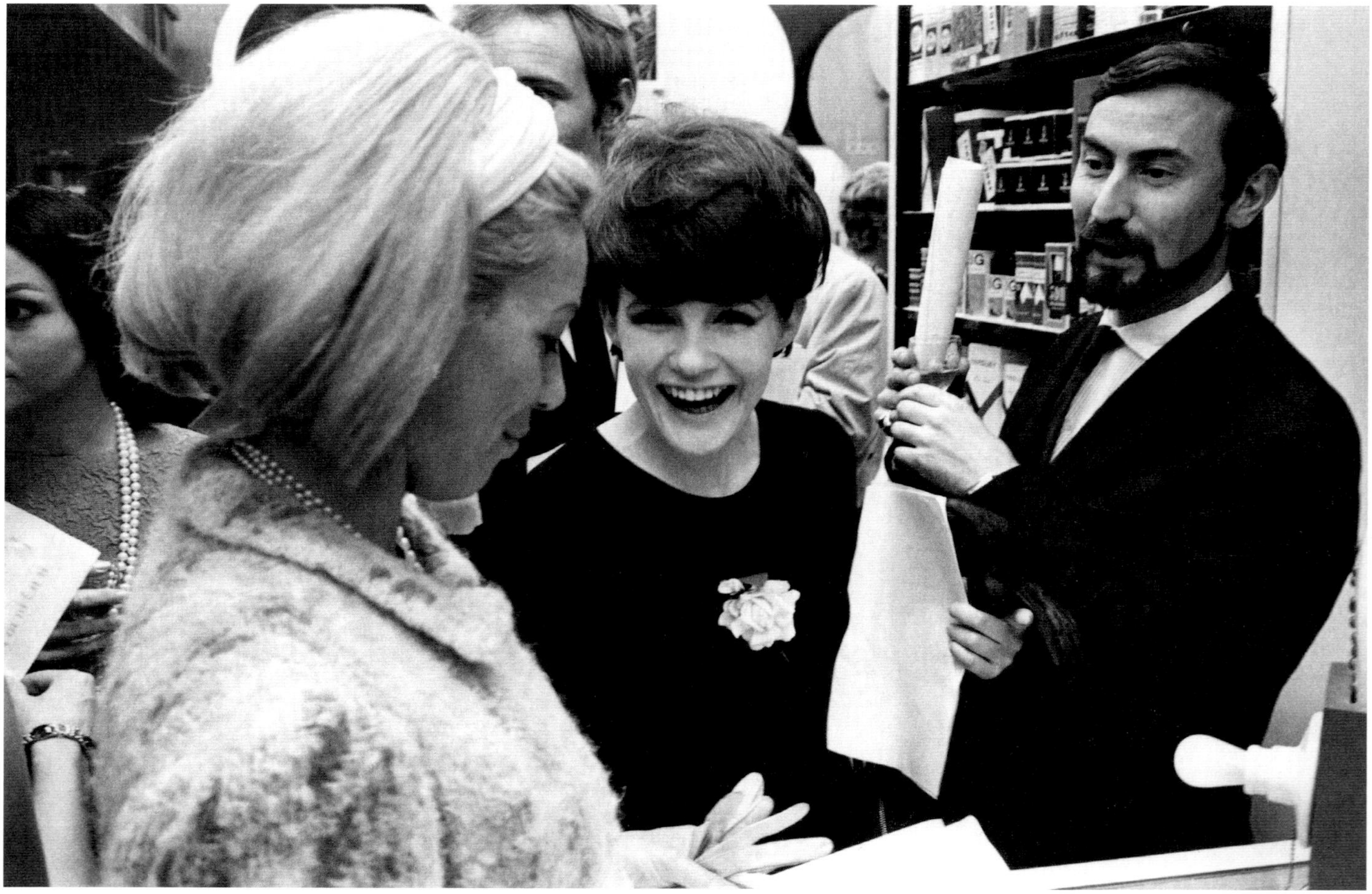

Armand Vaillancourt, John Max et François Dallegret (les mains seulement) à l'ouverture de la pharmacie-boutique Le Drug, mai 1965

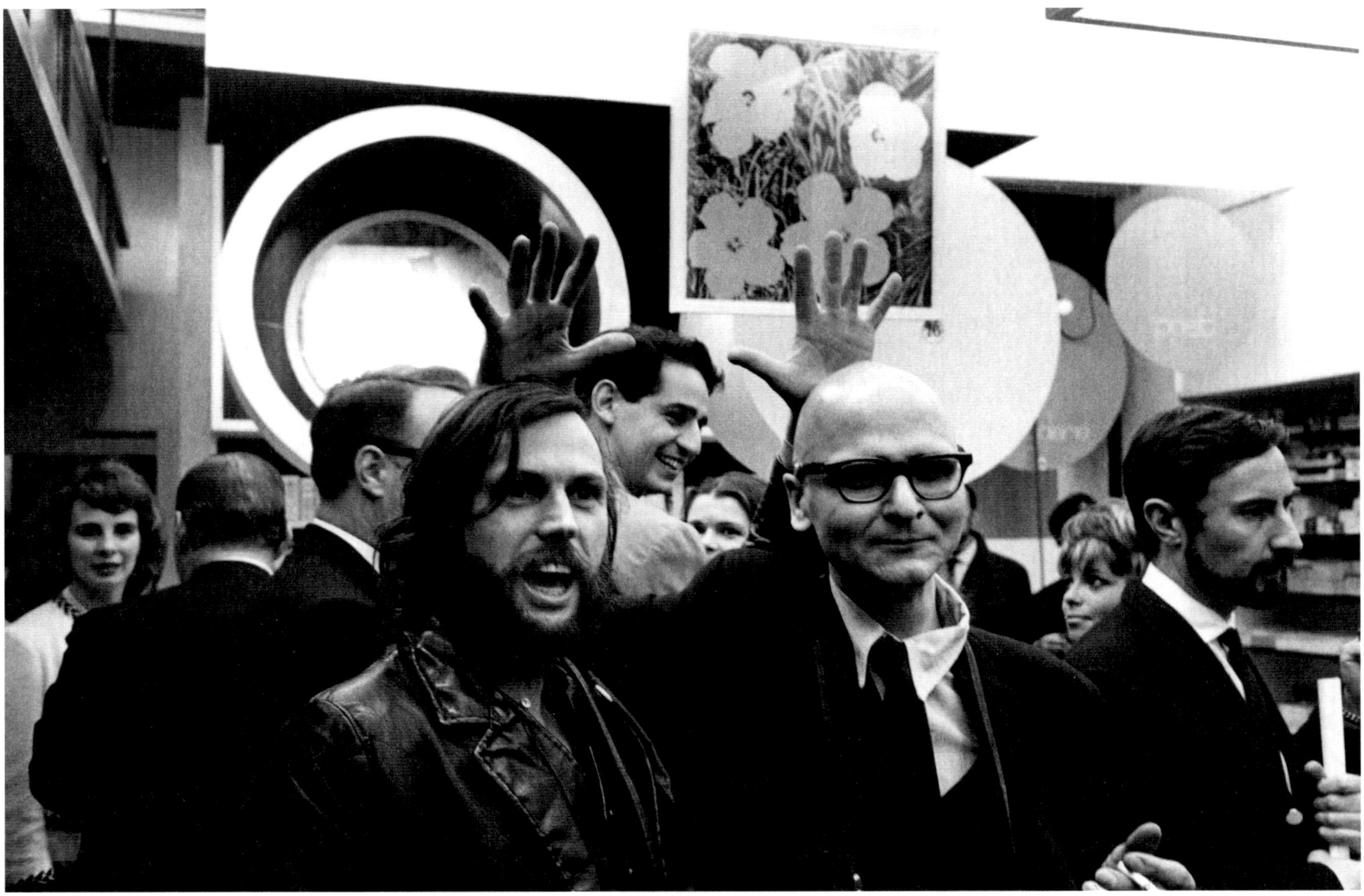

« Happening photo » au Café L'Œuf, octobre 1967

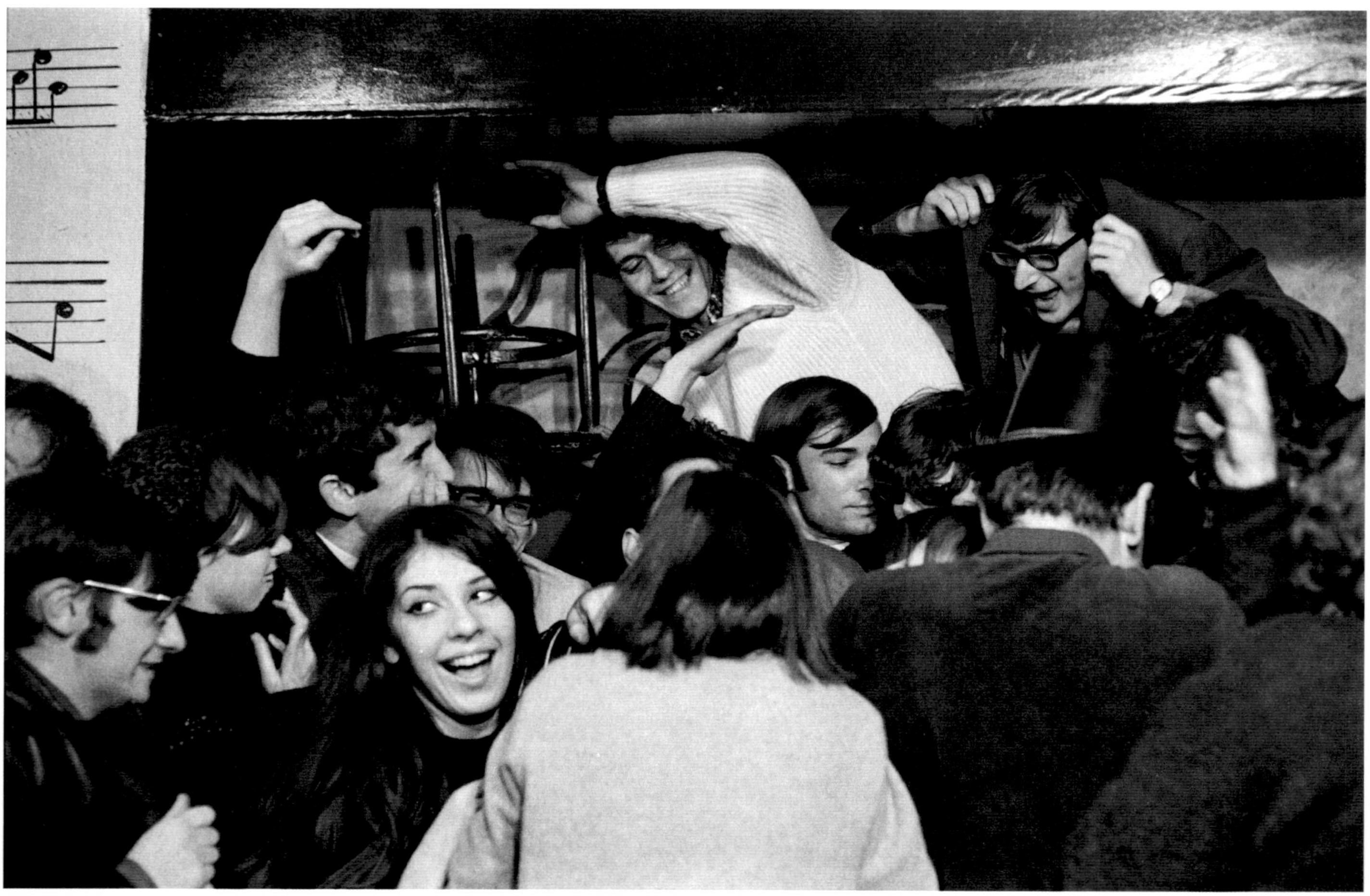

« Happening photo » au Café L'Œuf, octobre 1967

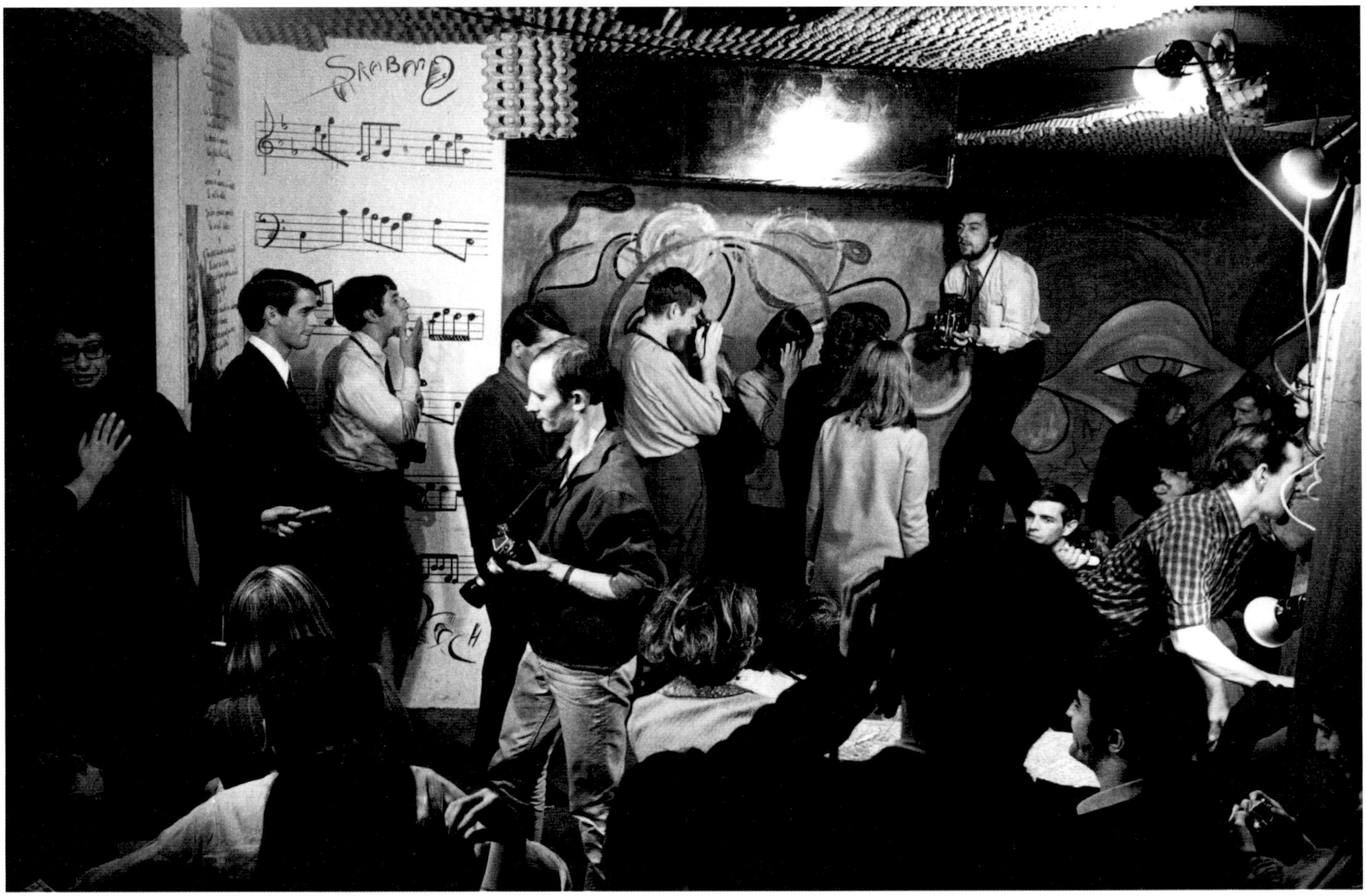

Vernissage de l'exposition
10 Young Montreal Painters
au Loyola Bonsecours Centre,
avril 1967

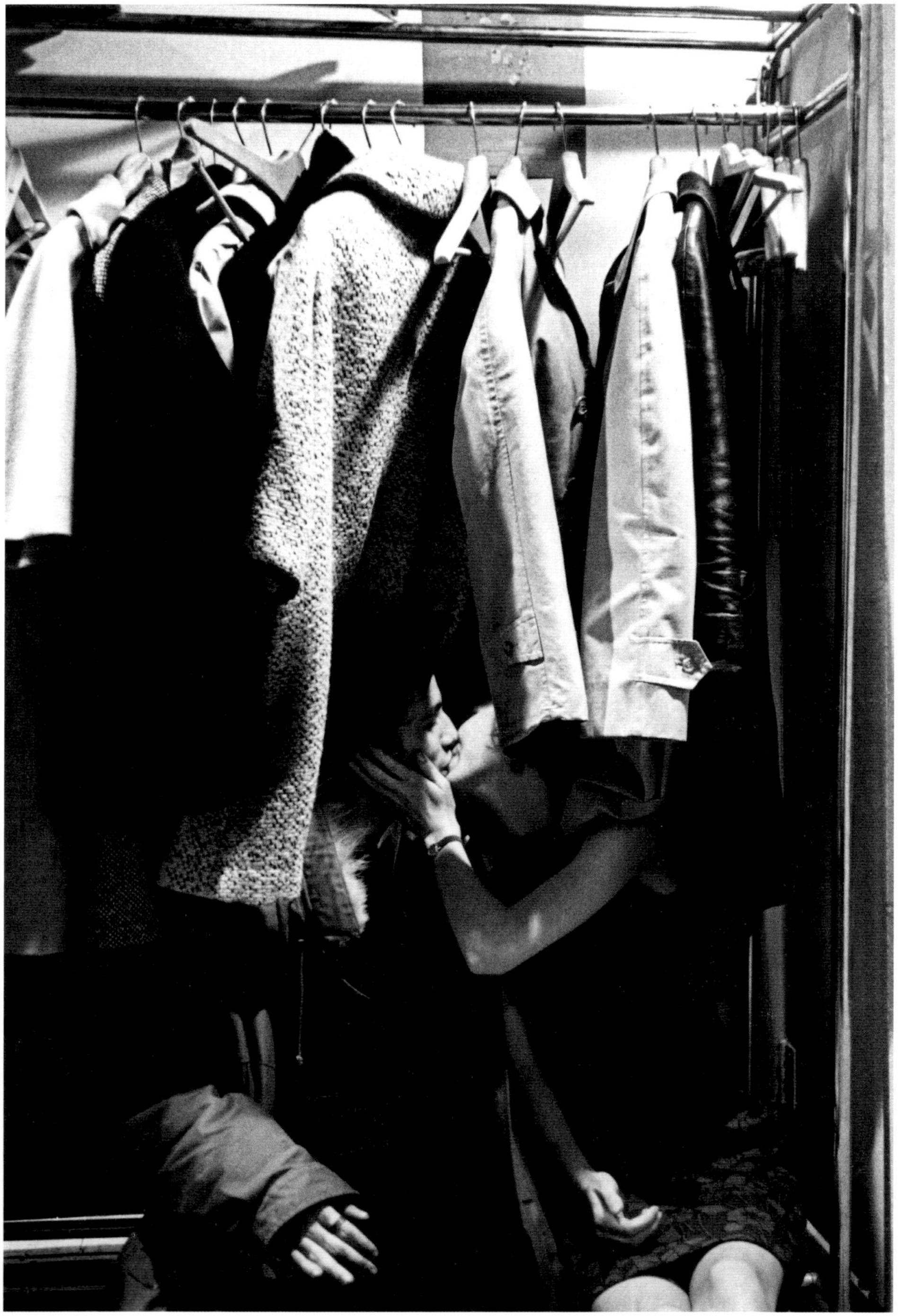

Vernissage de l'exposition de Morton Rosengarten au Loyola Bonsecours Centre, décembre 1966

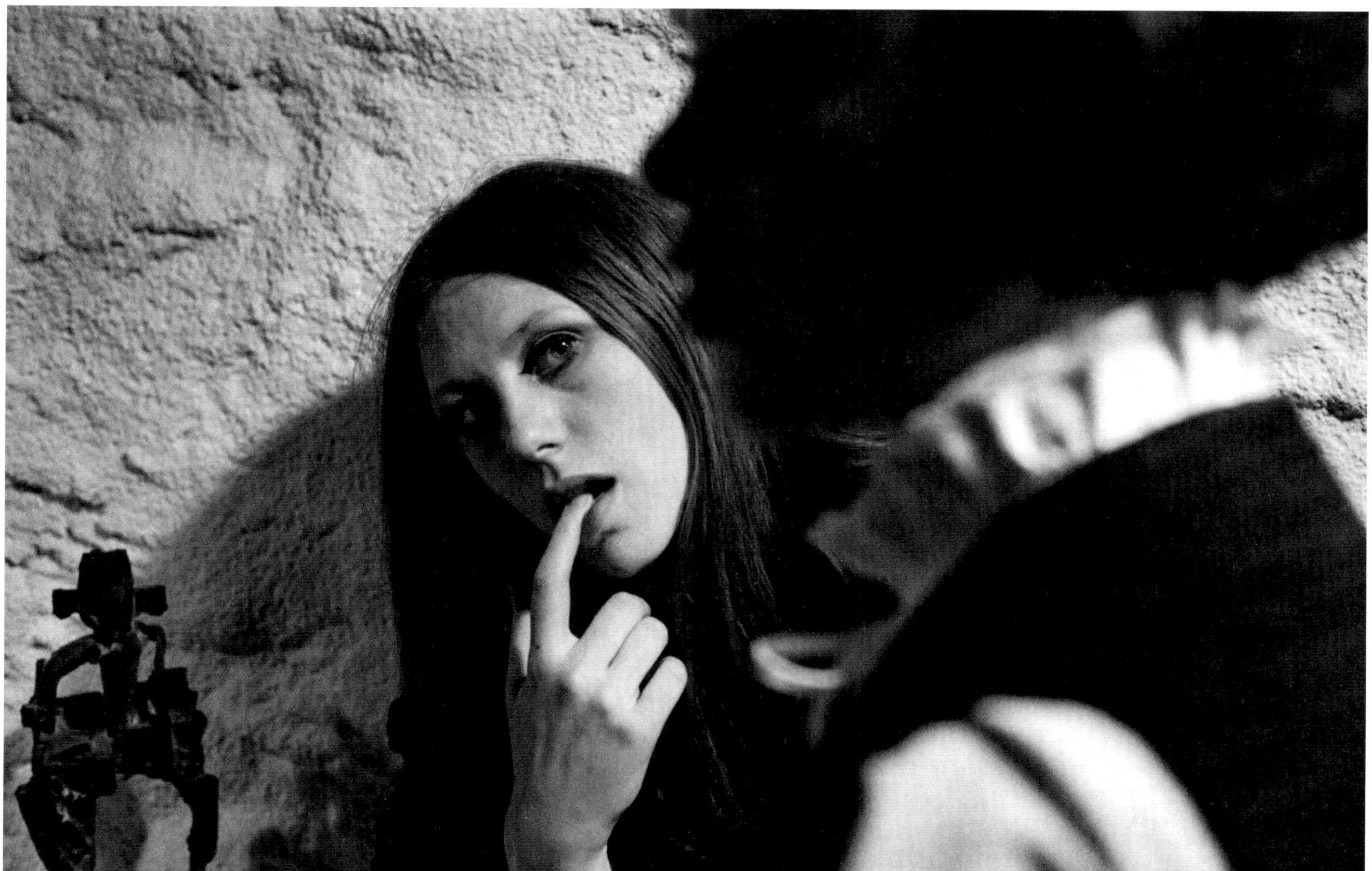

Leonard Cohen au vernissage de l'exposition de Morton Rosengarten au Loyola Bonsecours Centre, décembre 1966

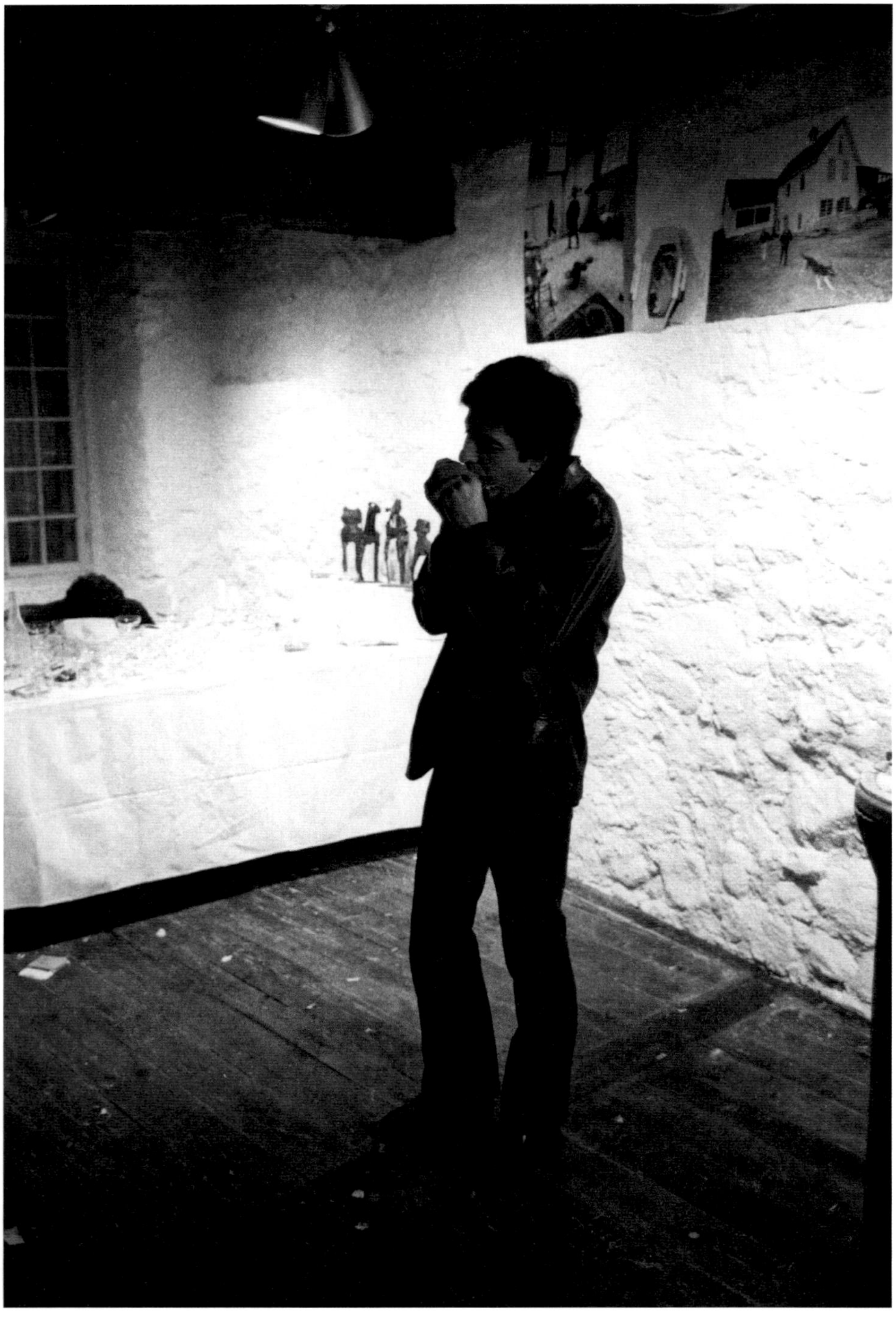

Vernissage de l'exposition
de Morton Rosengarten
au Loyola Bonsecours Centre,
décembre 1966

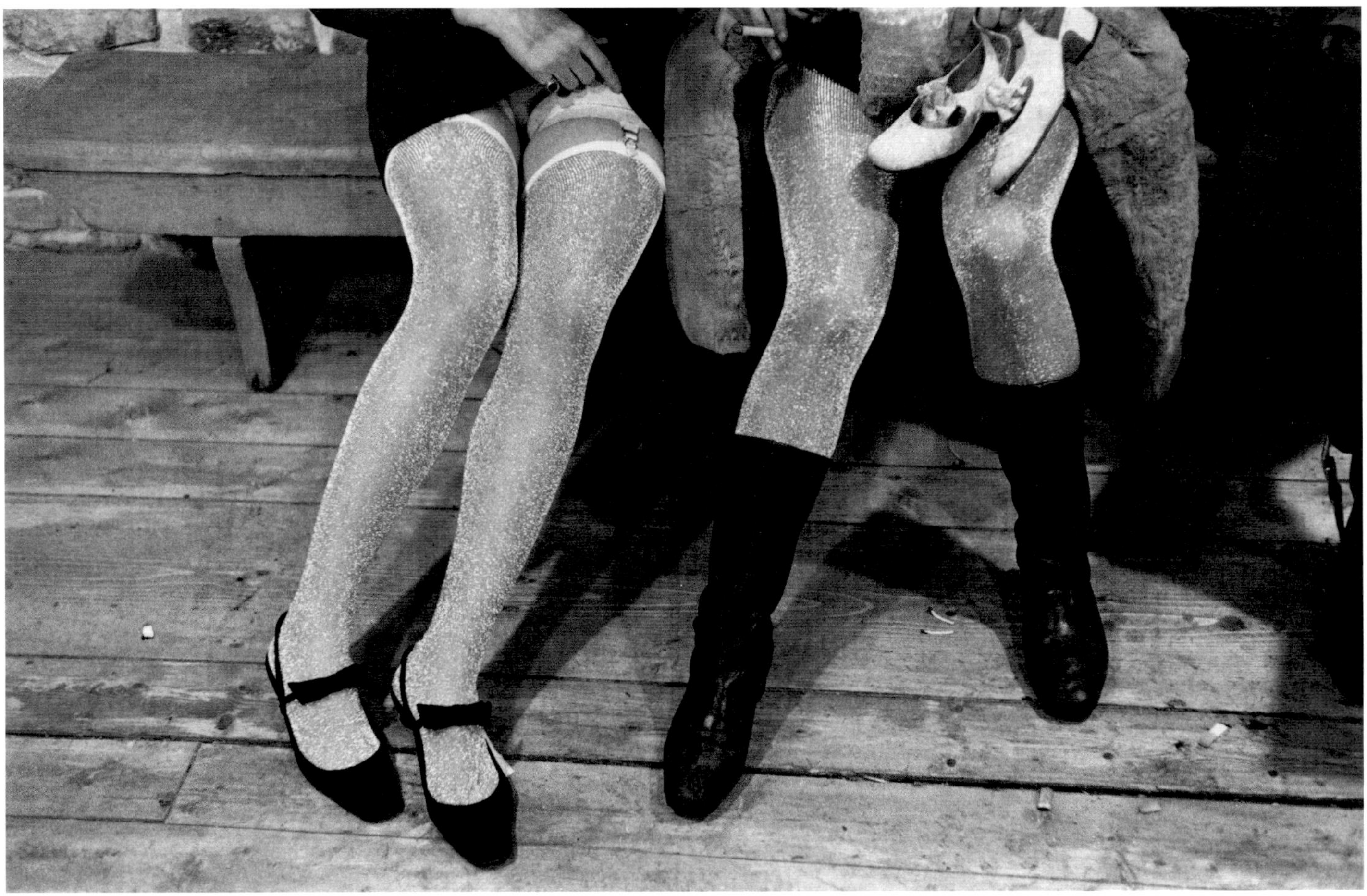

Louise McEwen, Dominique McEwen et Michiko Yajima-Gagnon lors d'un vernissage à la Galerie Godard Lefort, septembre 1968

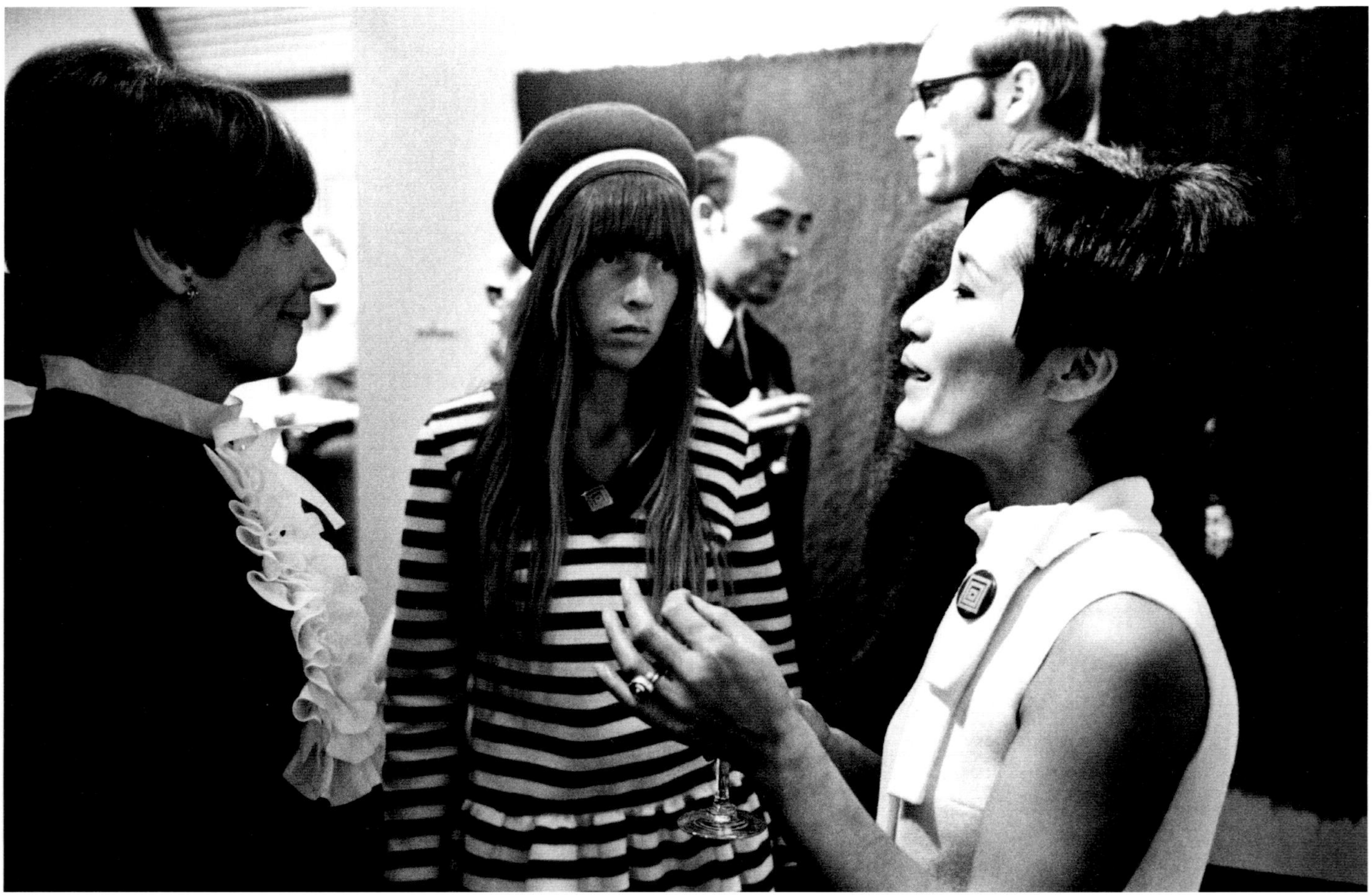

Jacques Folch-Ribas et Charles Gagnon lors d'un vernissage à la Galerie Godard Lefort, septembre 1968

p. 74–75 François Dallegret et Yves Gaucher lors d'un vernissage à la Galerie Godard Lefort, septembre 1968

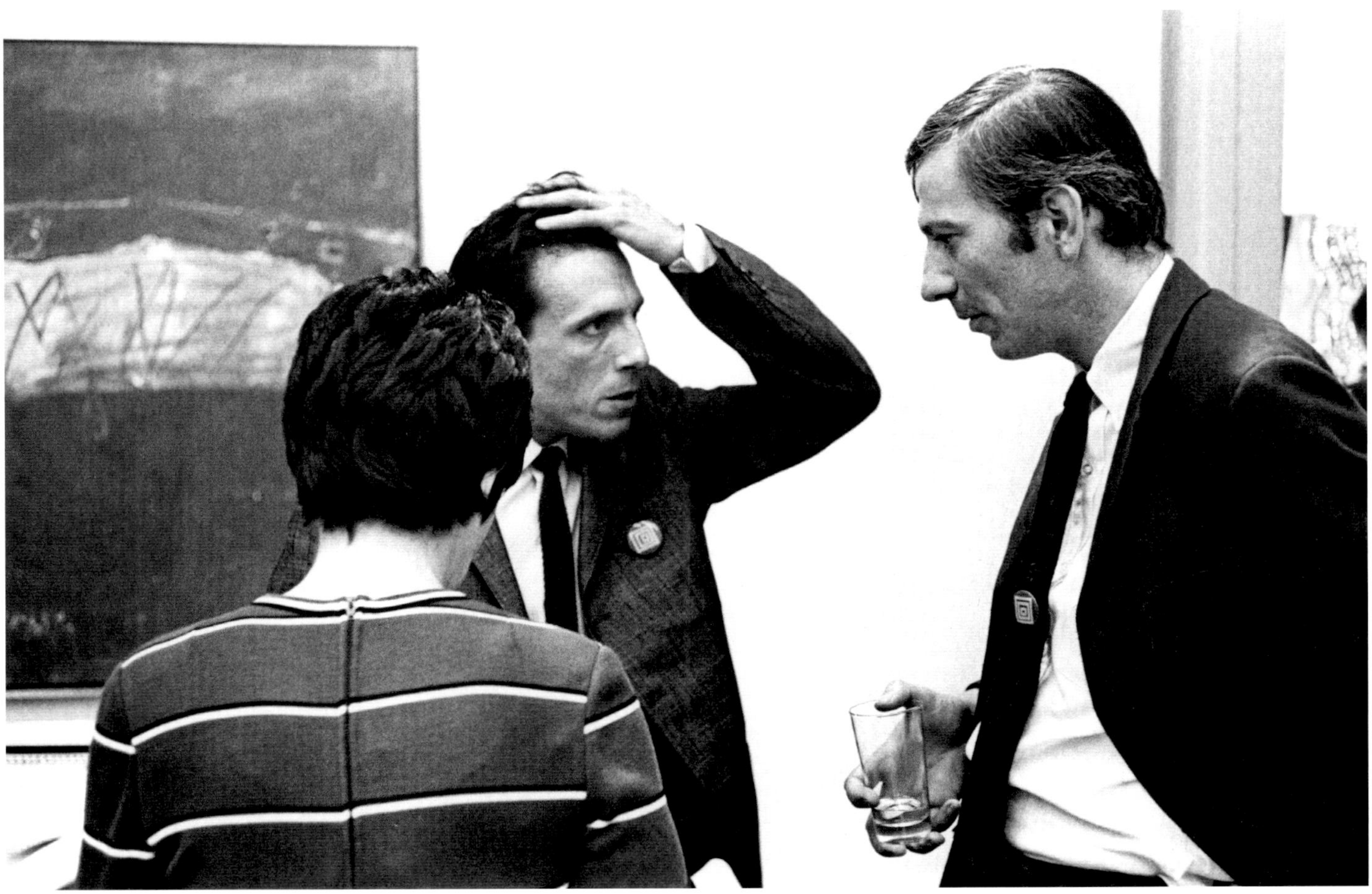

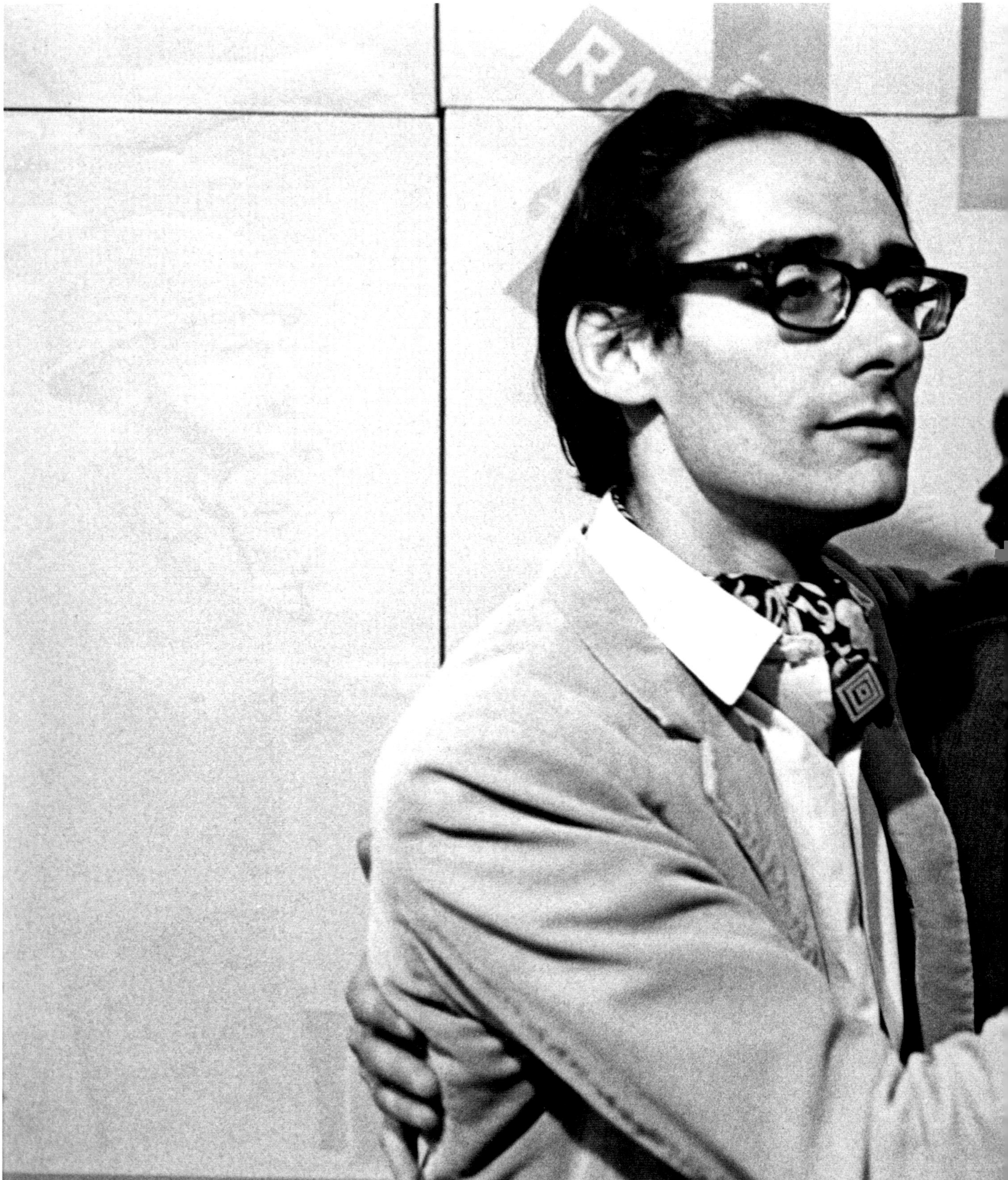

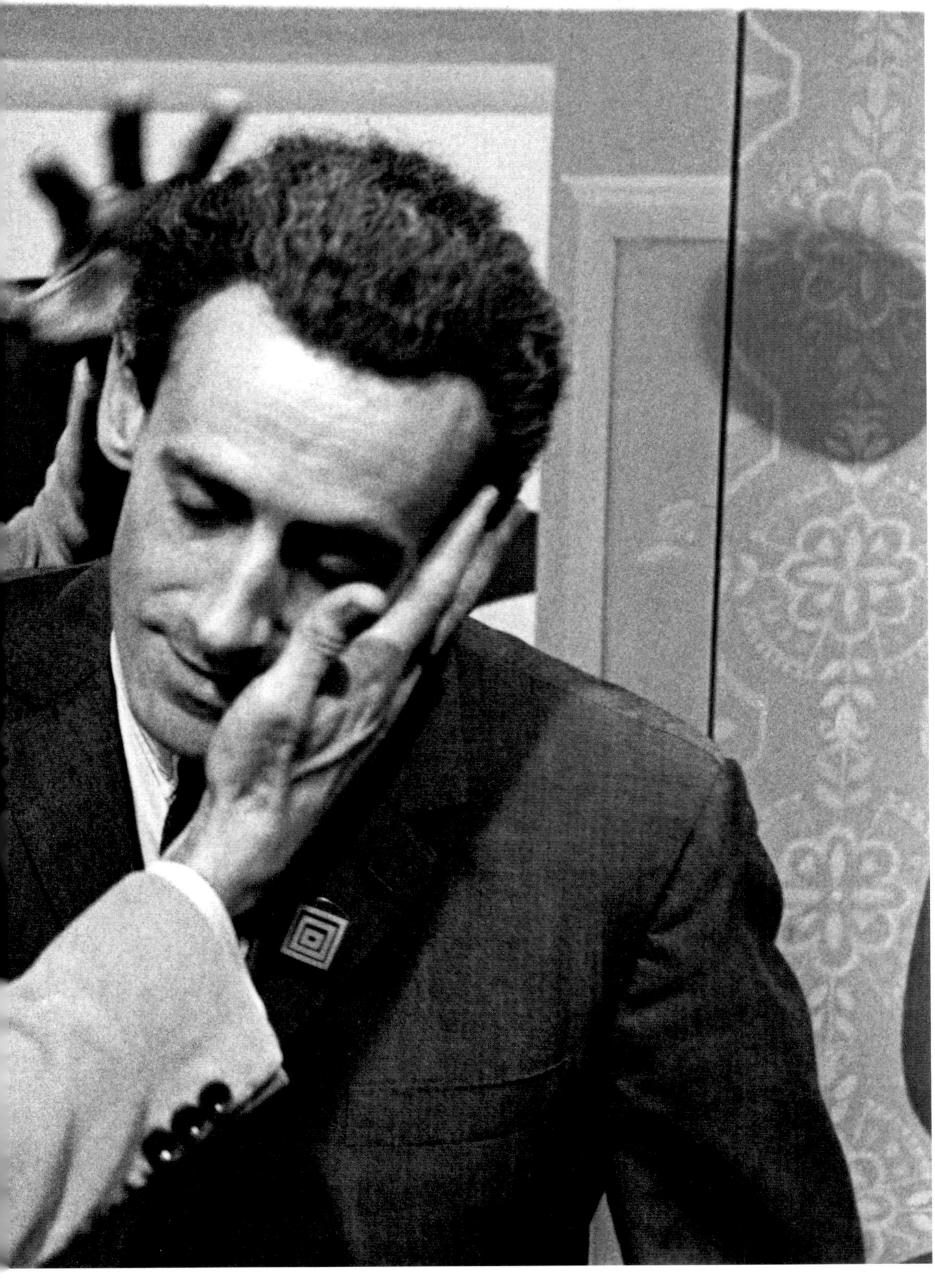

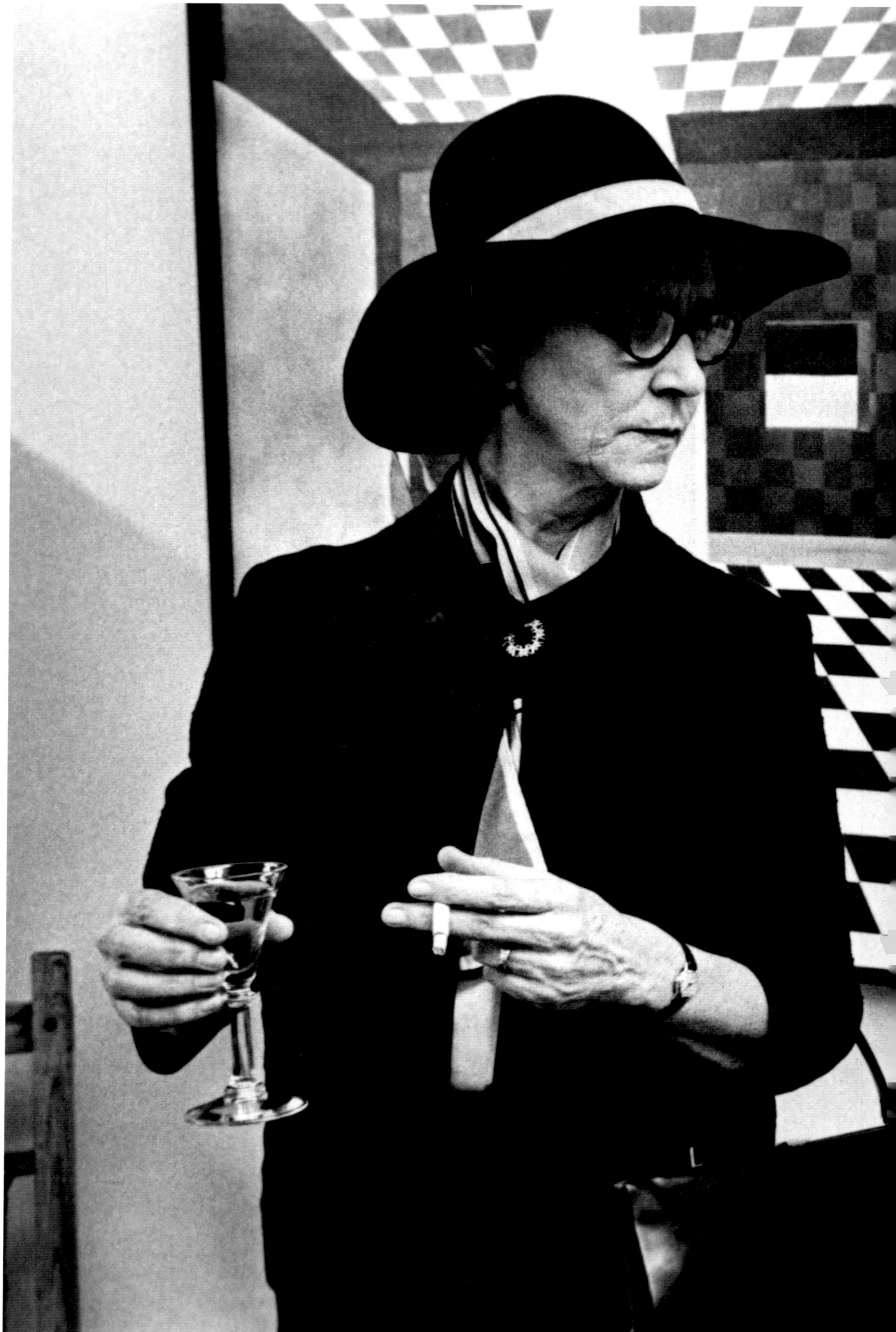

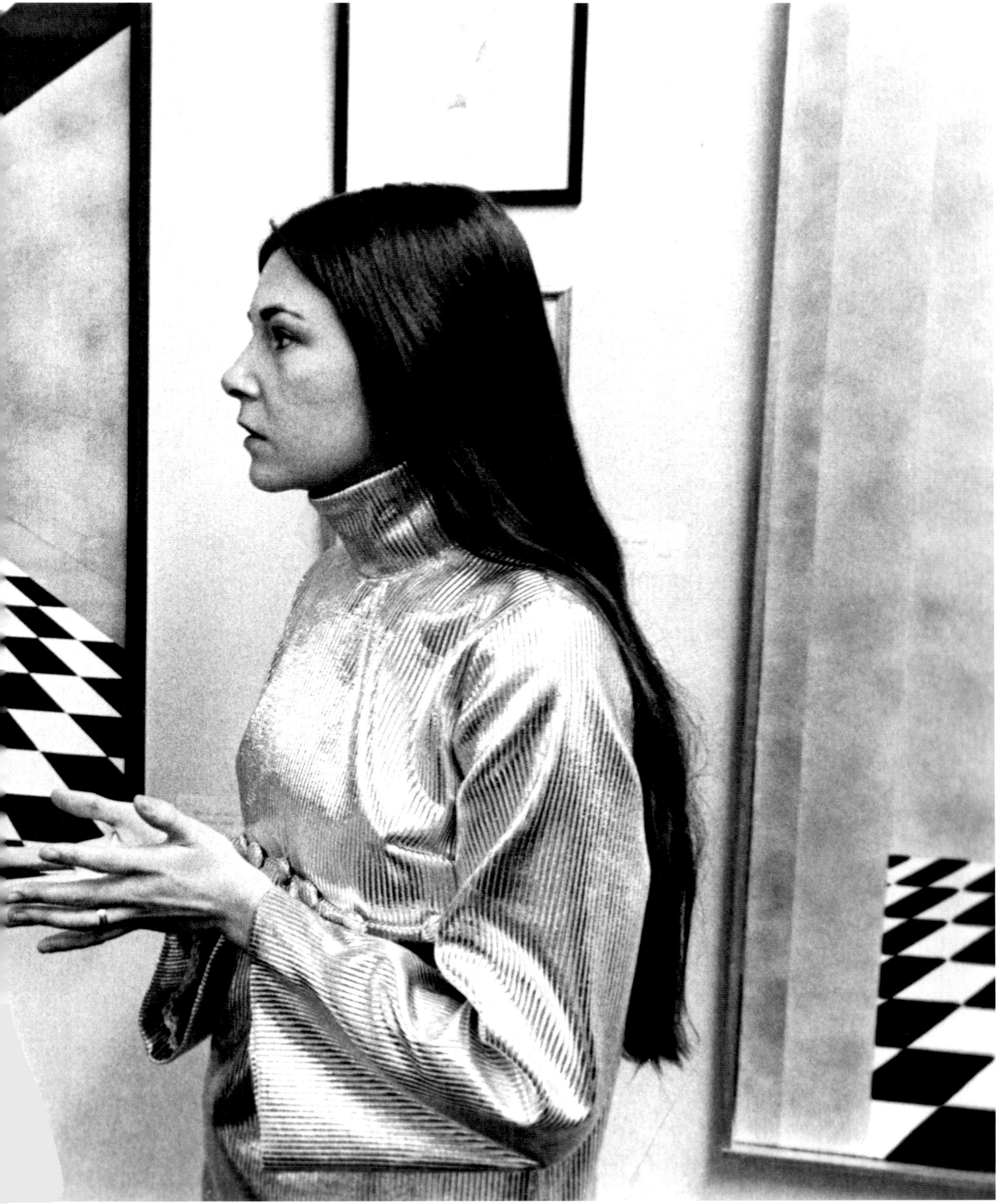

p. 76–77 Jessie Ogilvie et Susan Caine au vernissage de l’exposition de Susan et Christopher Caine au Mansfield Book Mart, janvier 1969

Vernissage de l’exposition de Susan et Christopher Caine au Mansfield Book Mart, janvier 1969

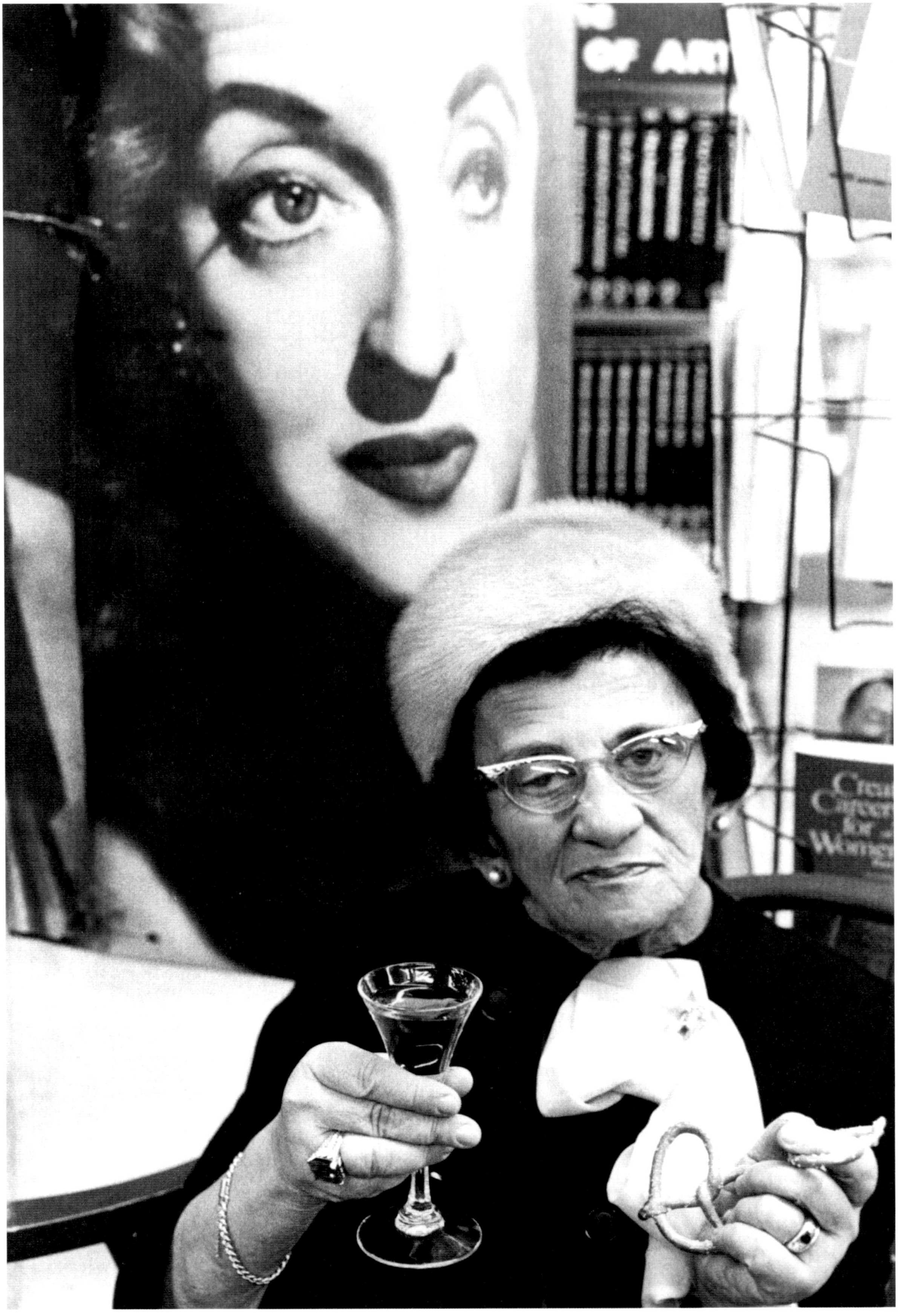

Guido Molinari et Judith Terry au vernissage de l'exposition inaugurale de la Galerie Sherbrooke, janvier 1969

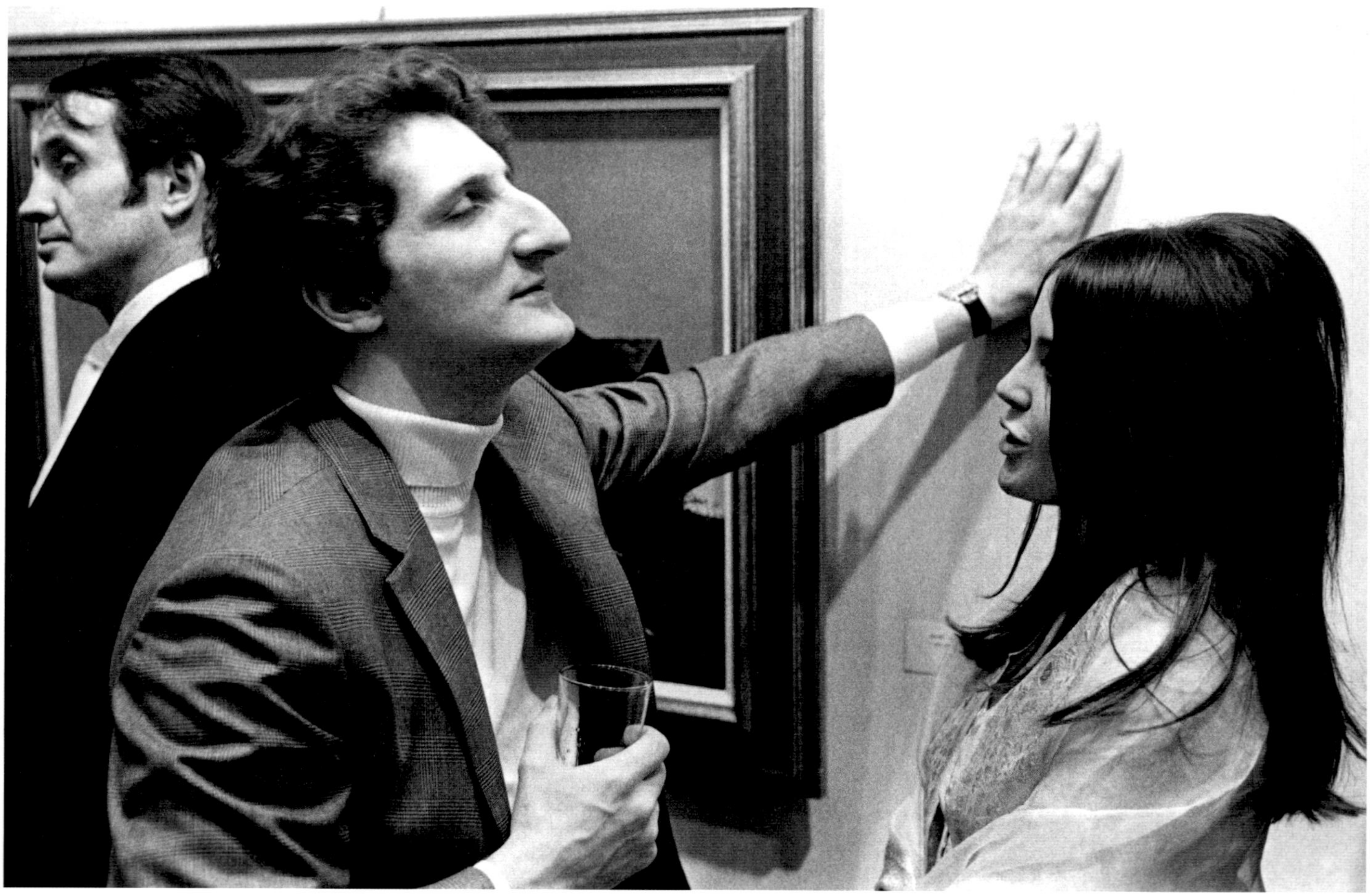

Annalee et Barnett Newman lors d'une réception à la demeure de Henry et Francis Federer, juin 1969

p. 82–83 Vernissage de l'exposition de Claude Tousignant à la Galerie Sherbrooke, mai 1969

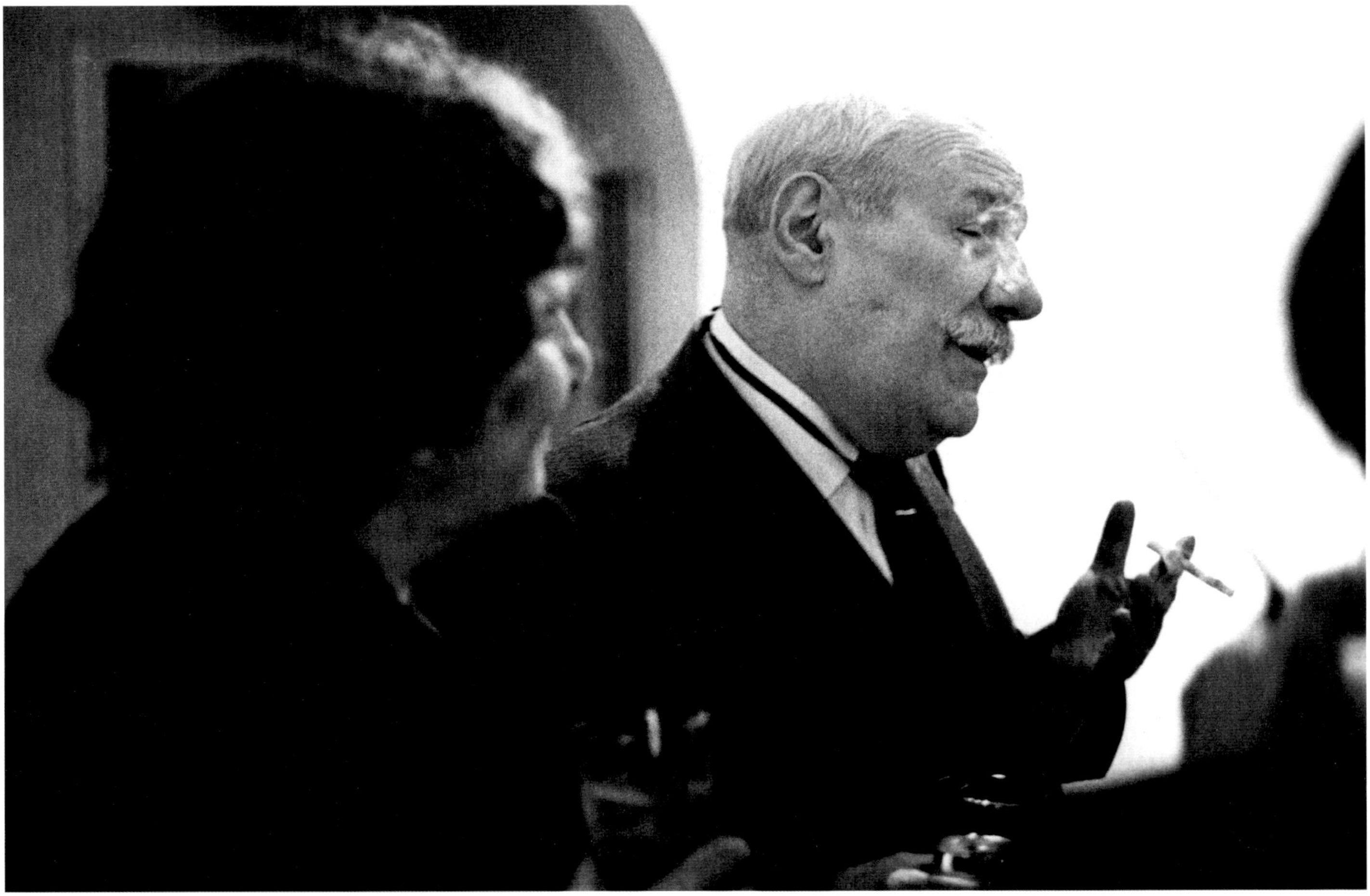

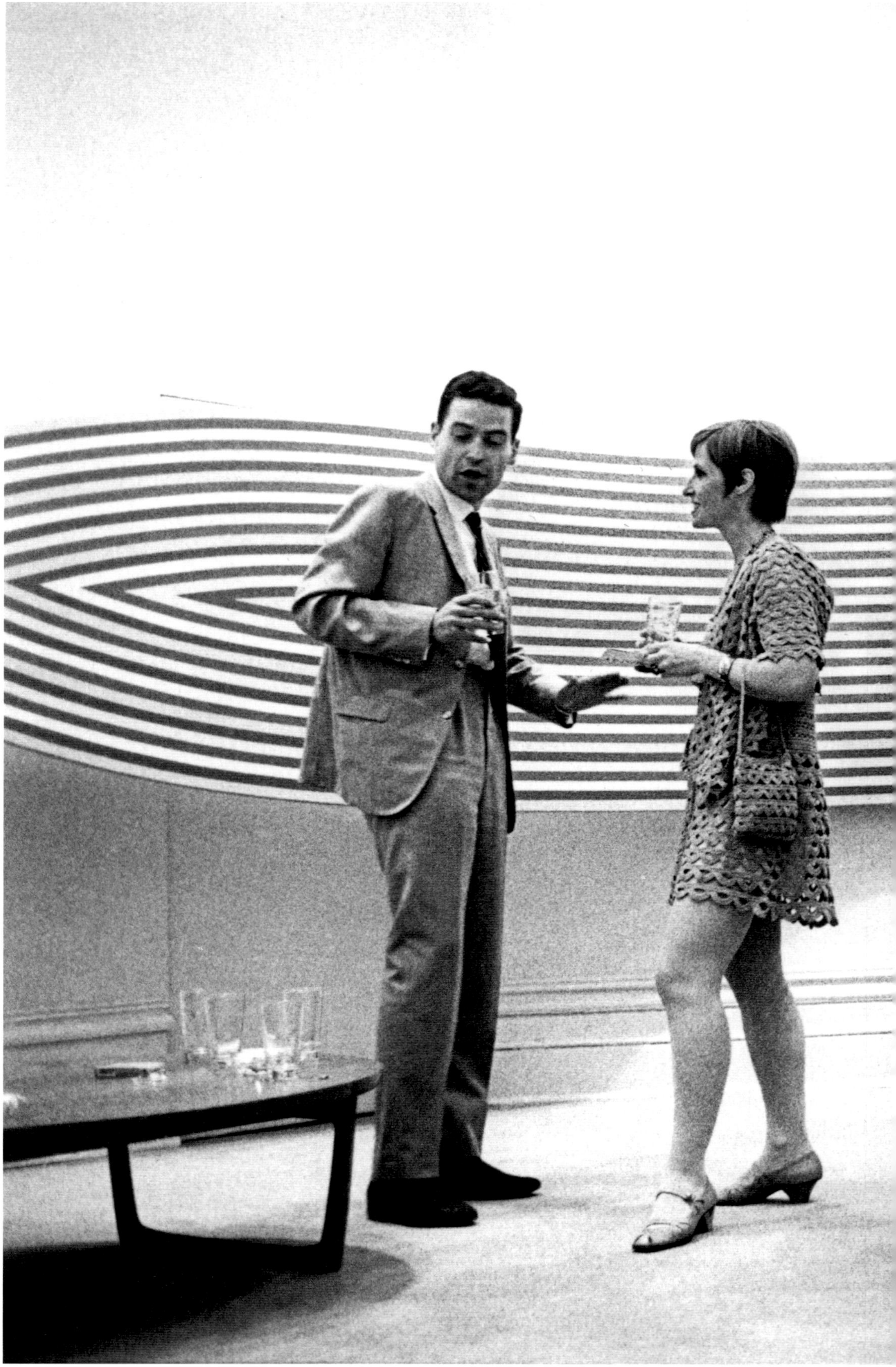

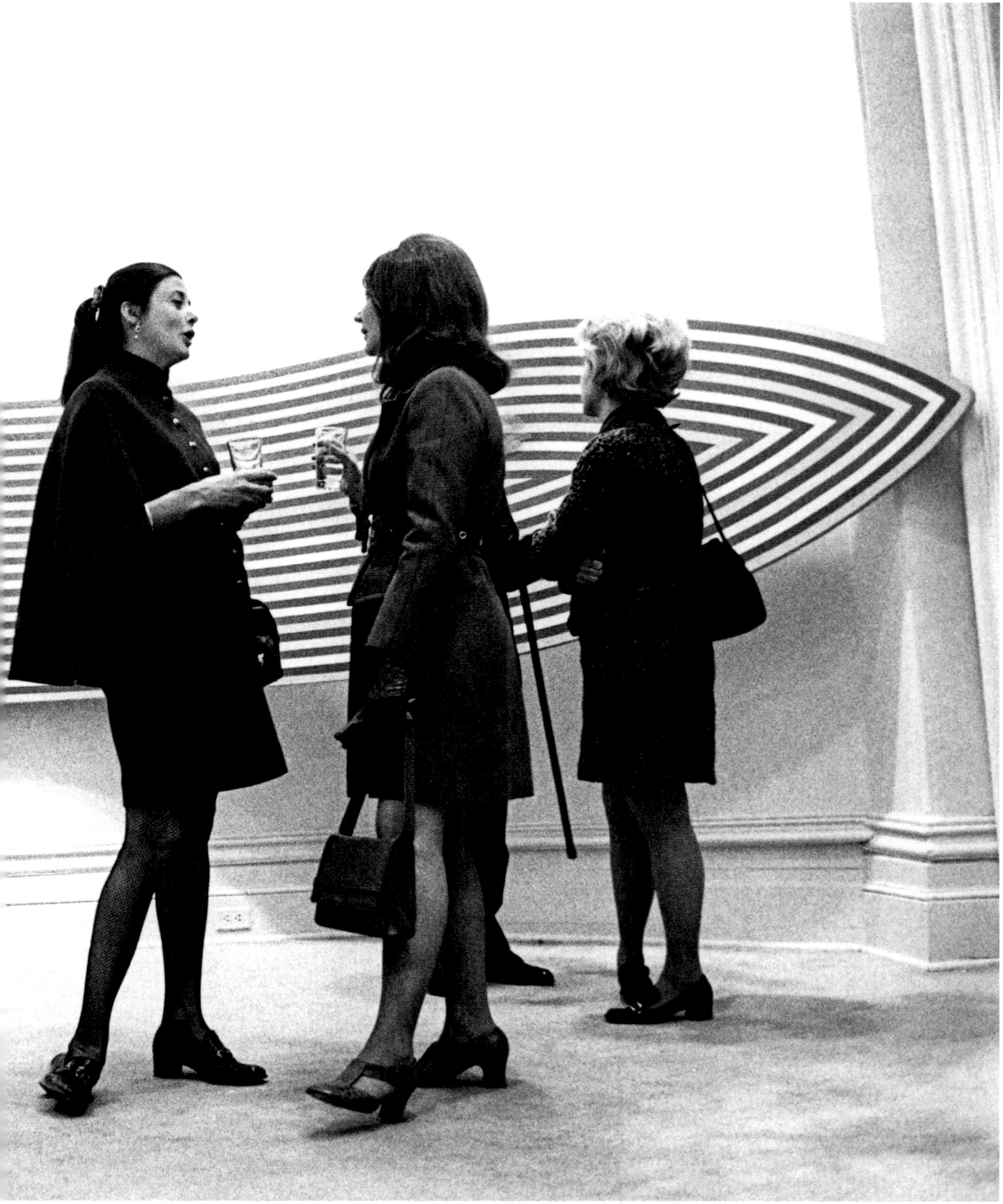

Rita Letendre au vernissage de son exposition à la Galerie Sherbrooke, octobre 1969

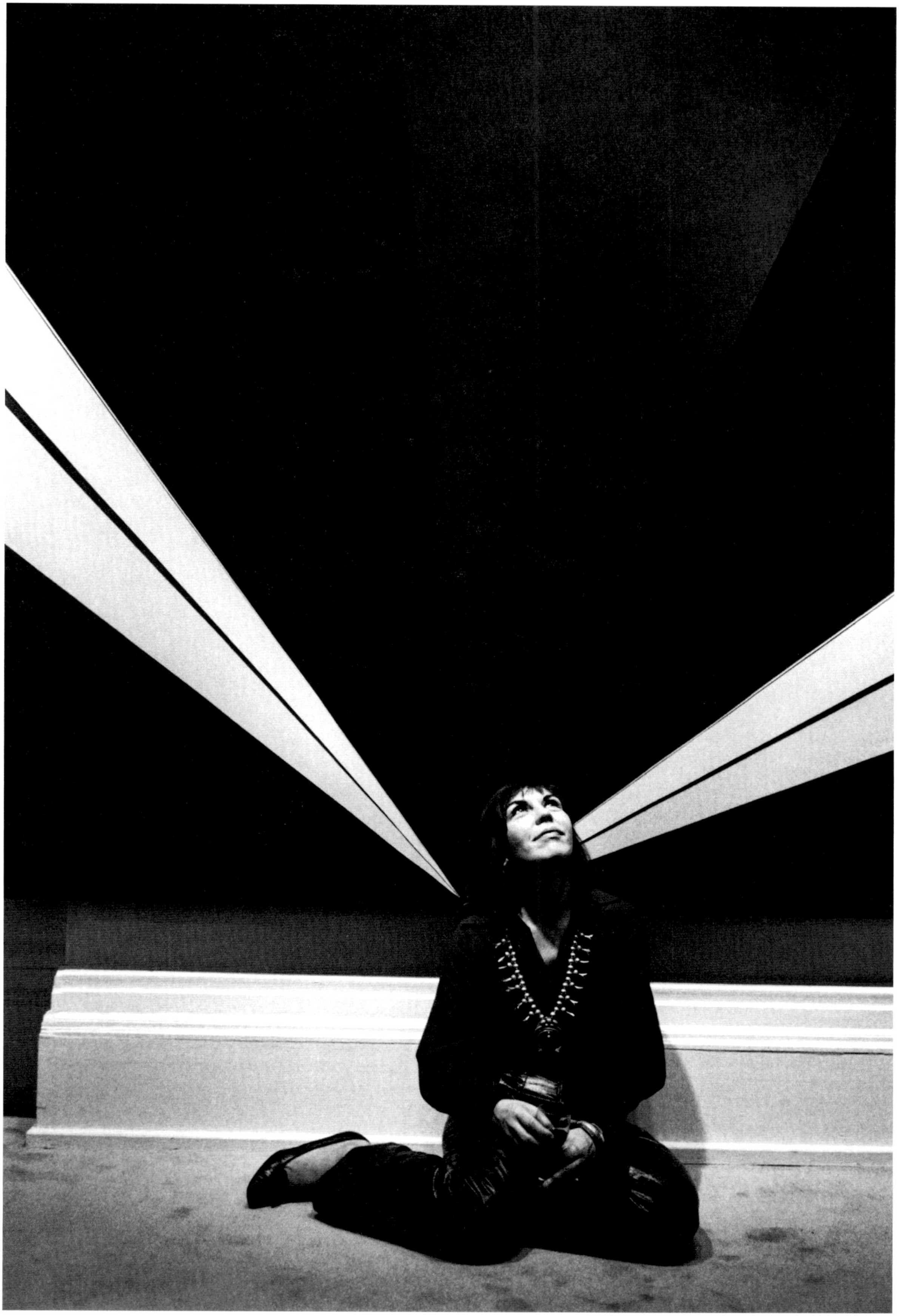

Inauguration de la sculpture *Colonne à vent* de Max Bill au Musée d'art contemporain, septembre 1969

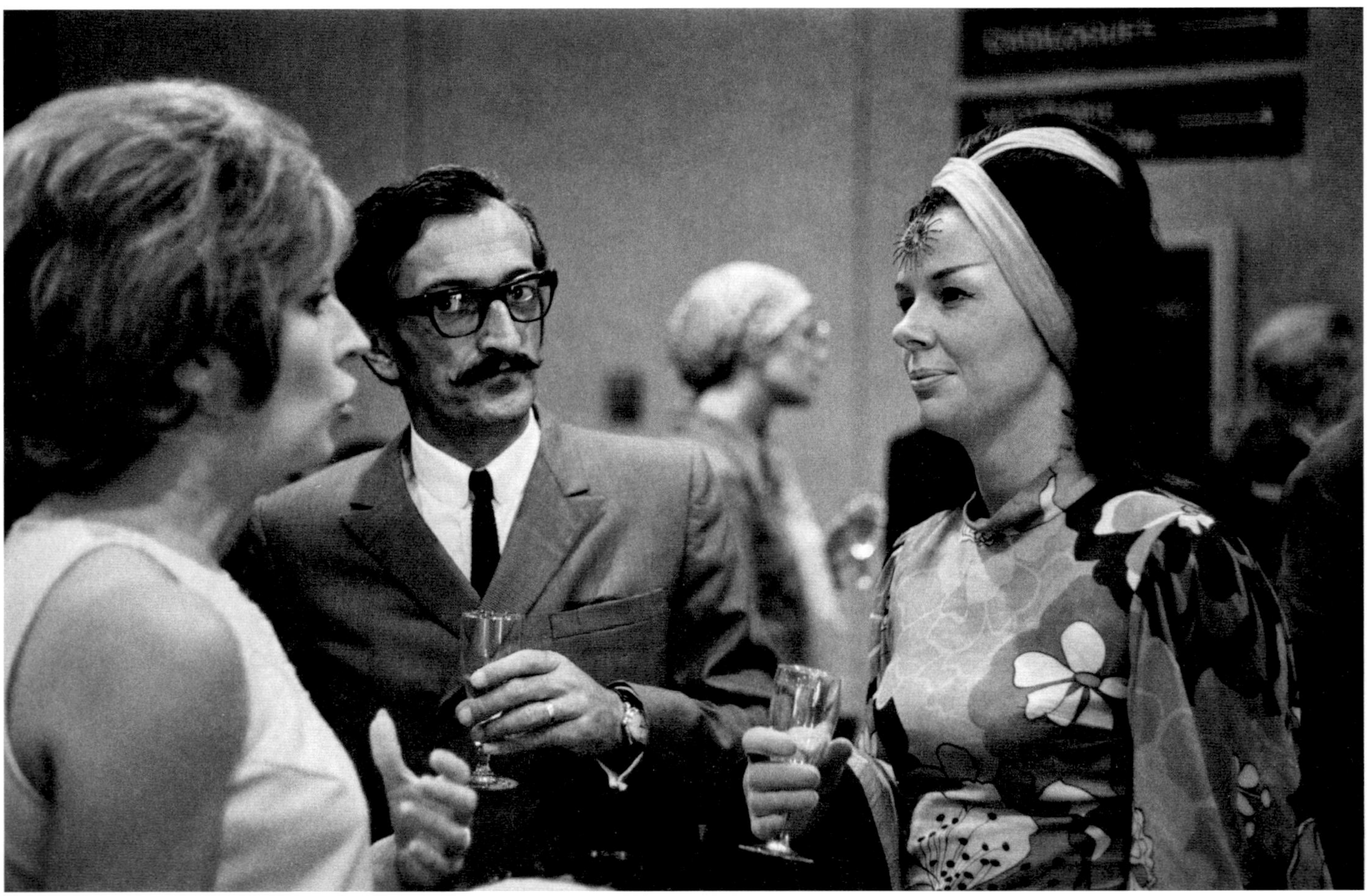

Nadja Cozic à l'inauguration de la sculpture *Colonne à vent* de Max Bill au Musée d'art contemporain, septembre 1969

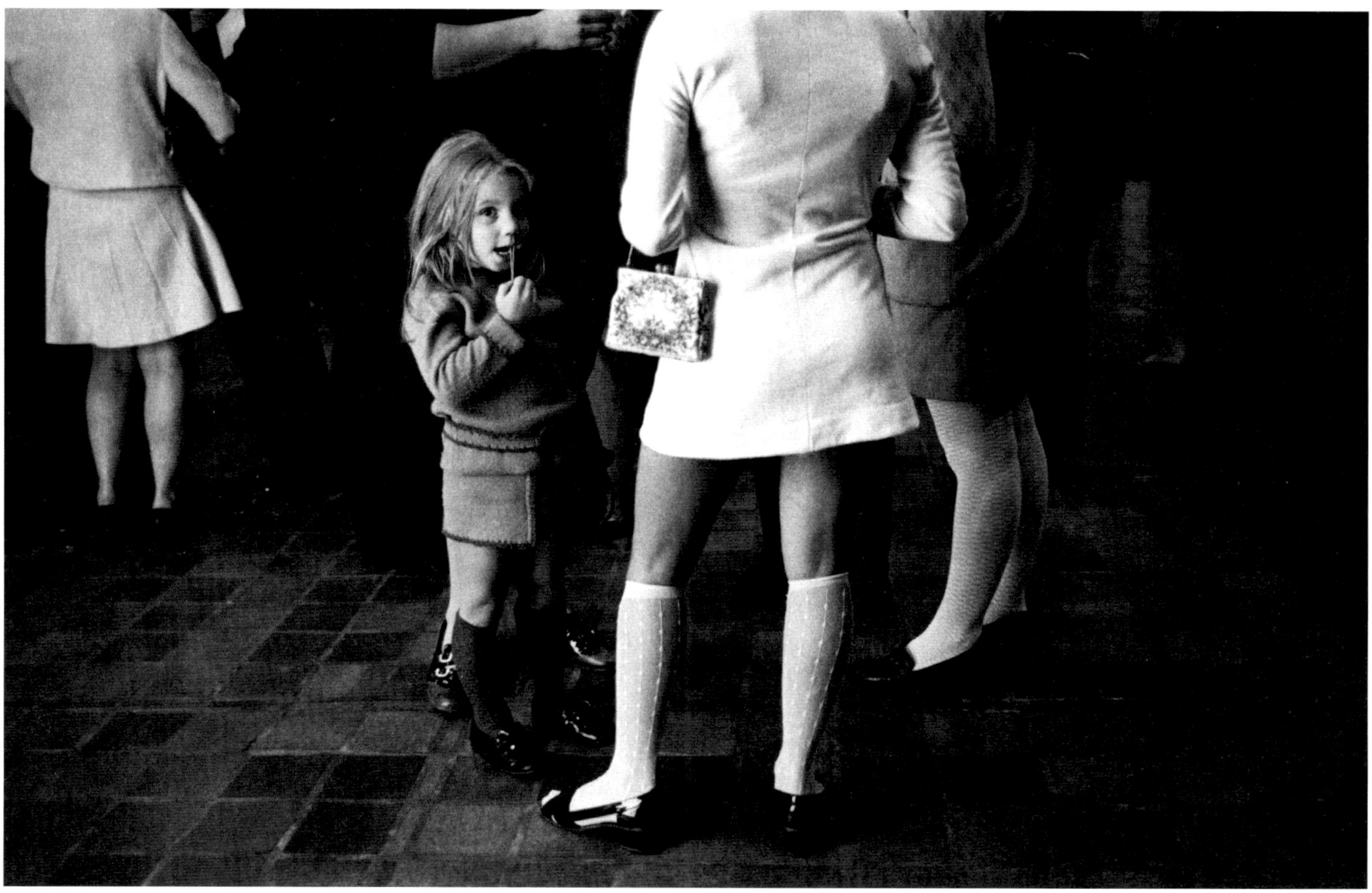

Betty Goodwin et Sam Tata au vernissage de l'exposition de Betty Goodwin à la Galerie 1640, mars 1970

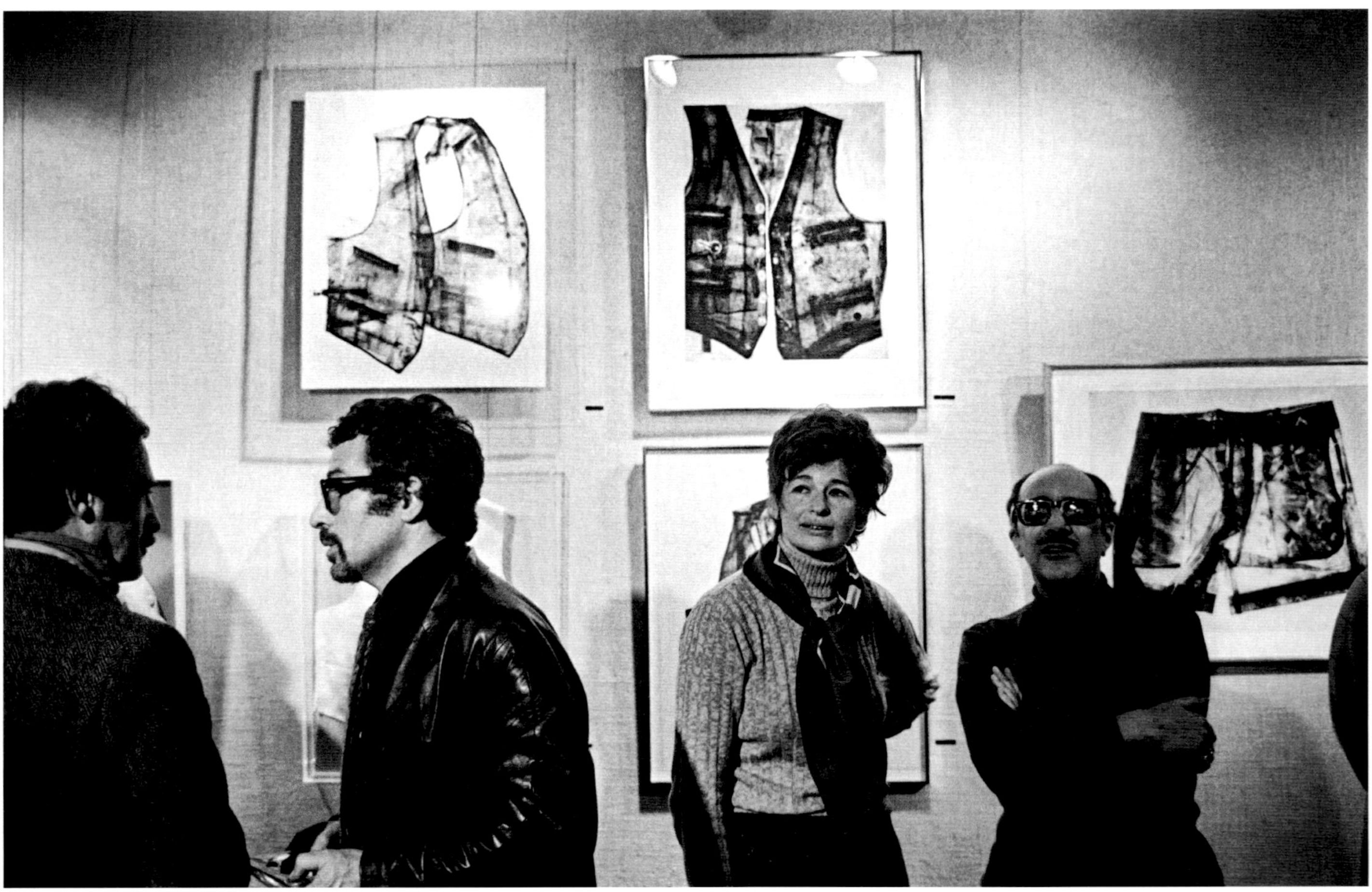

Andrea Szilasi et Doreen Lindsay au vernissage de l'exposition de Betty Goodwin à la Galerie 1640, mars 1970

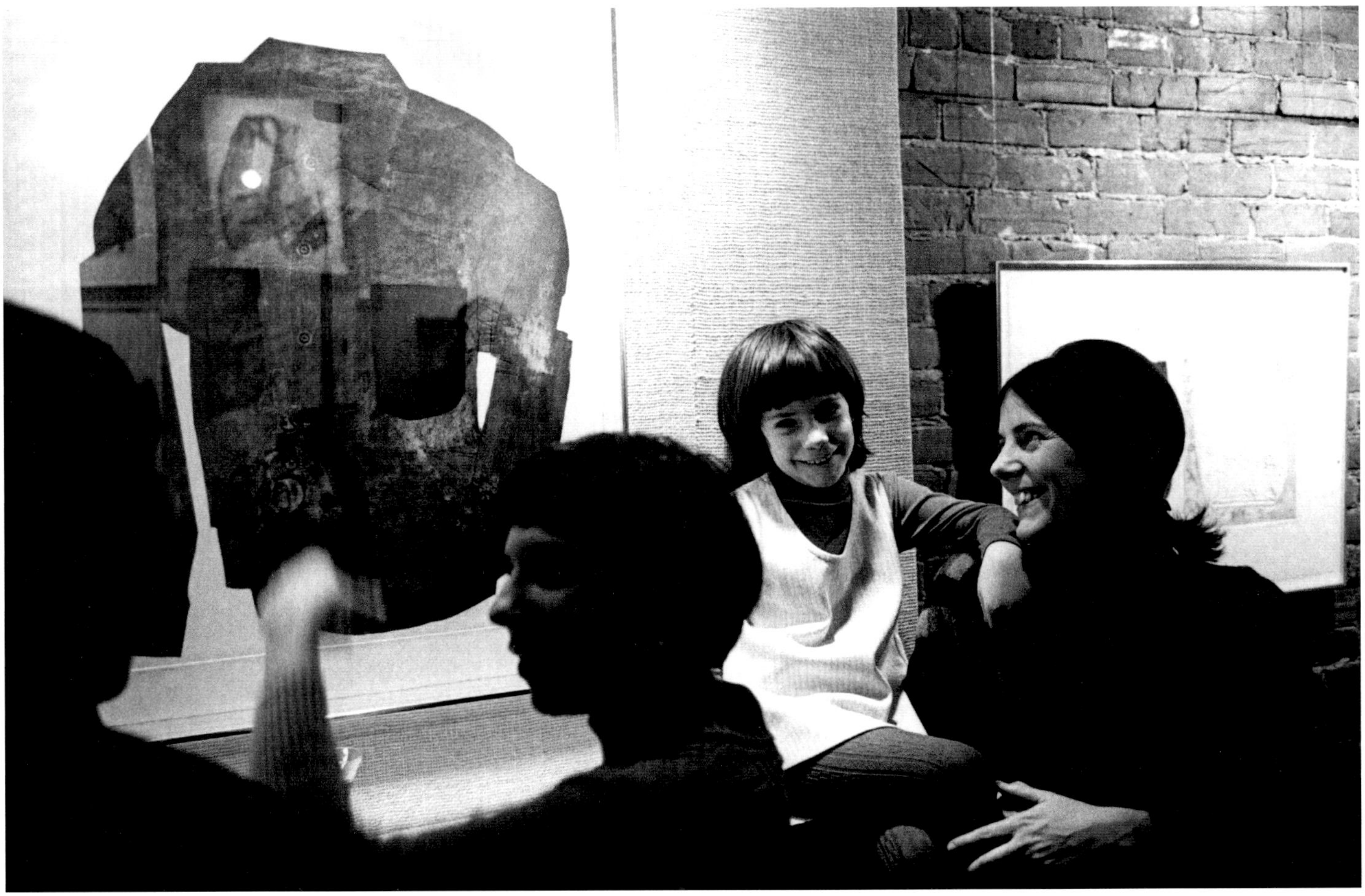

Vernissage de l'exposition
de Ted Phillips au Studio 23,
octobre 1970

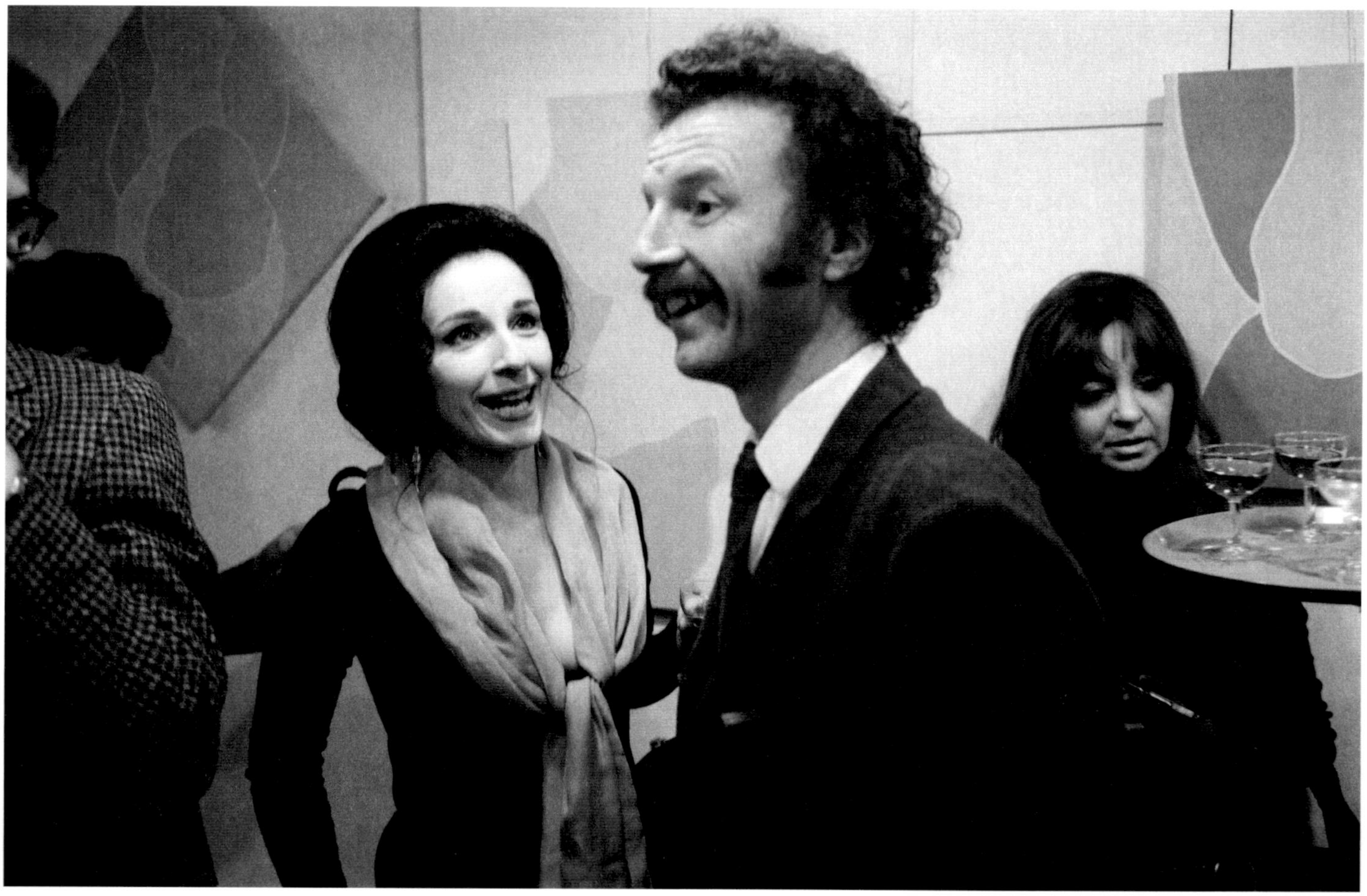

Monique Bruneau au vernissage de l'exposition de Ted Phillips au Studio 23, octobre 1970

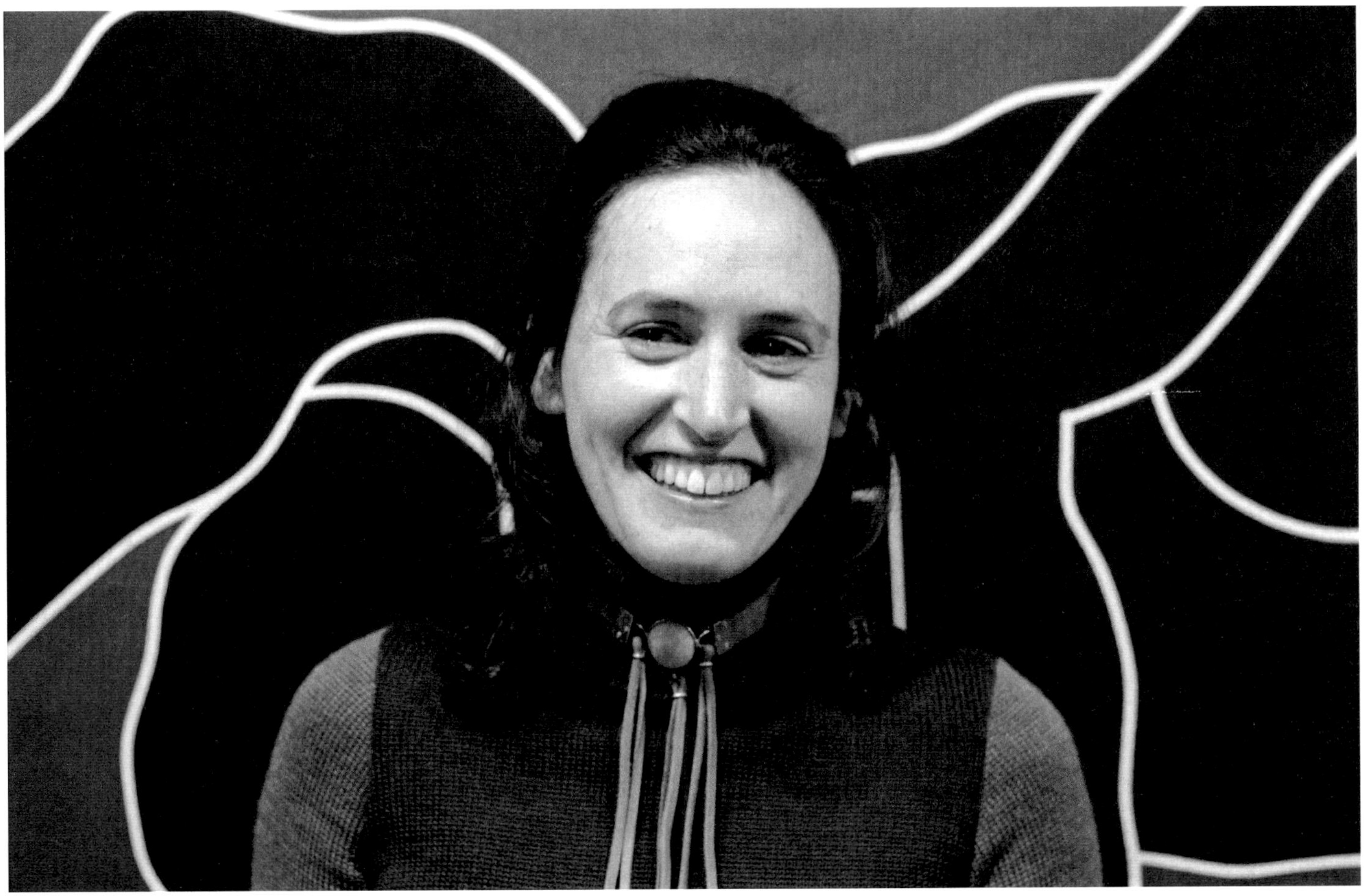

Pierre Gaudard au vernissage de l'exposition de Normand Grégoire à la Boutique Soleil, juin 1971

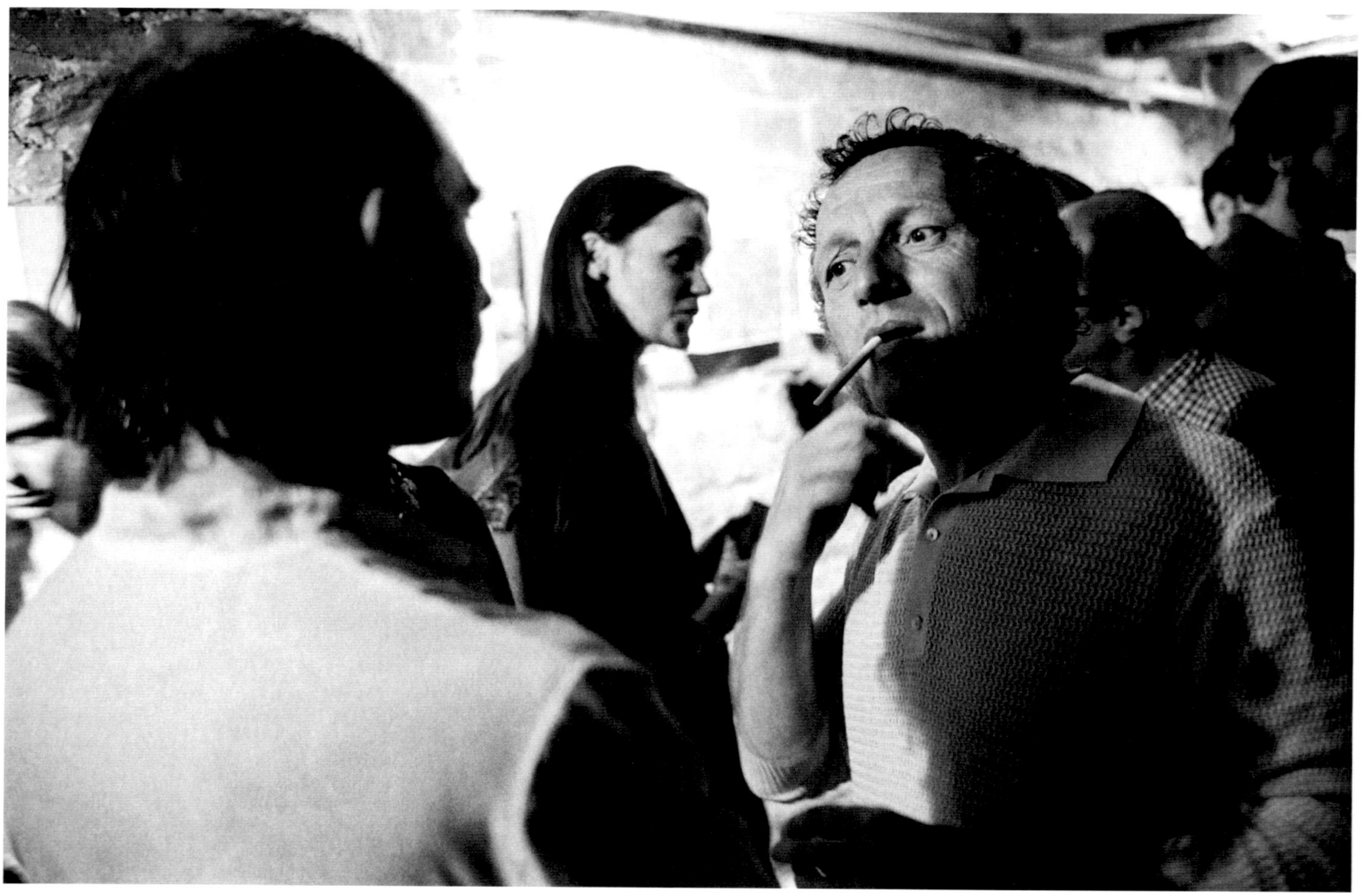

Normand Grégoire et une amie au vernissage de l'exposition de Normand Grégoire à la Boutique Soleil, juin 1971

p. 94–95 Gardiens nettoyant un dégât au vernissage de l'exposition *Borduas et les automatistes, Montréal, 1942–1955* au Musée d'art contemporain, décembre 1971

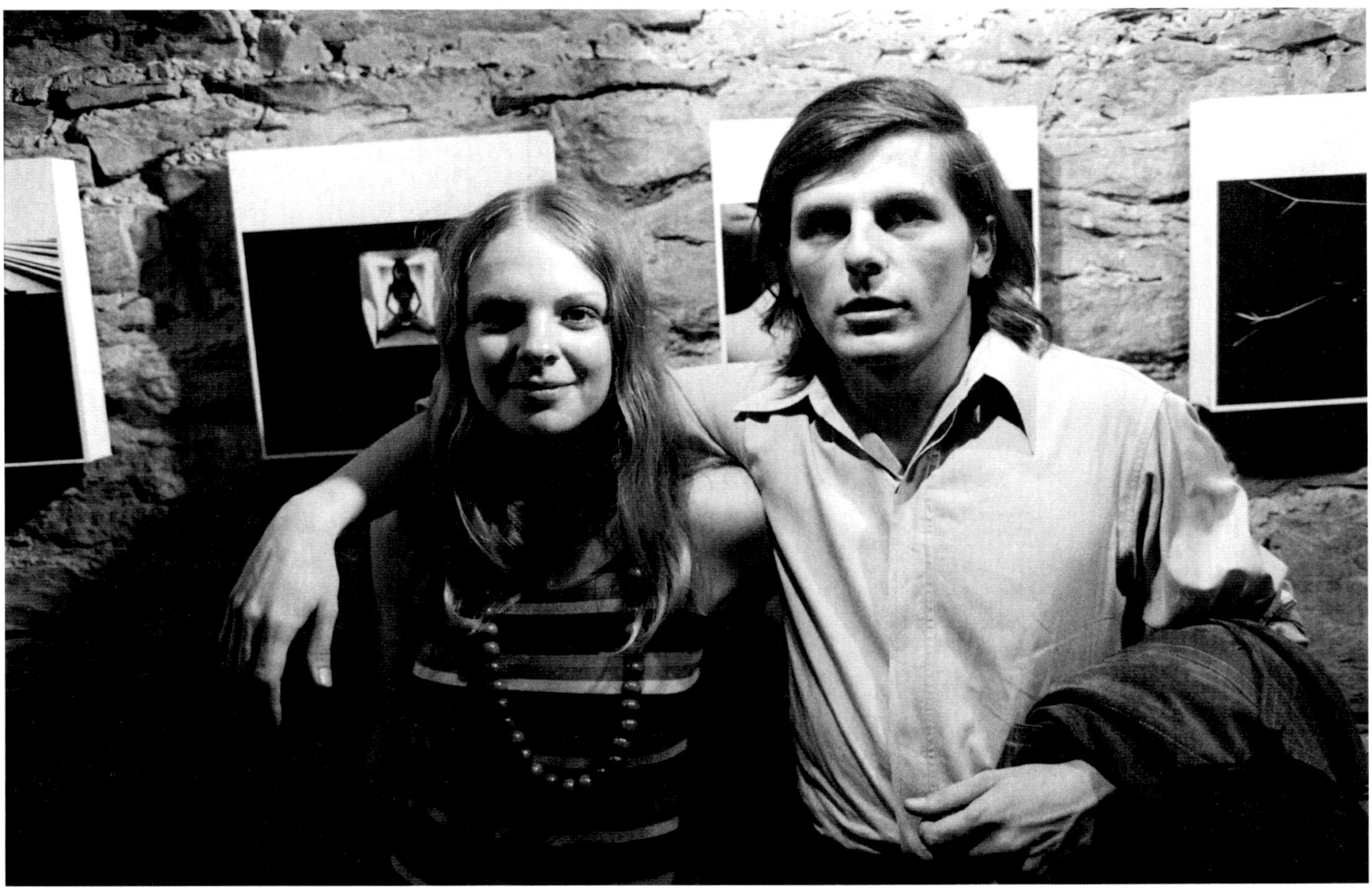

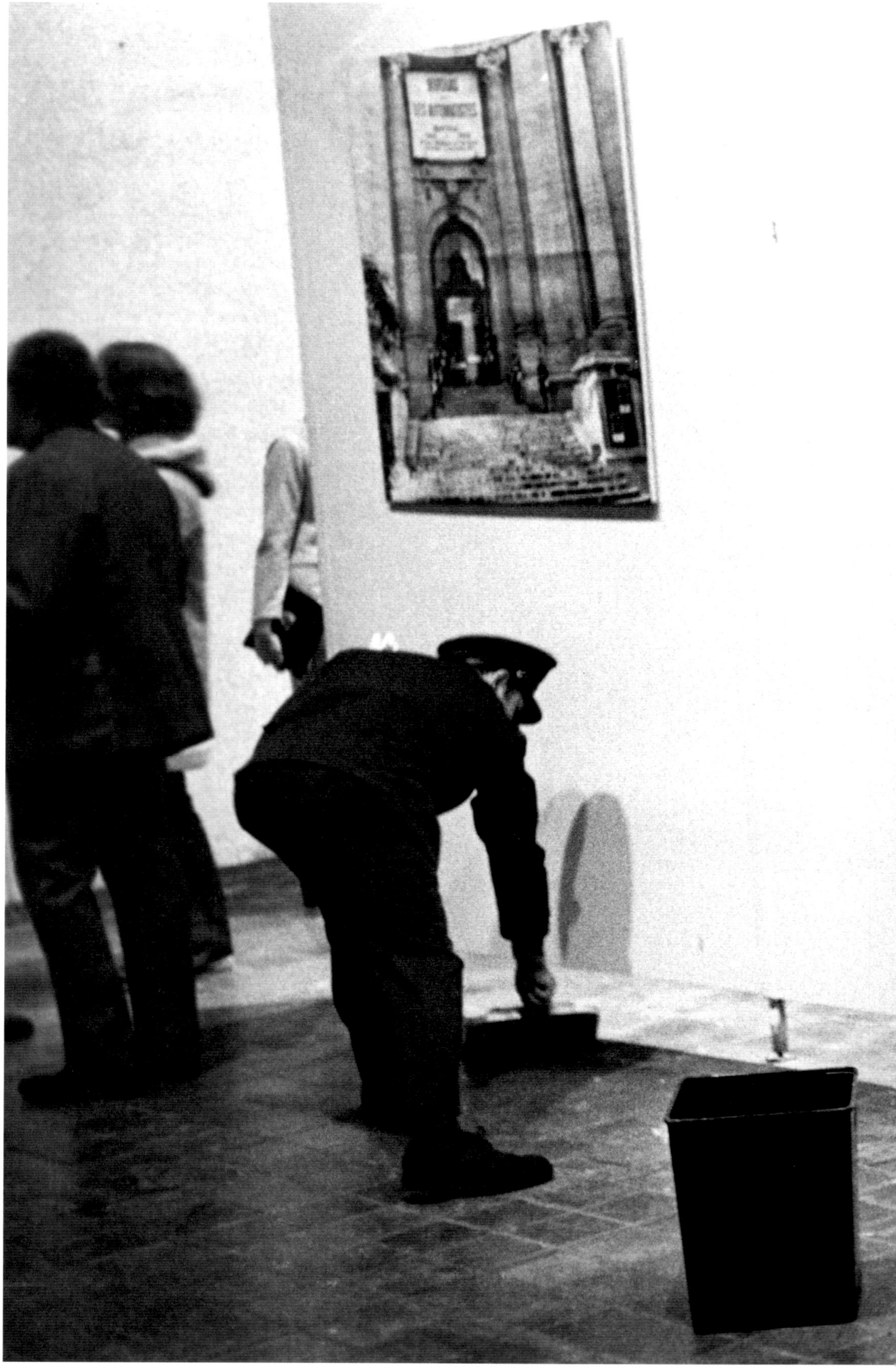

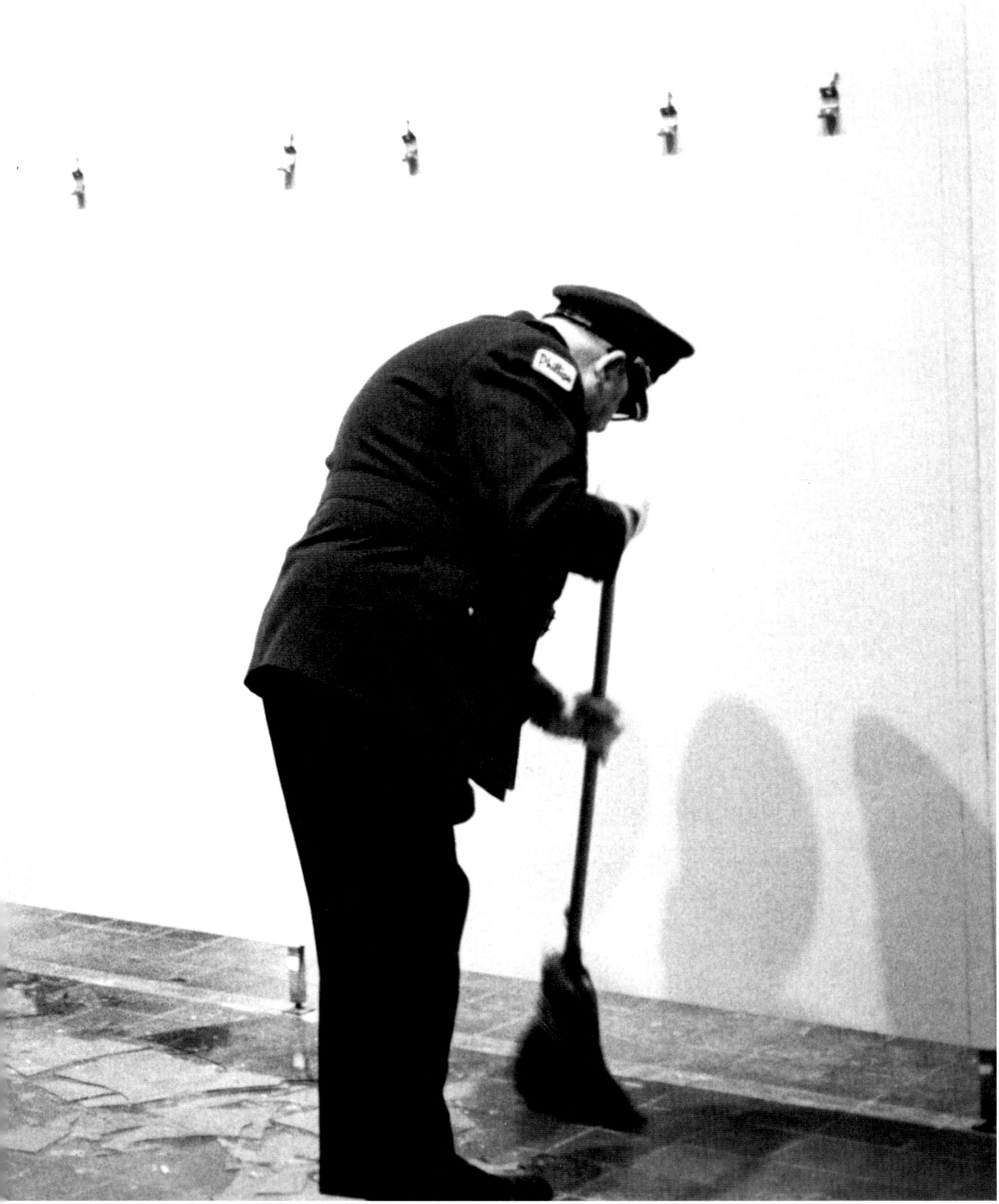

Claude Tousignant, Jean-Marie Delavalle, Yvon Cozic et Monic Brassard au vernissage de l'exposition de Günter Nolte à la Galerie Martal, mars 1972

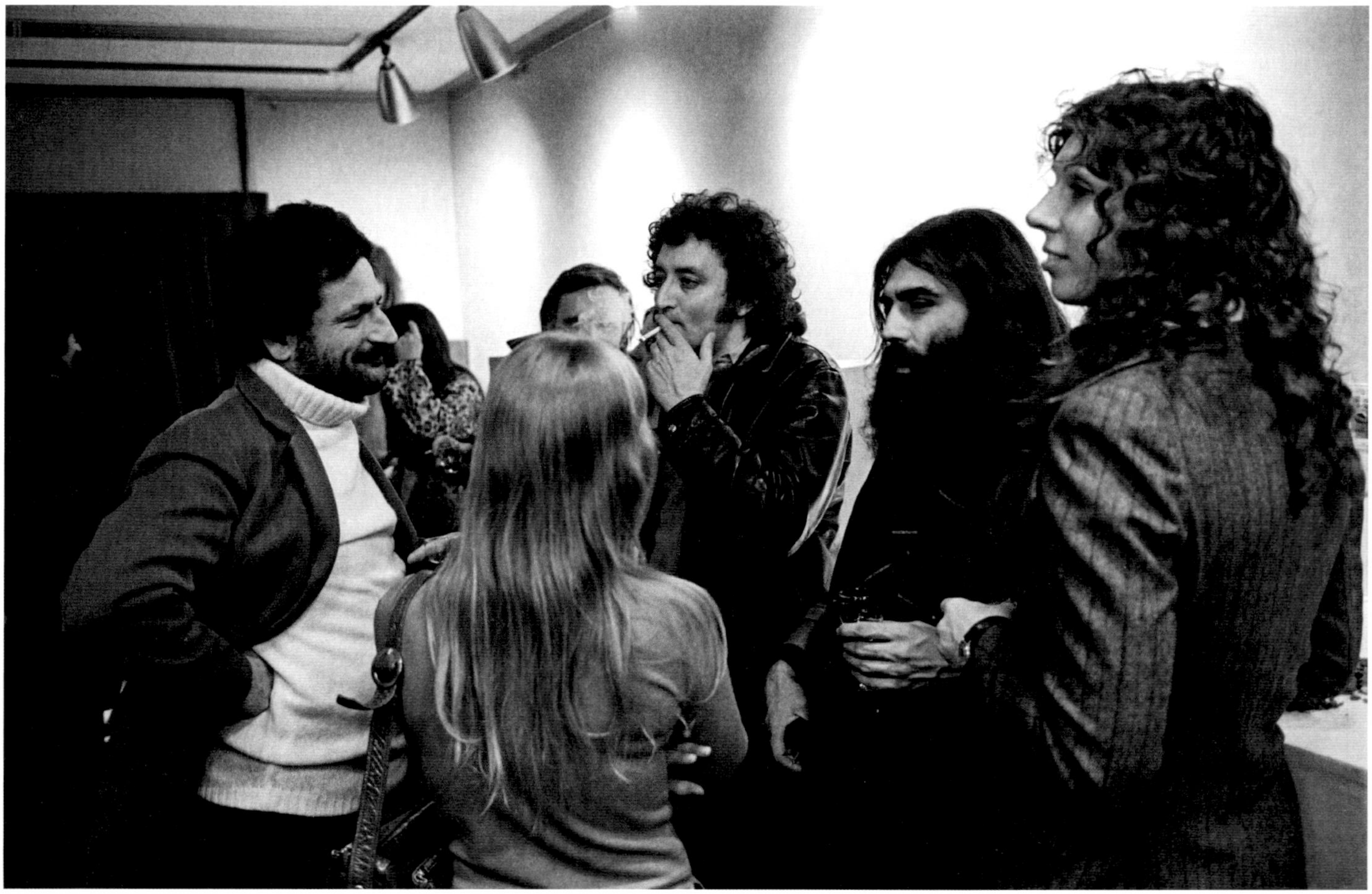

Vue extérieure du vernissage de l’exposition de Günter Nolte à la Galerie Martal, mars 1972

p. 98–99 Vernissage de l’exposition de Günter Nolte à la Galerie Martal, mars 1972

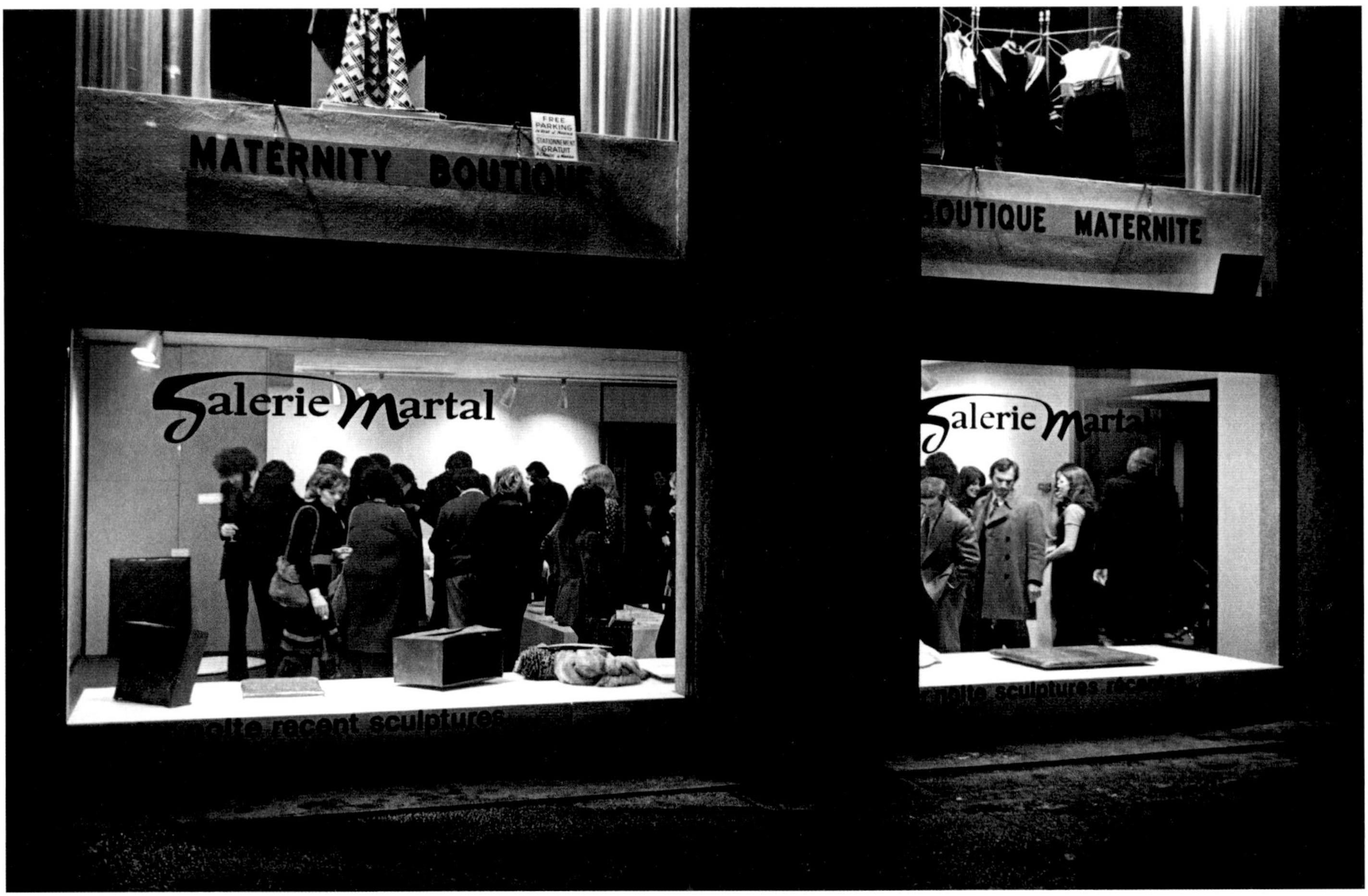

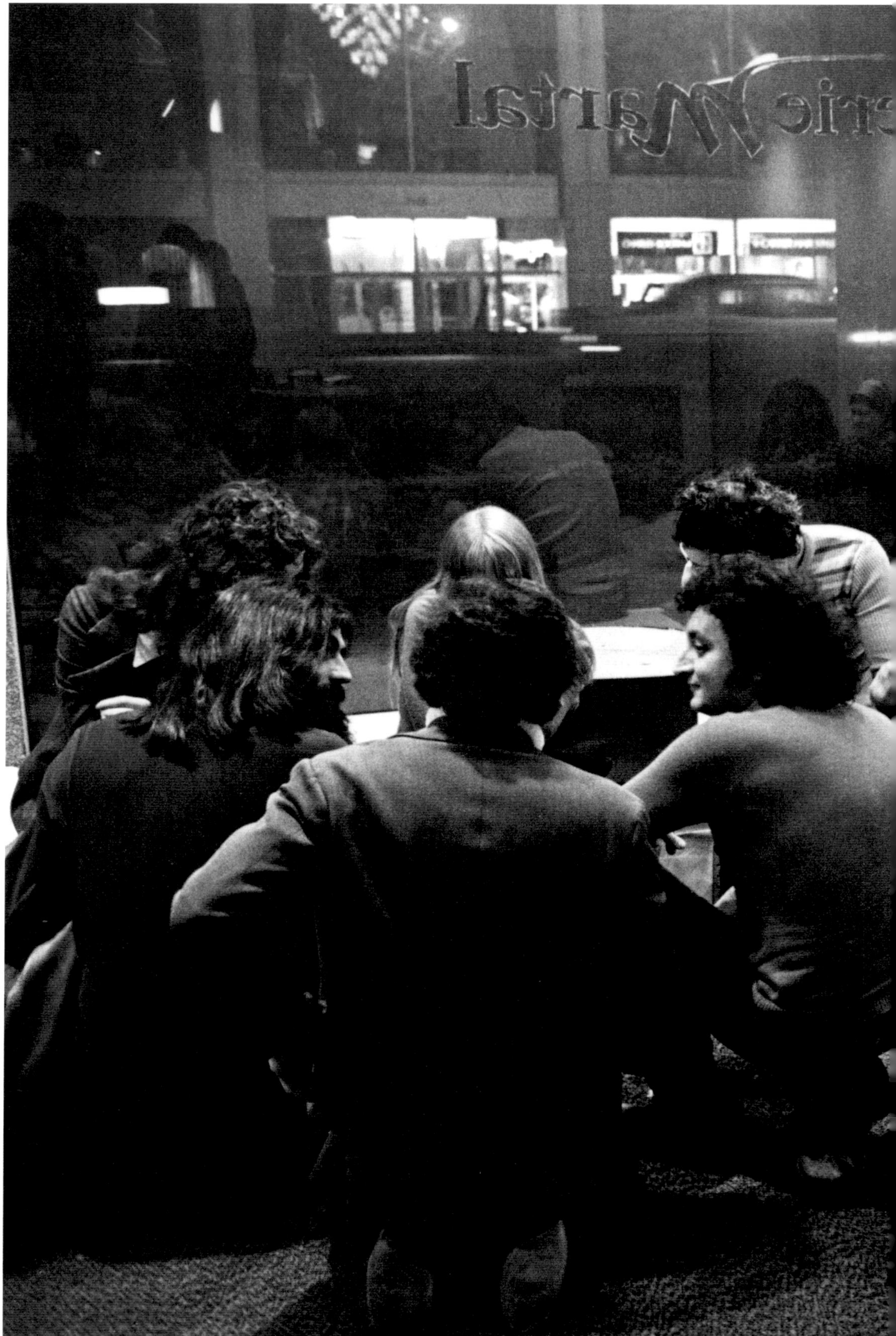

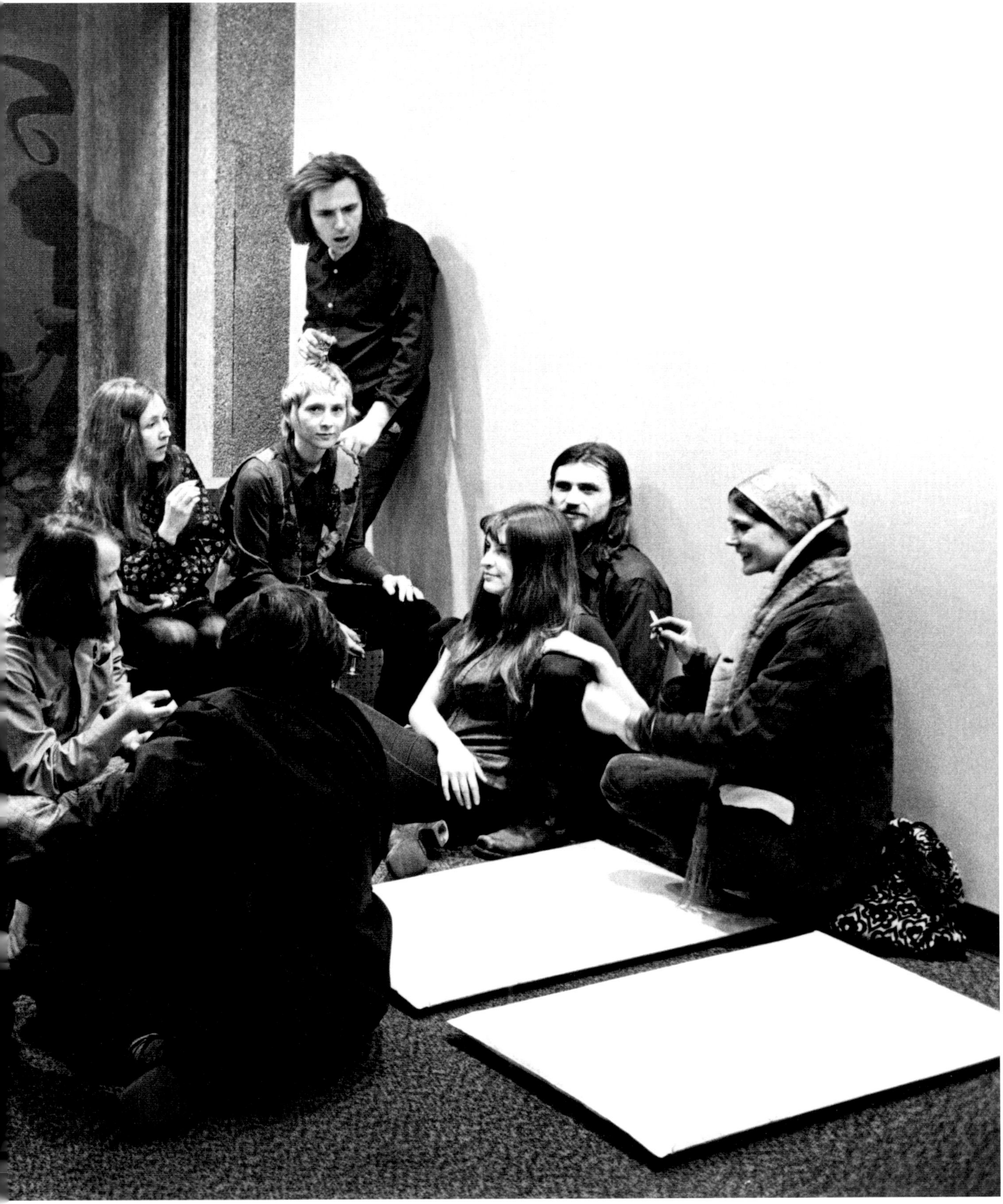

Henry Saxe à la réception organisée pour l'ouverture de Véhicule Art, octobre 1972

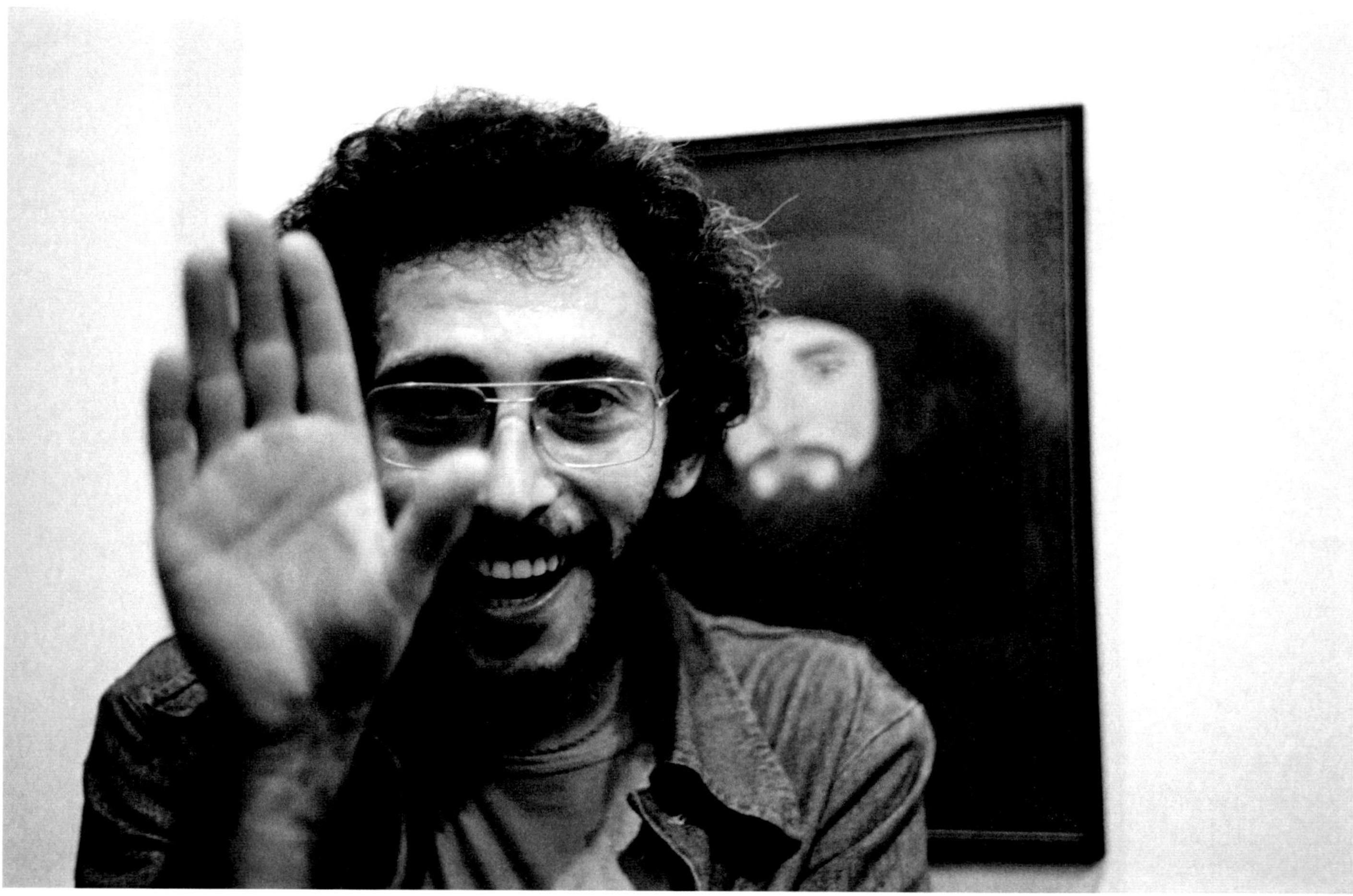

Serge Tousignant et Suzanne Boucher à la réception organisée pour l'ouverture de Véhicule Art, octobre 1972

p. 102–103 Marion Wagschal à la réception organisée pour l'ouverture de Véhicule Art, octobre 1972

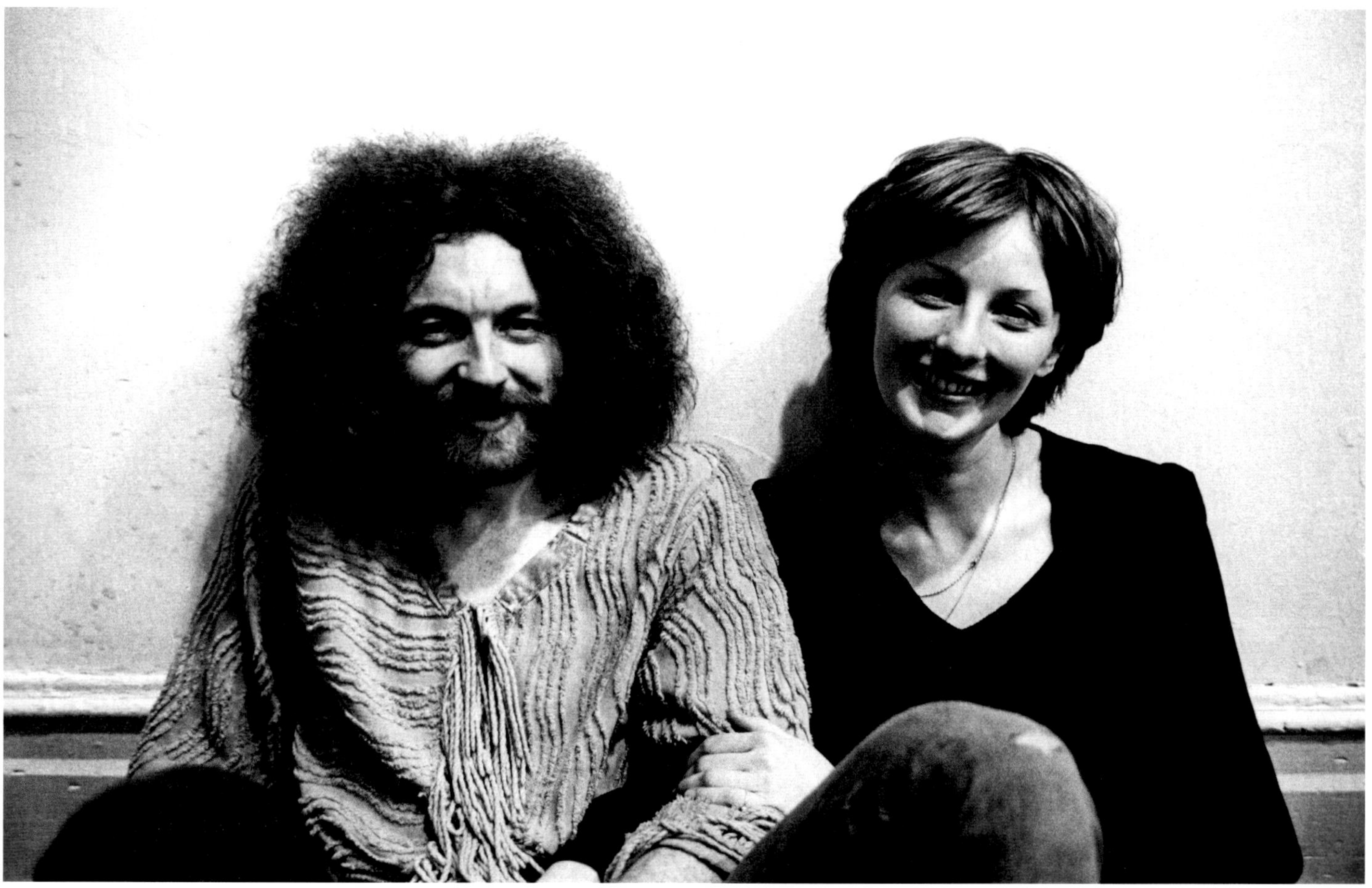

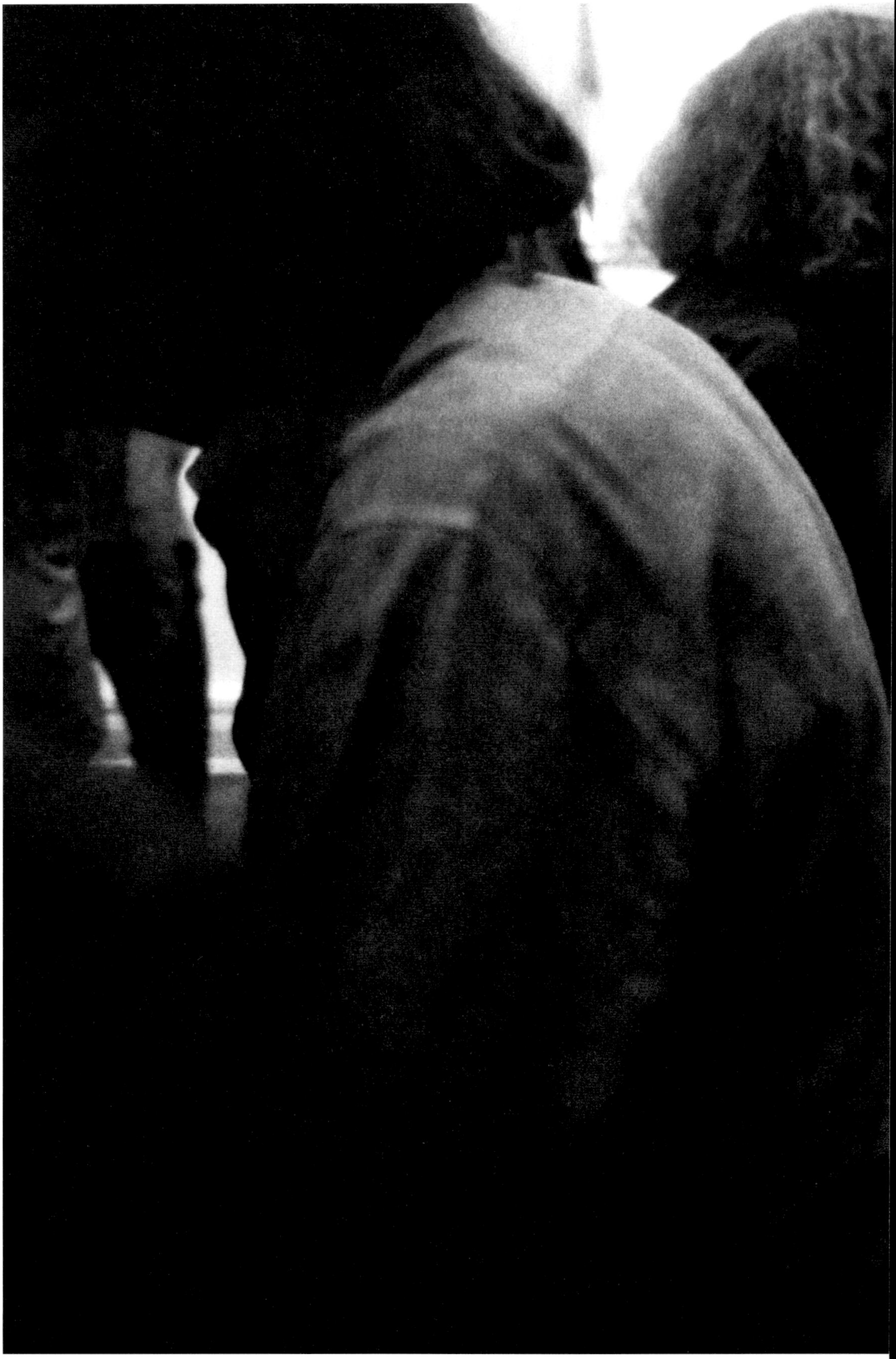

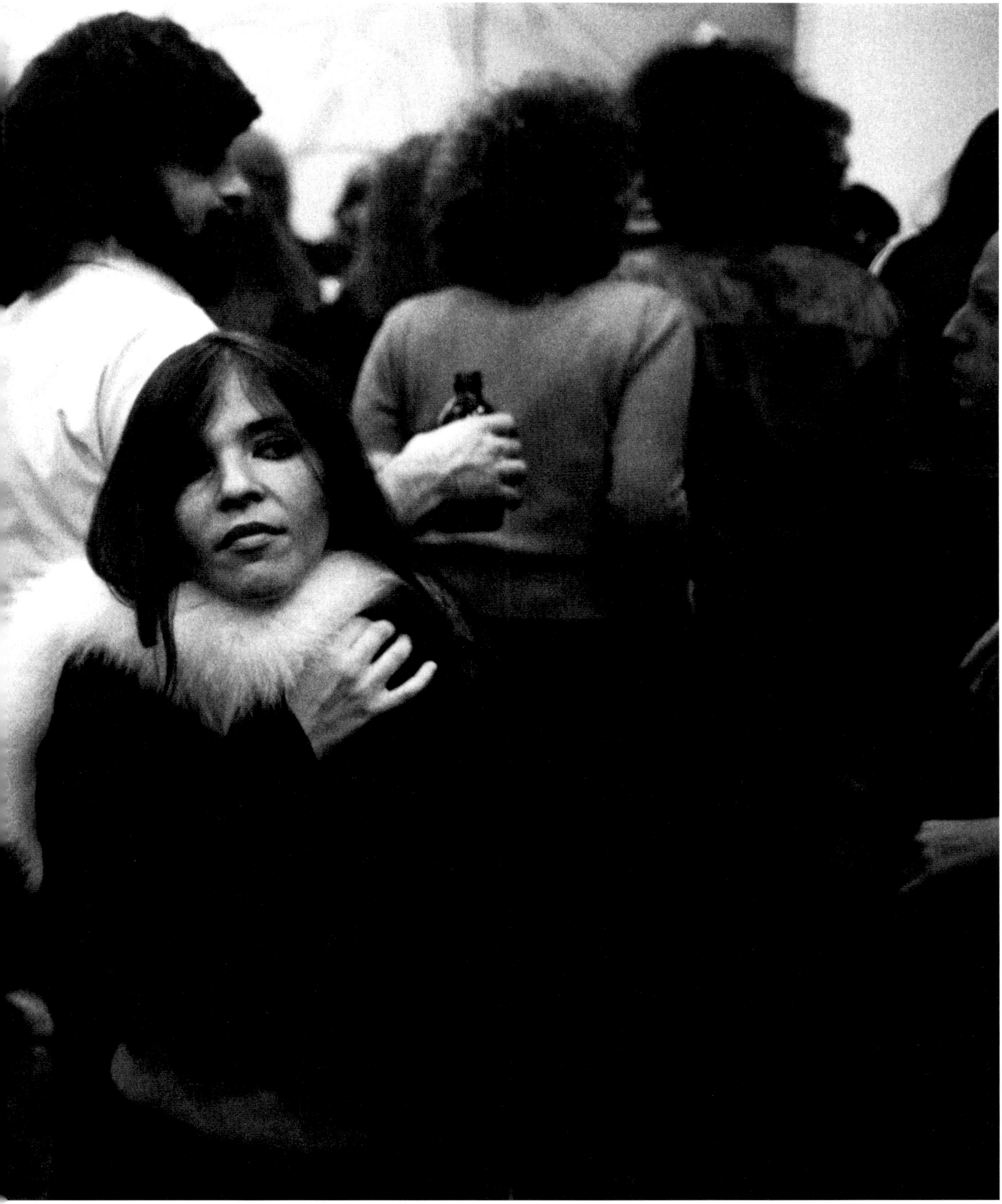

Jean Fiorito, Roger Charbonneau, Michel Sénécal, Michel Campeau et un invité au vernissage de l'exposition *Disraeli* aux Galeries de photographie du Centaur, décembre 1972

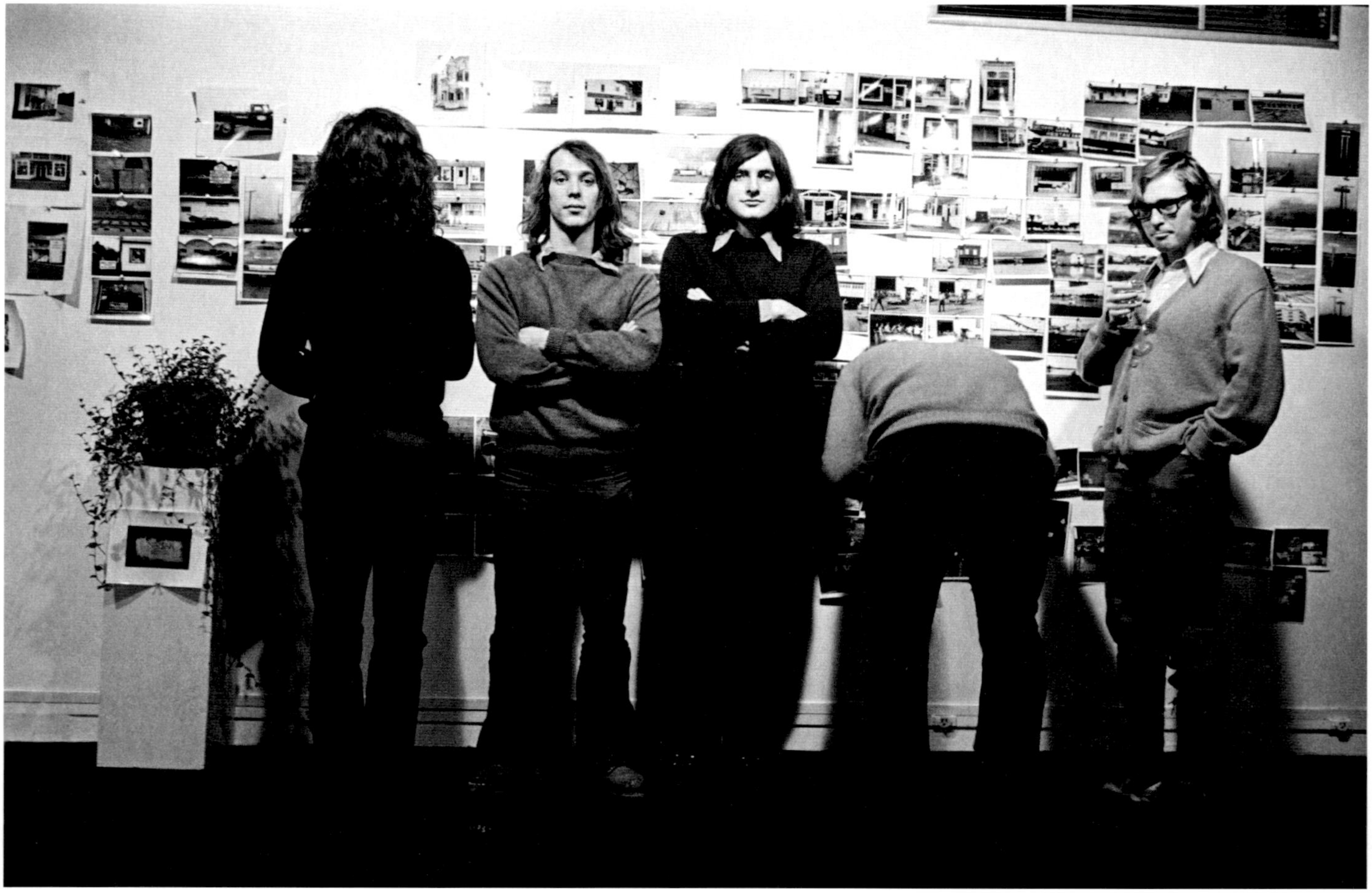

Cedric Pearson, Claire Beaugrand-Champagne, Roger Charbonneau et Michel Campeau au vernissage de l'exposition *Disraeli* aux Galeries de photographie du Centaur, décembre 1972

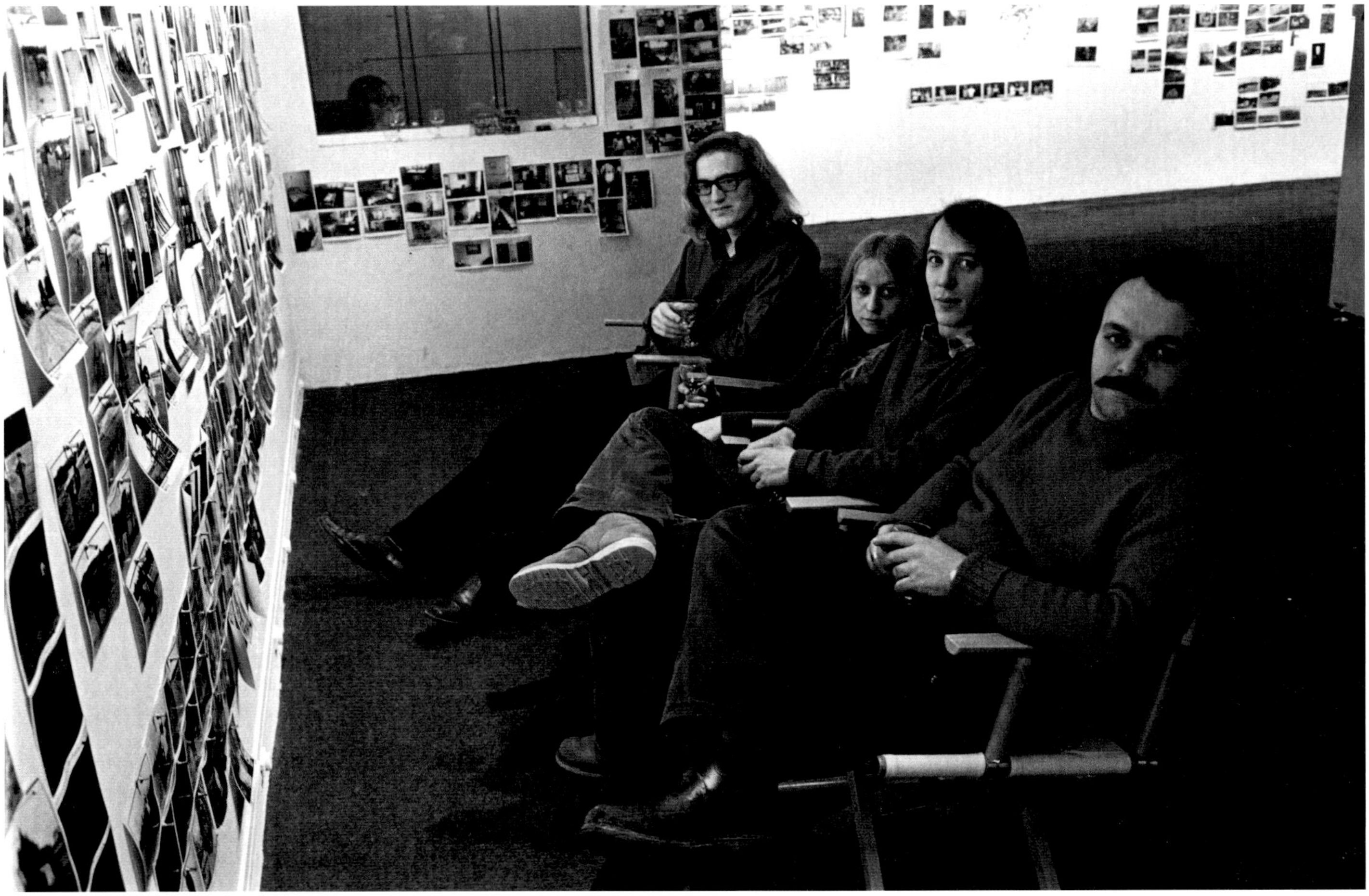

Ulysse Comtois au vernissage de l'exposition de Jacques Hurtubise au Musée d'art contemporain, février 1973

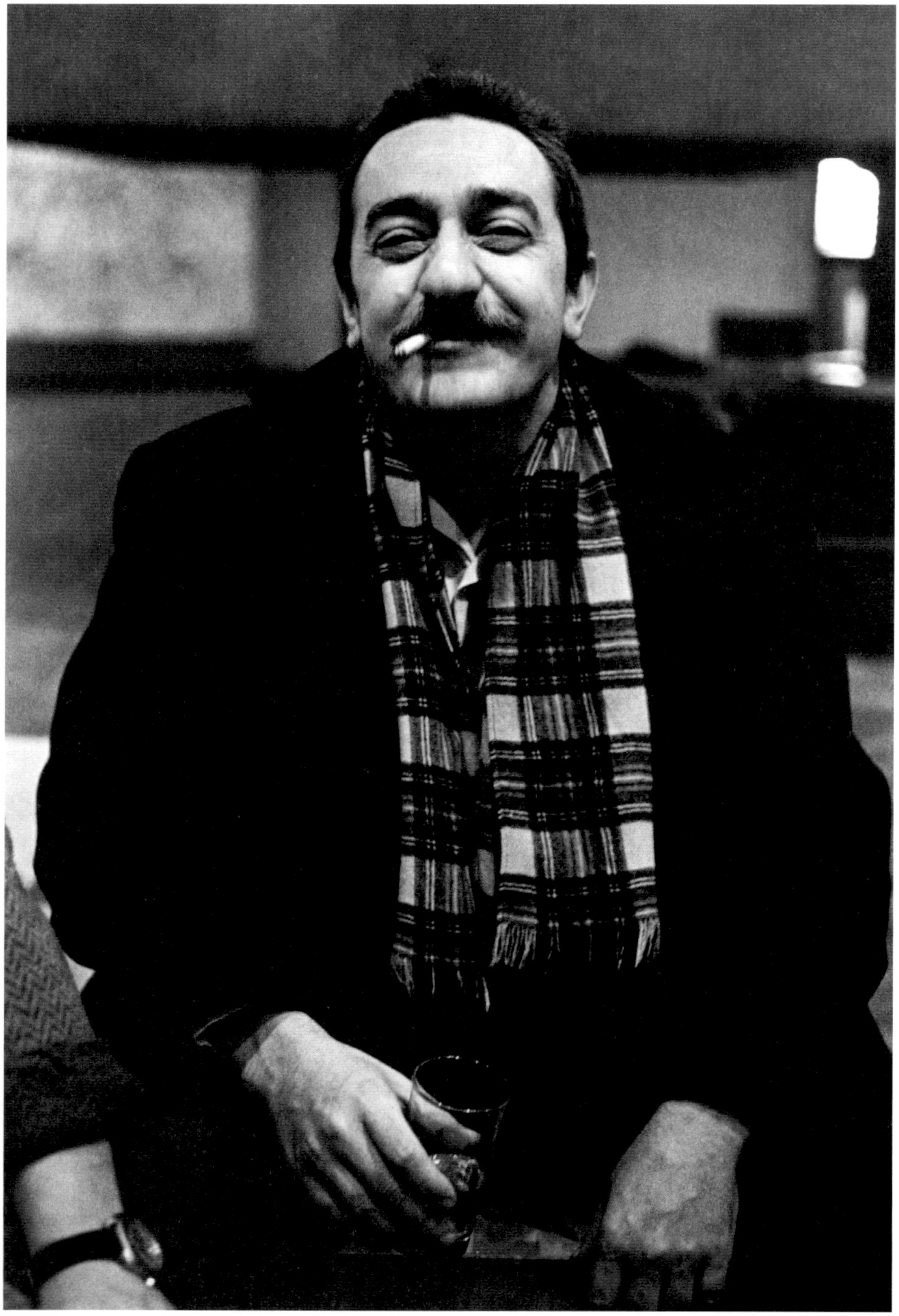

Jacques Hurtubise et Mira Godard au vernissage de l'exposition de Jacques Hurtubise au Musée d'art contemporain, février 1973

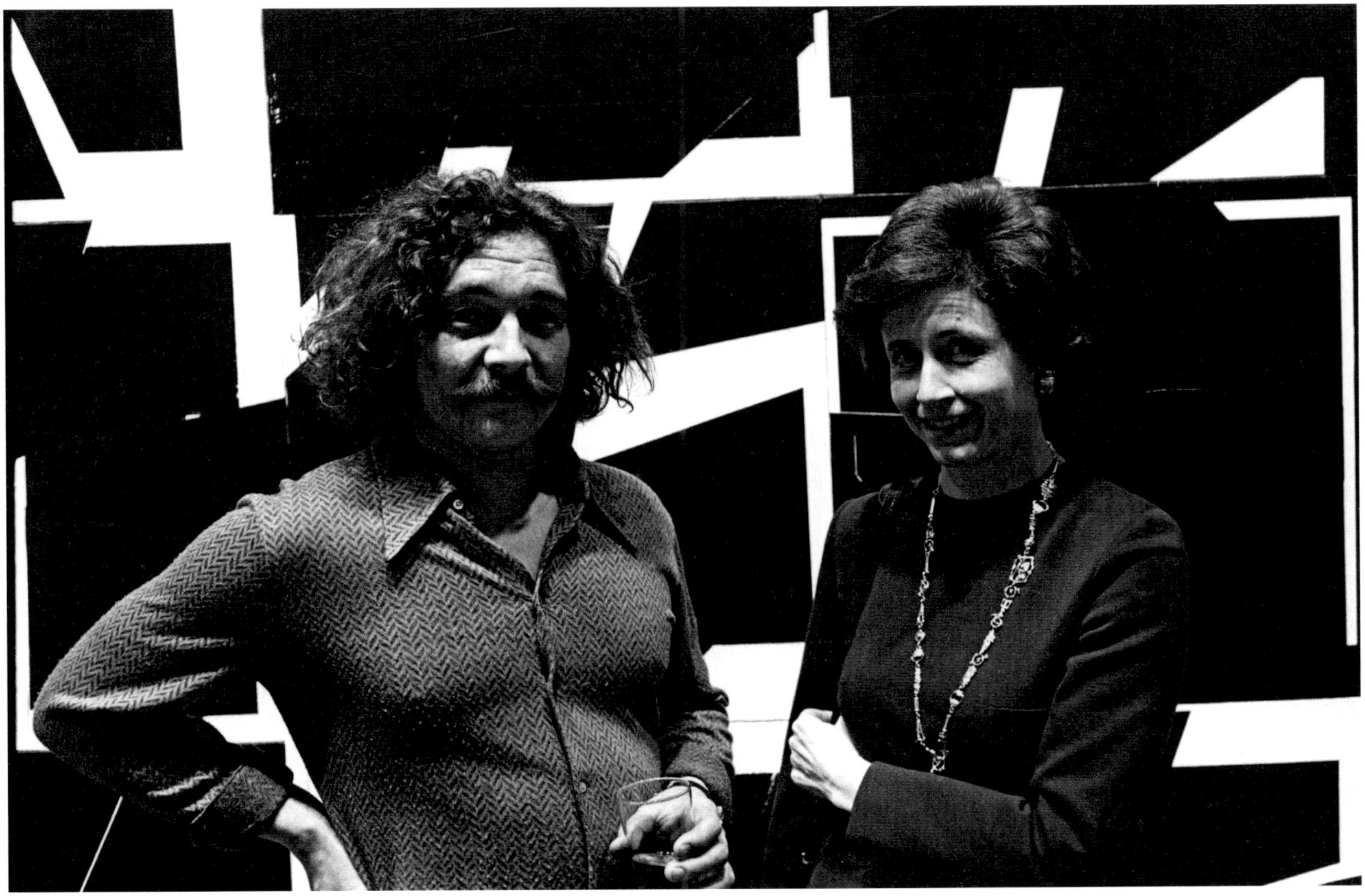

Stanley Lewis et un invité au vernissage de l'exposition de Jennifer Dickson à la Galerie Martal, décembre 1972

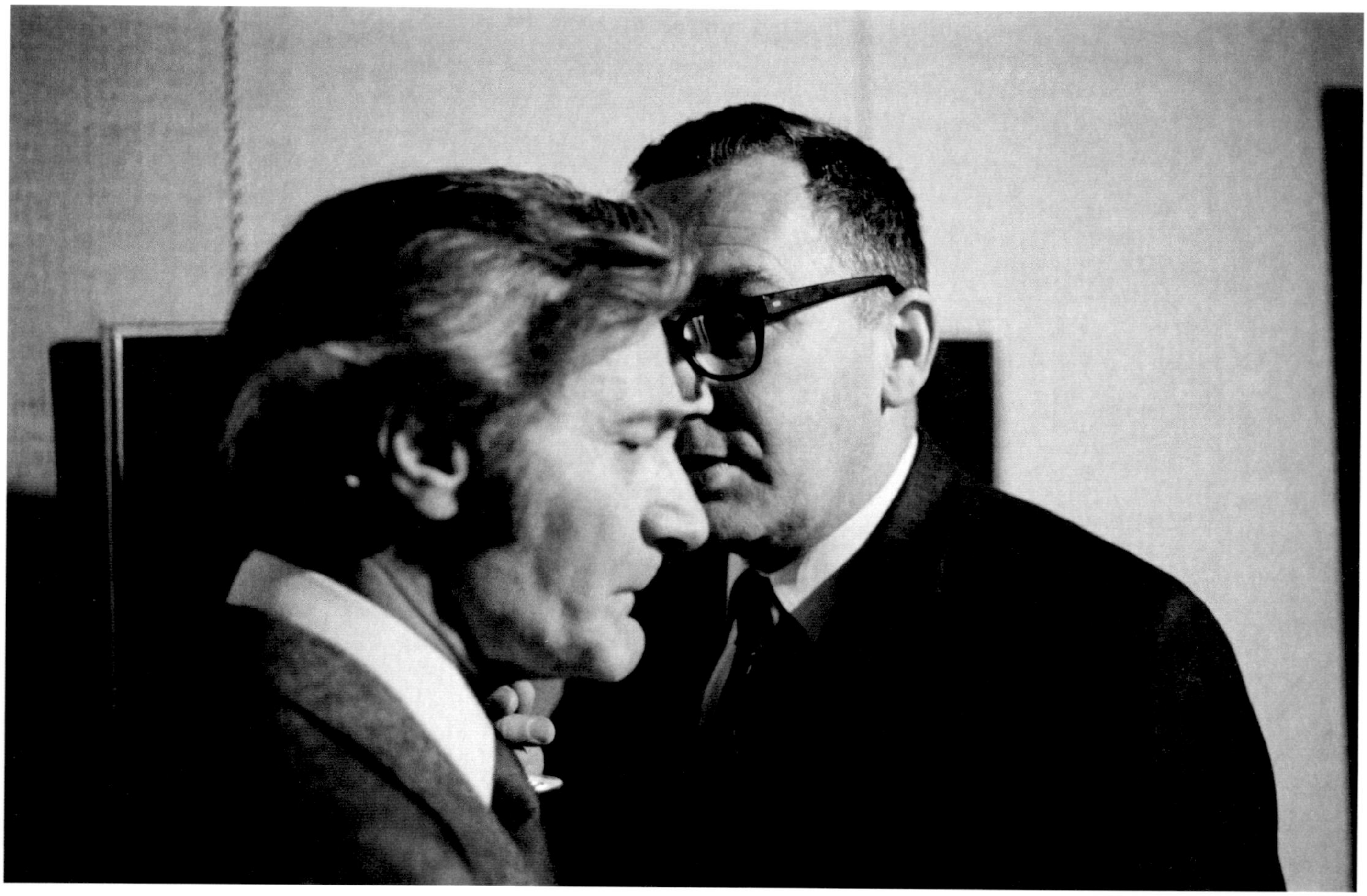

Milly Ristvedt au vernissage de l'exposition de Henry Saxe au Musée d'art contemporain, avril 1973

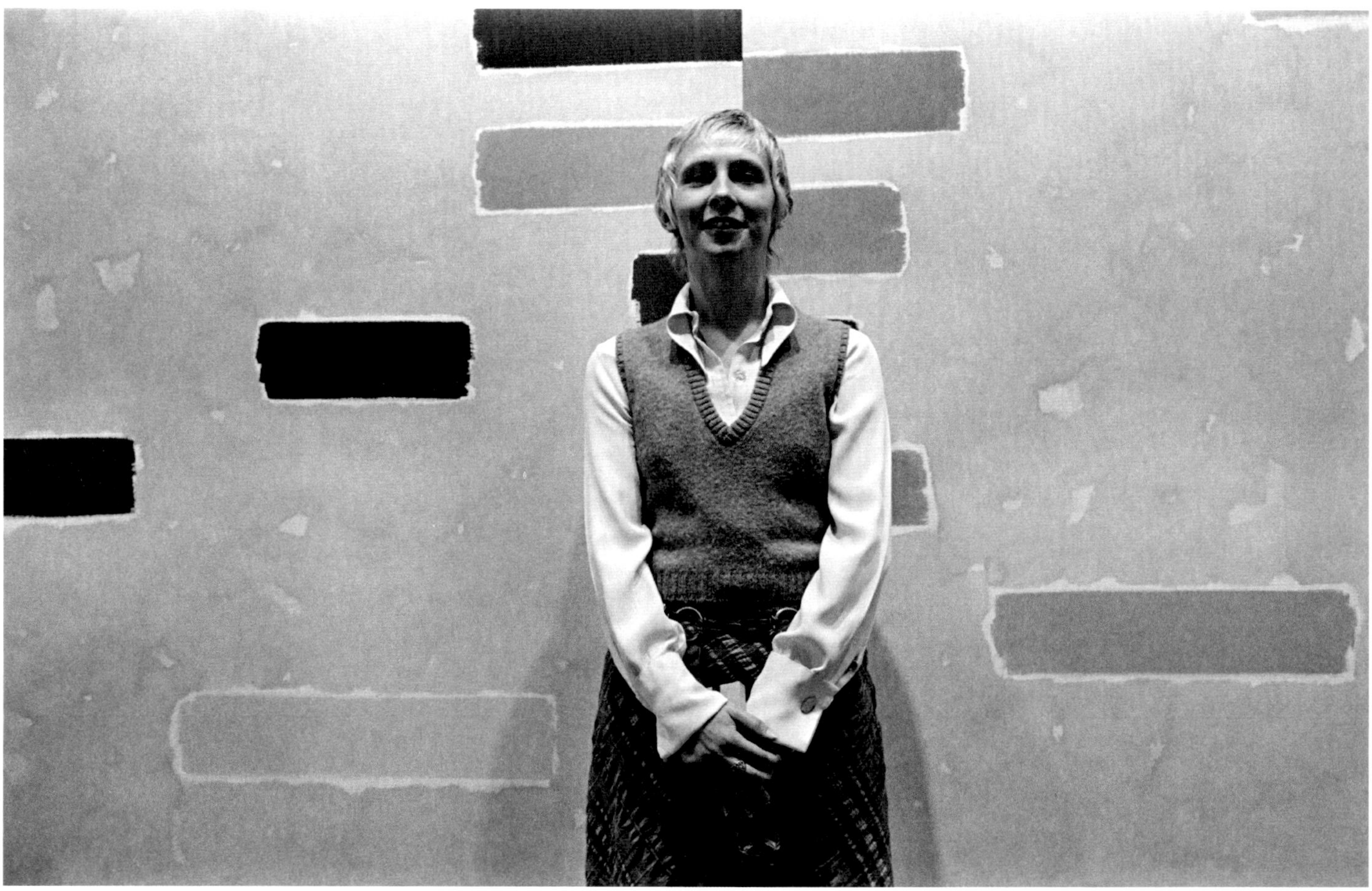

François Déry et Claudia Lapp au vernissage de l'exposition de Henry Saxe au Musée d'art contemporain, avril 1973

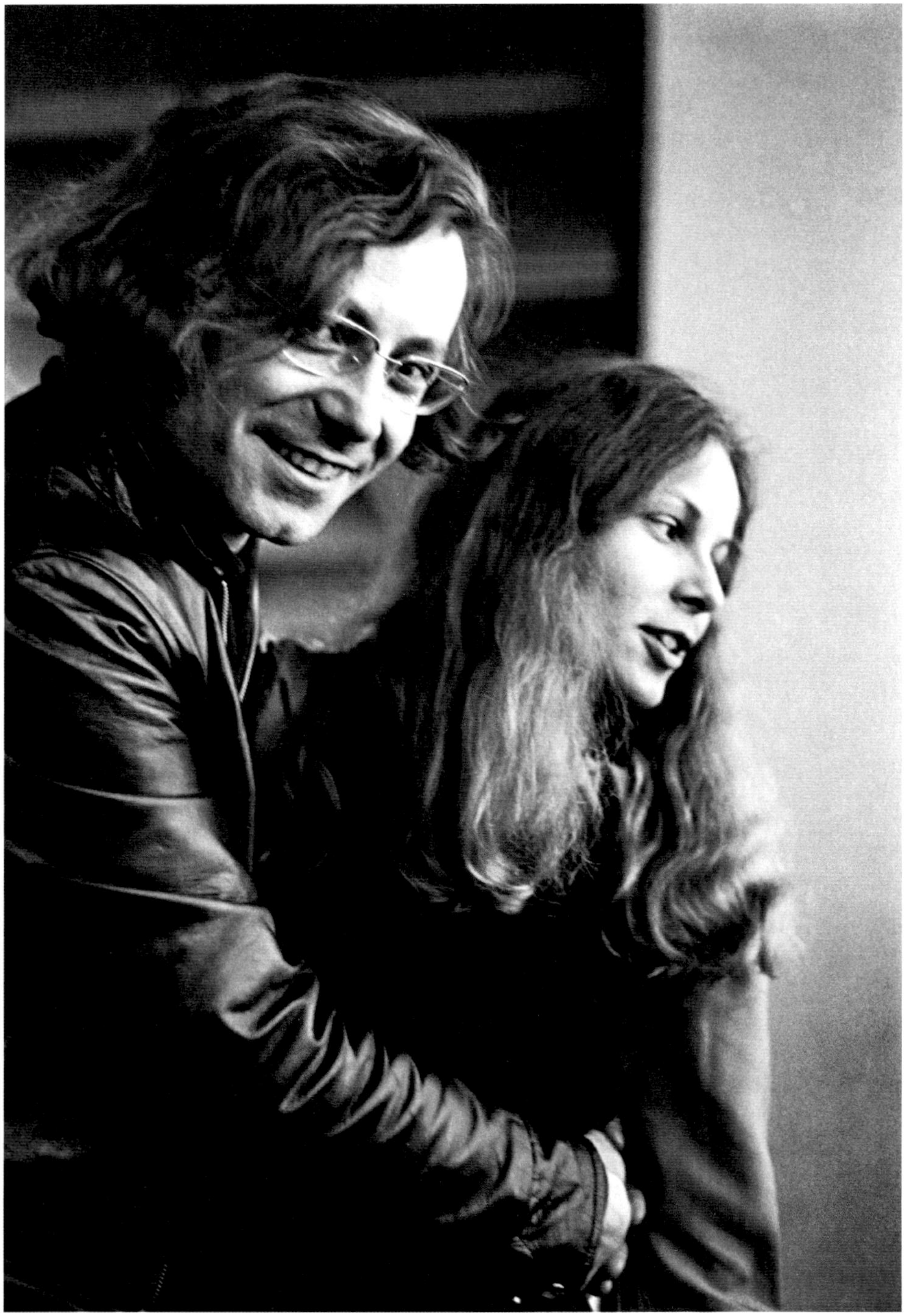

Vernissage de l'exposition de Henry Saxe au Musée d'art contemporain, avril 1973

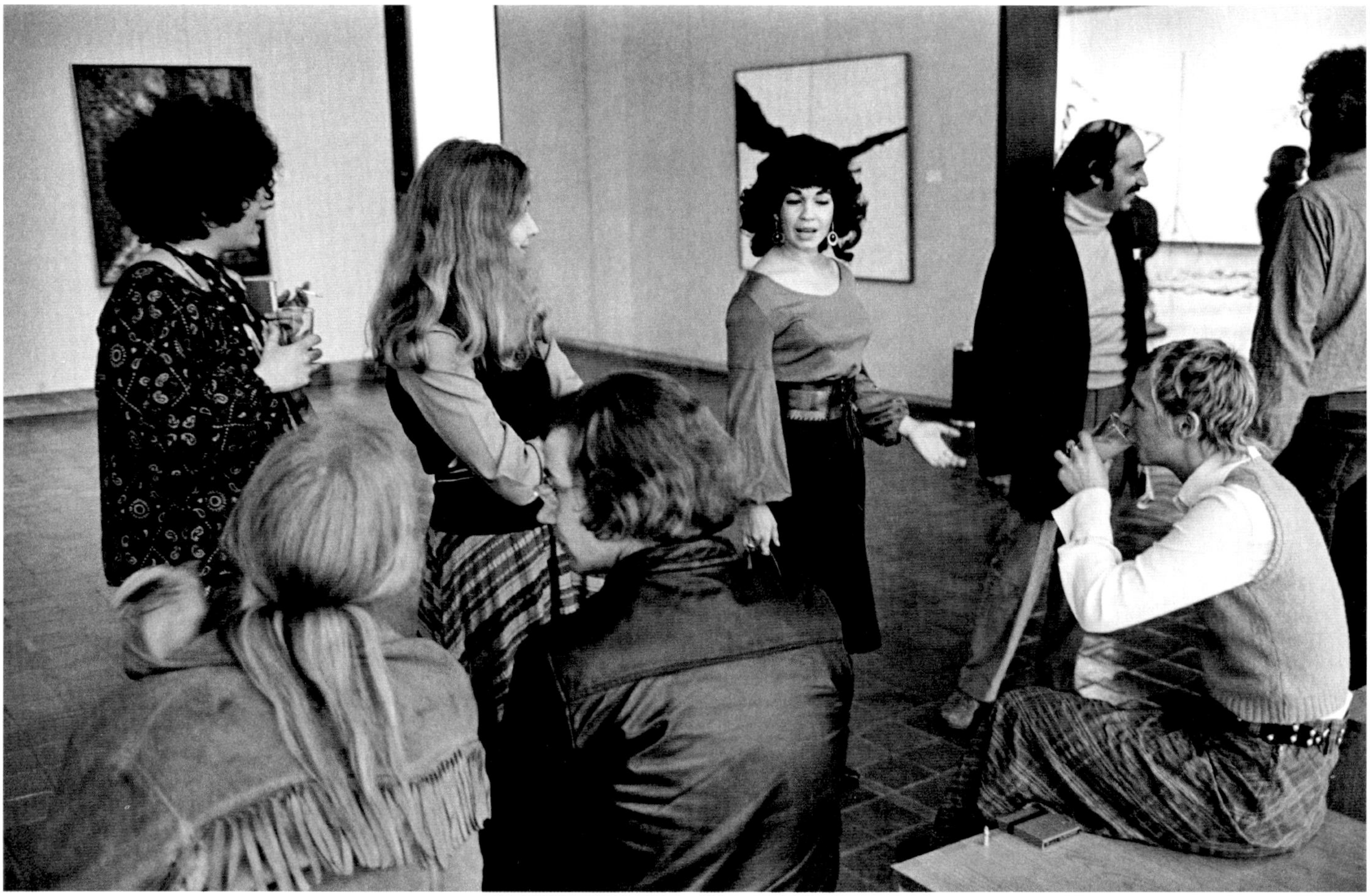

Lancement des Éditions Graffofones à la Galerie de l'Atelier Graff, mai 1973

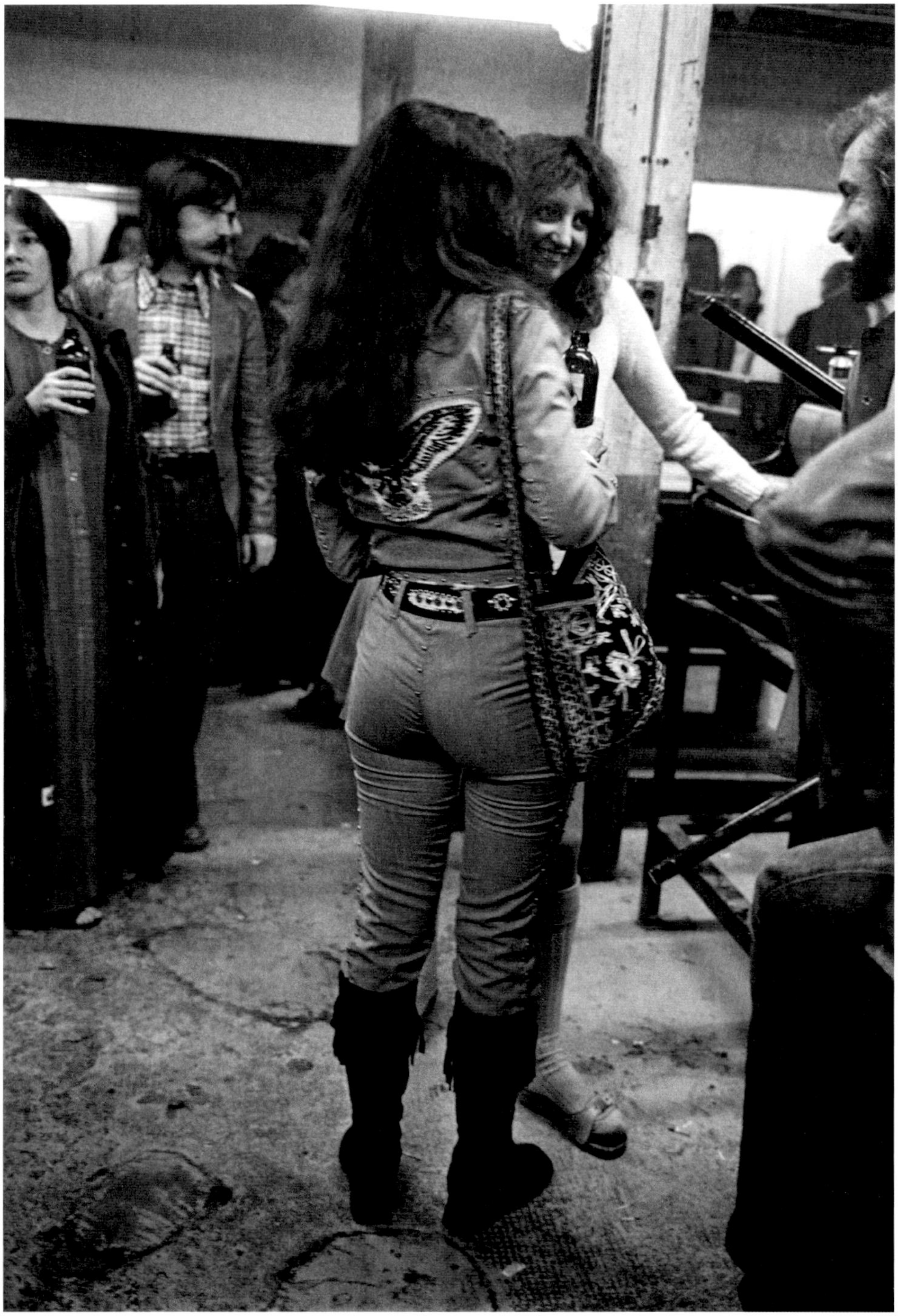

Gilbert Langevin au lancement des Éditions Graffofones à la Galerie de l'Atelier Graff, mai 1973

p. 114–115 Lancement des Éditions Graffofones à la Galerie de l'Atelier Graff, mai 1973

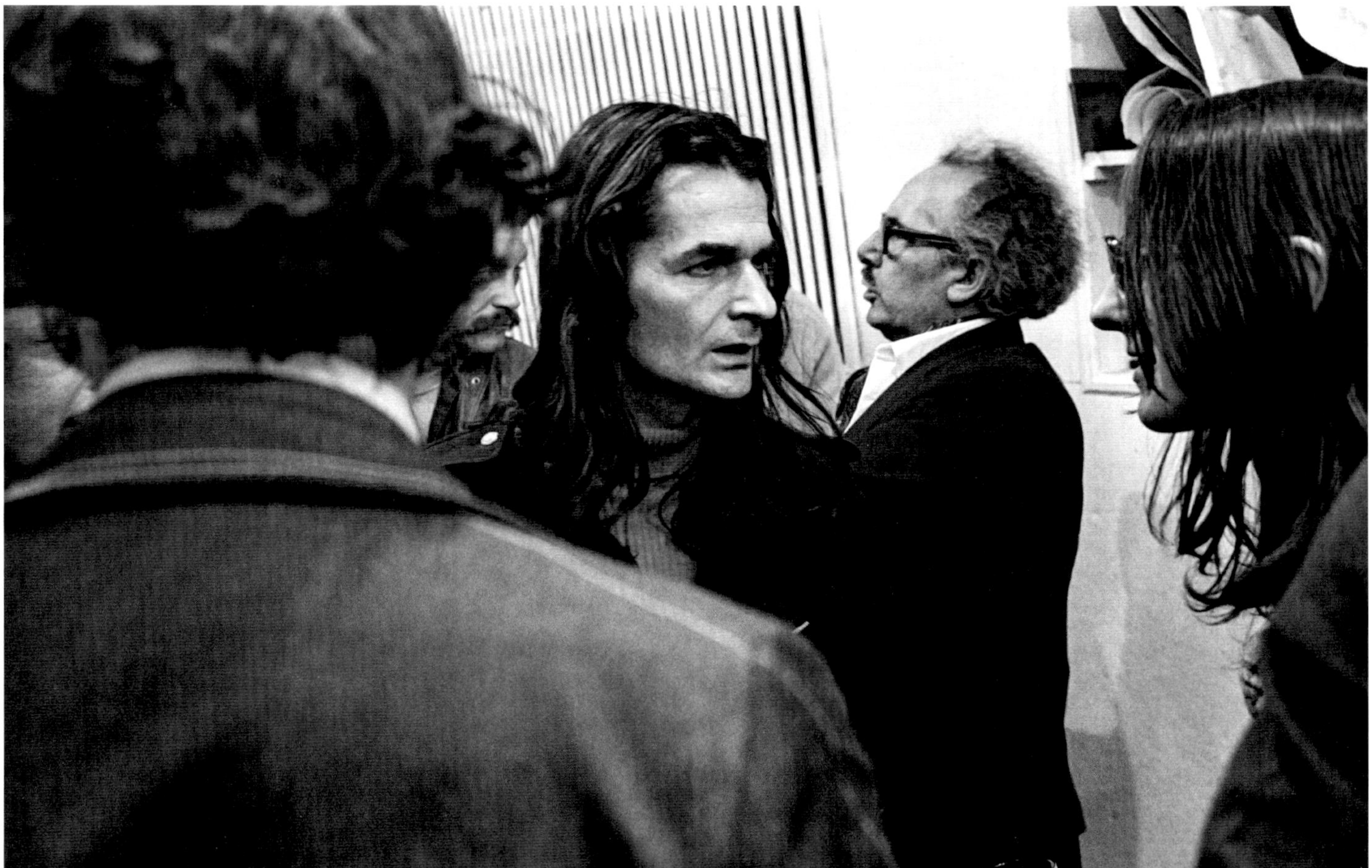

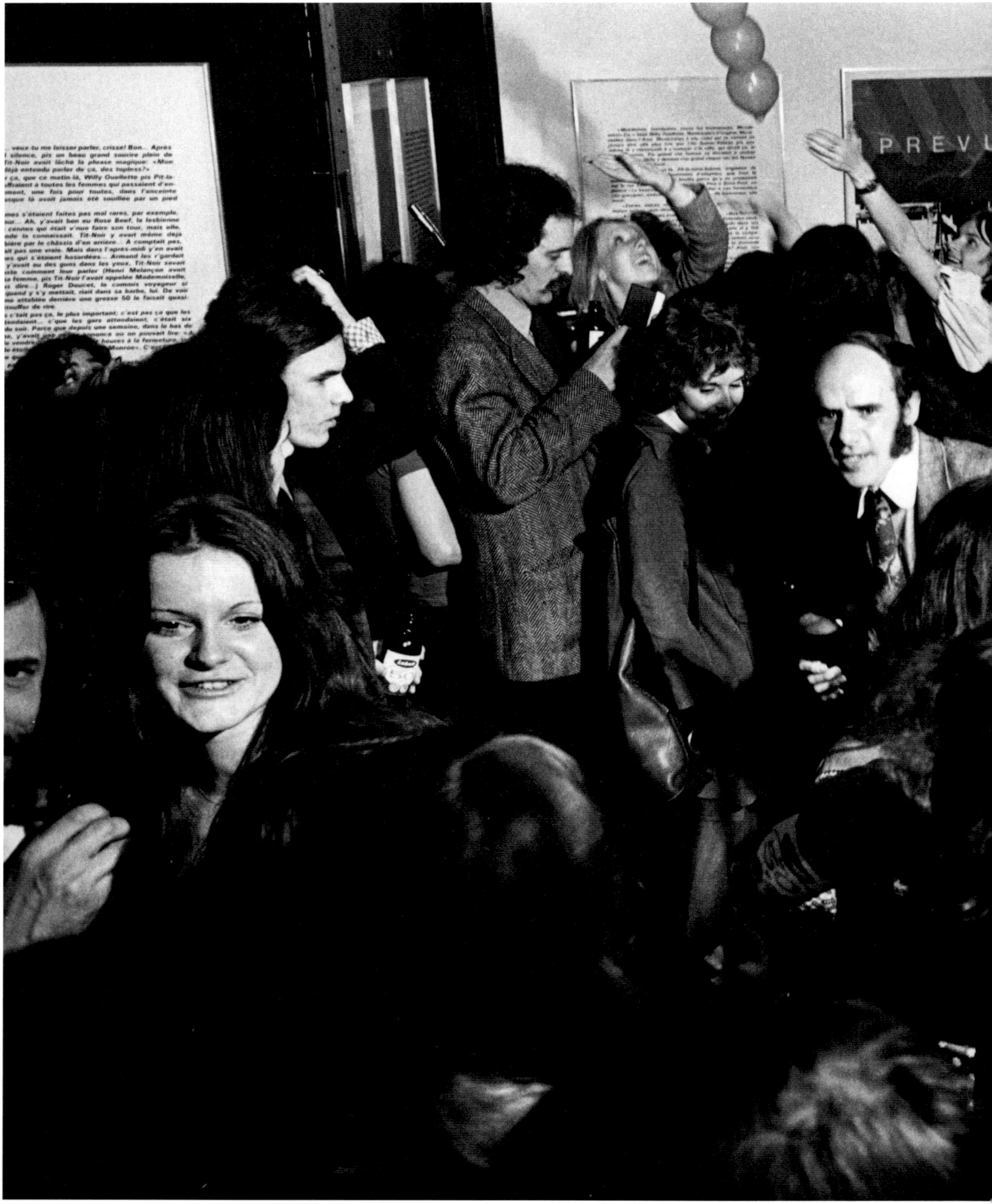
PRÉVU

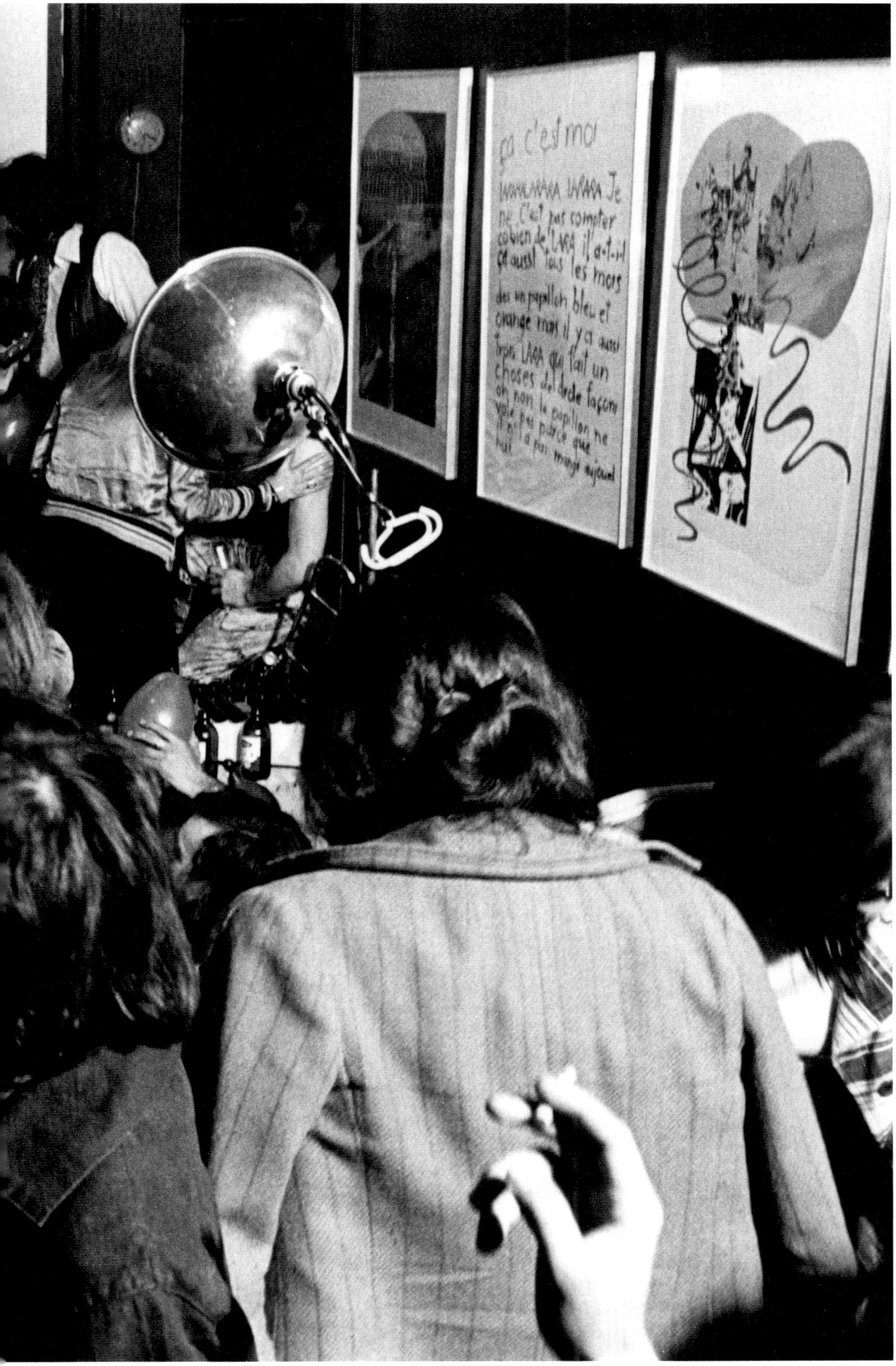
ça c'est moi

Guy Montpetit au vernissage de son exposition à la Galerie de Montréal, mai 1973

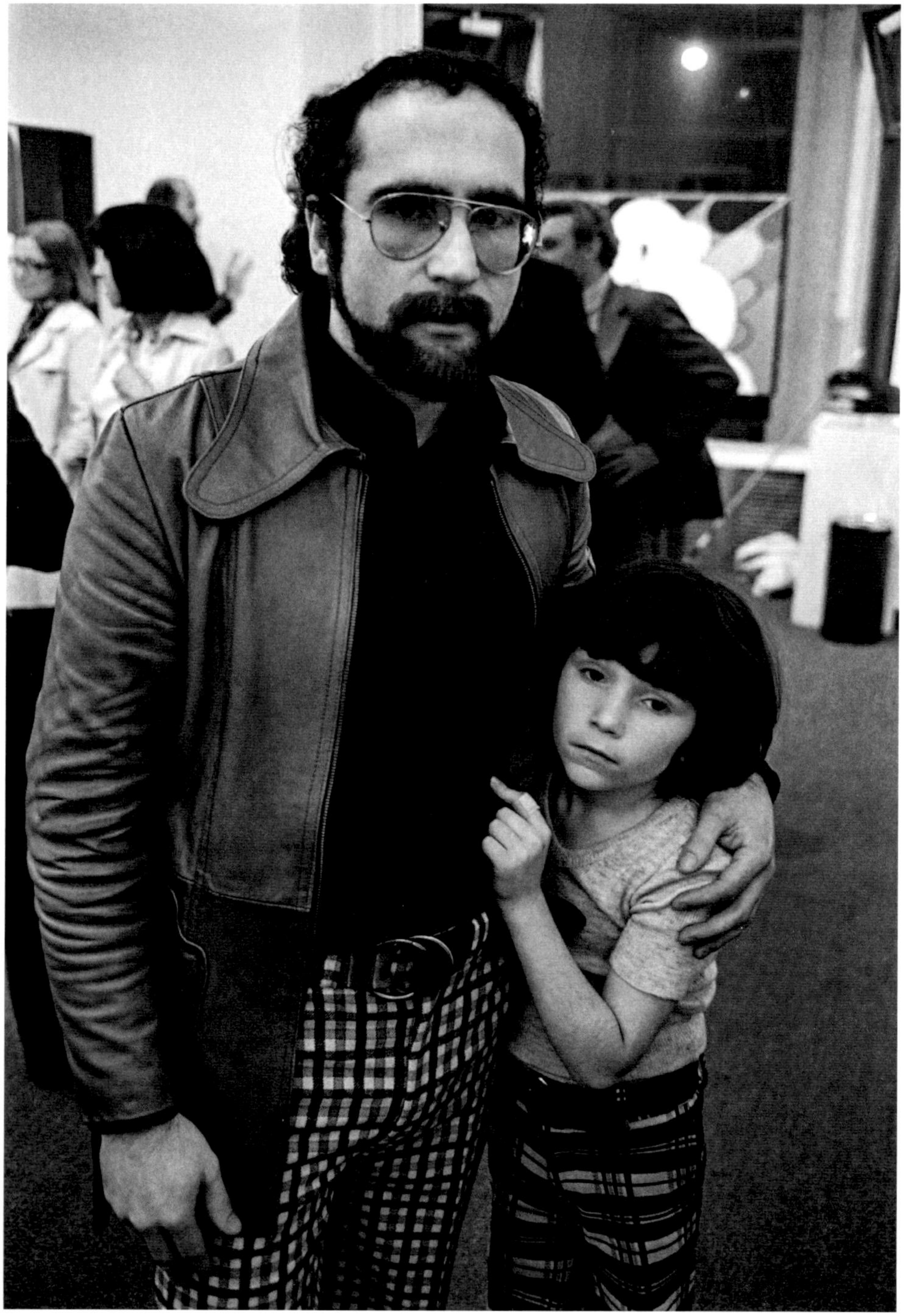

Vernissage d'une exposition collective à la Galerie Gilles Corbeil, mai 1973

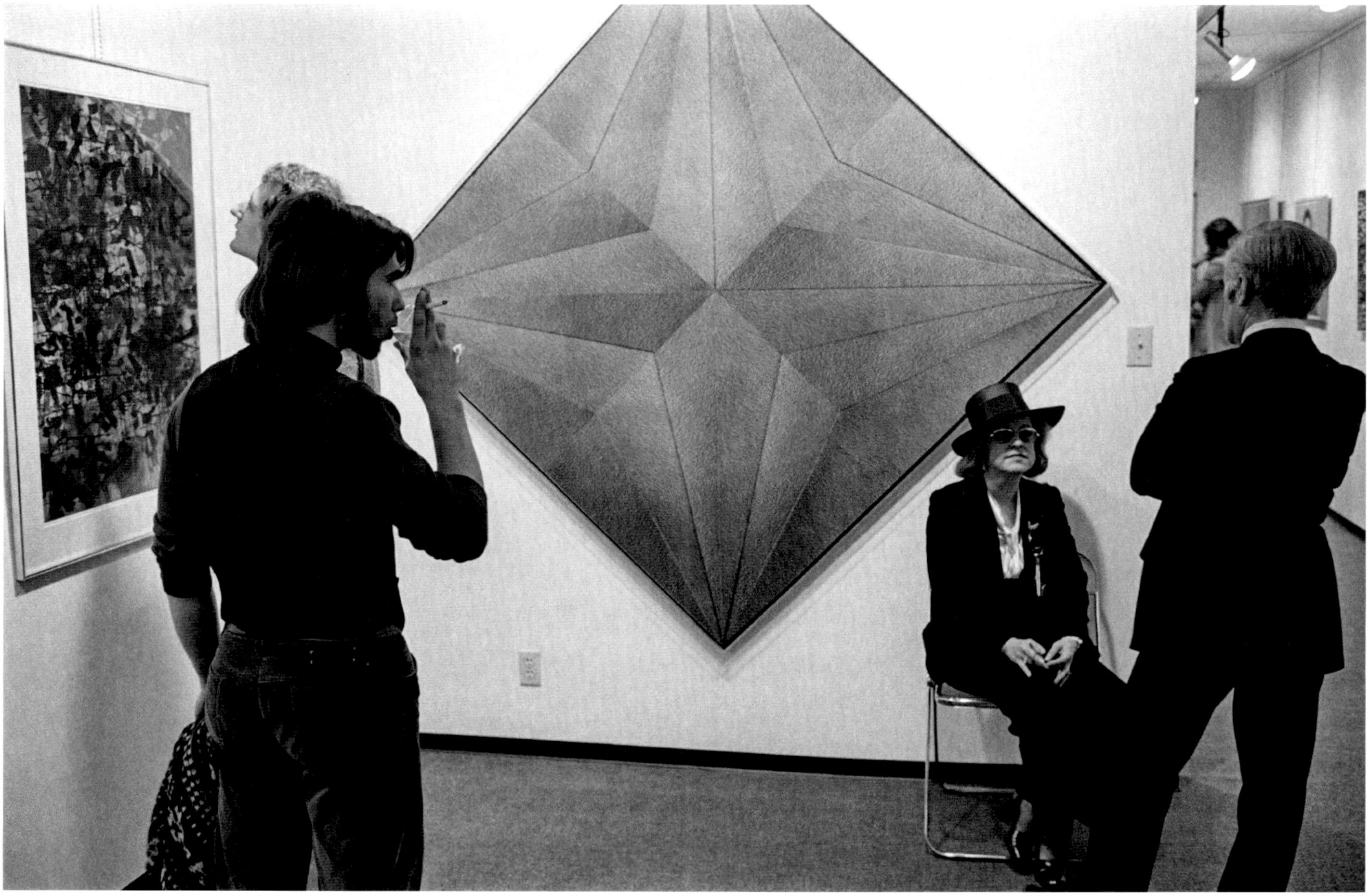

Robert Walker au vernissage de l'exposition d'Irene F. Whittome à la Galerie Martal, octobre 1973

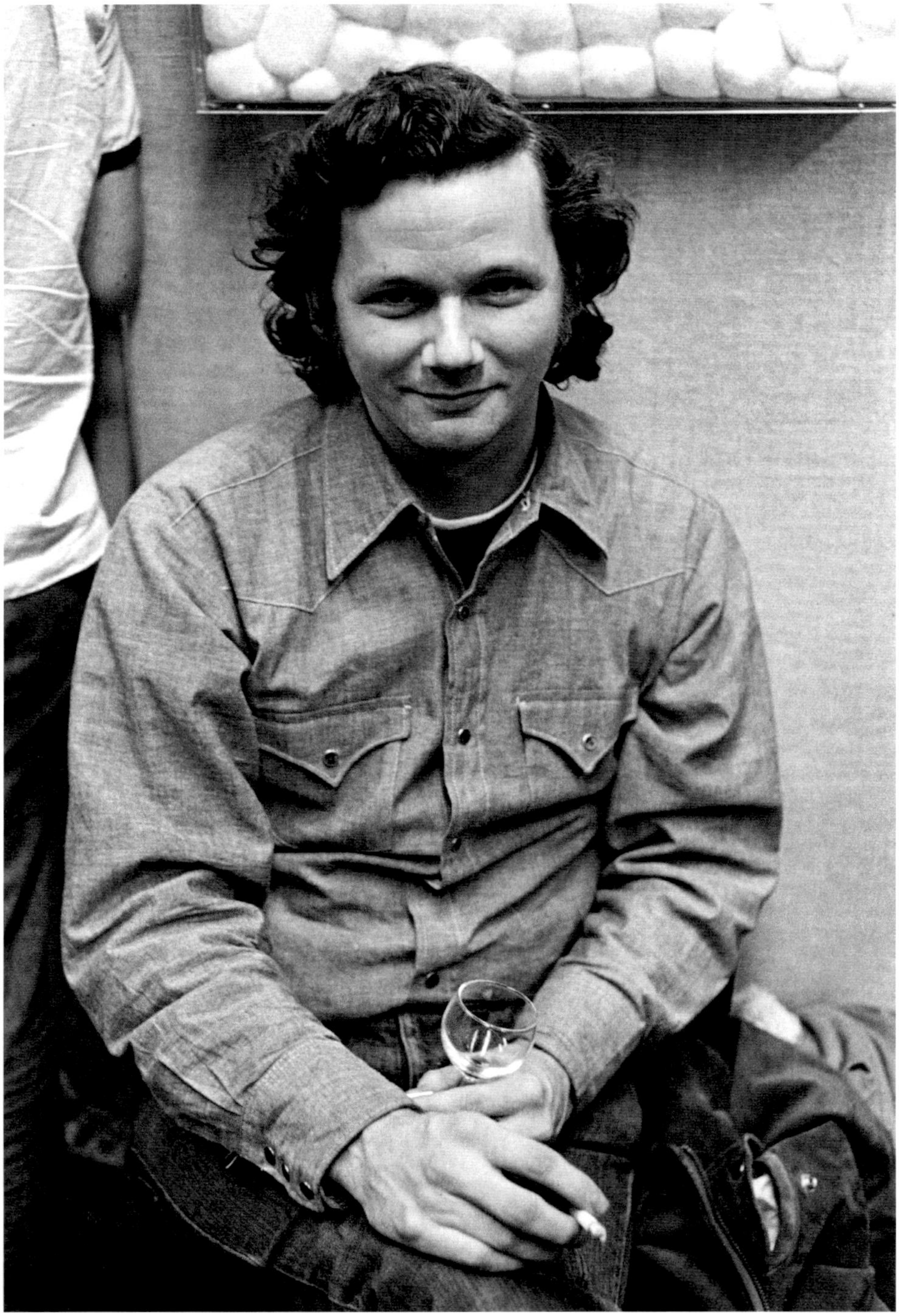

Irene F. Whittome et Guido Molinari au vernissage de l'exposition d'Irene F. Whittome à la Galerie Martal, octobre 1973

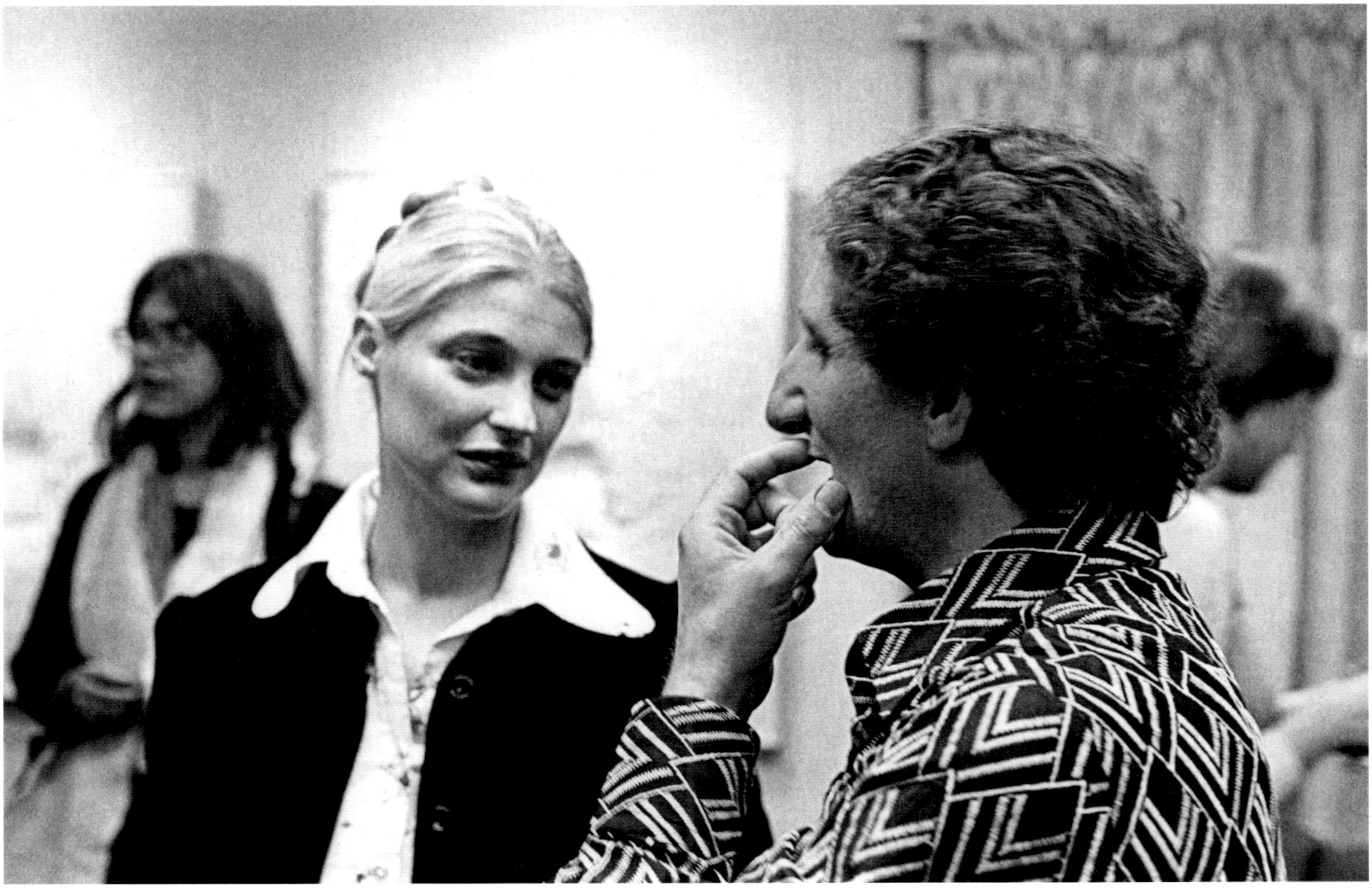

Hannah Franklin au vernissage de son exposition à la Galerie Gilles Corbeil, avril 1974

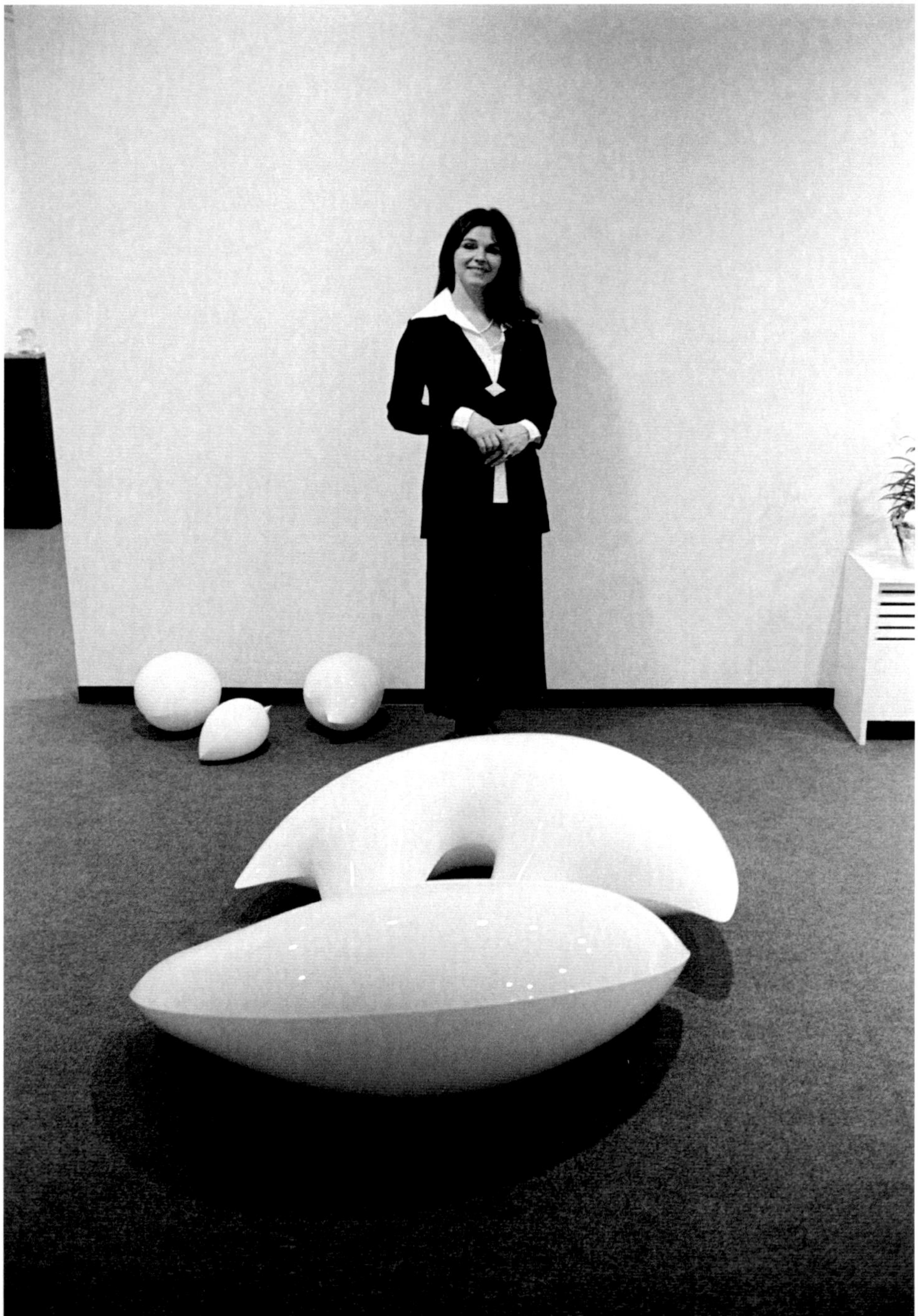

Françoise Sullivan et Charles Taylor au vernissage de l'exposition de Hannah Franklin à la Galerie Gilles Corbeil, avril 1974

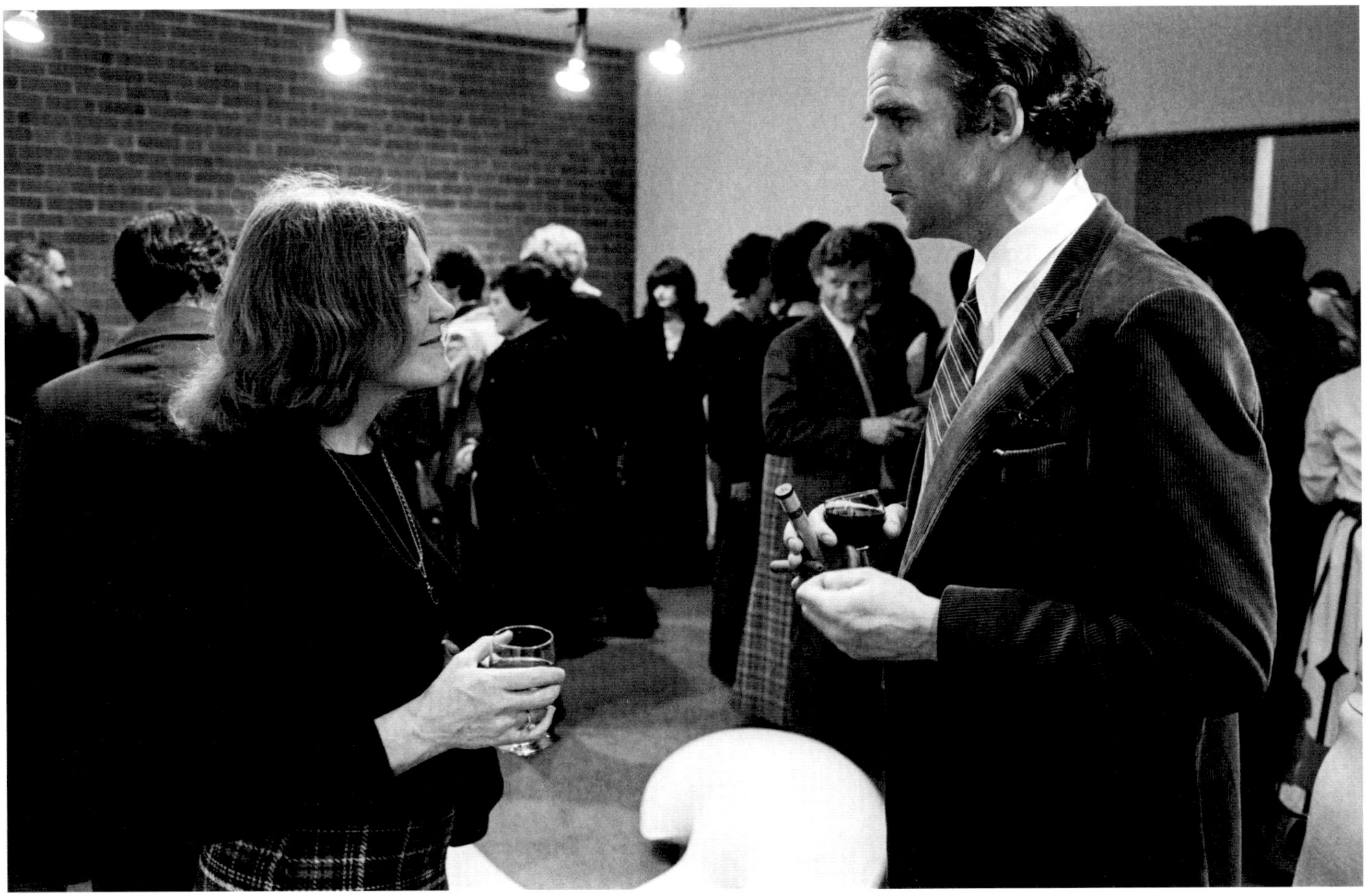

David Sorensen au vernissage de son exposition à la Galerie Espace 5, mars 1974

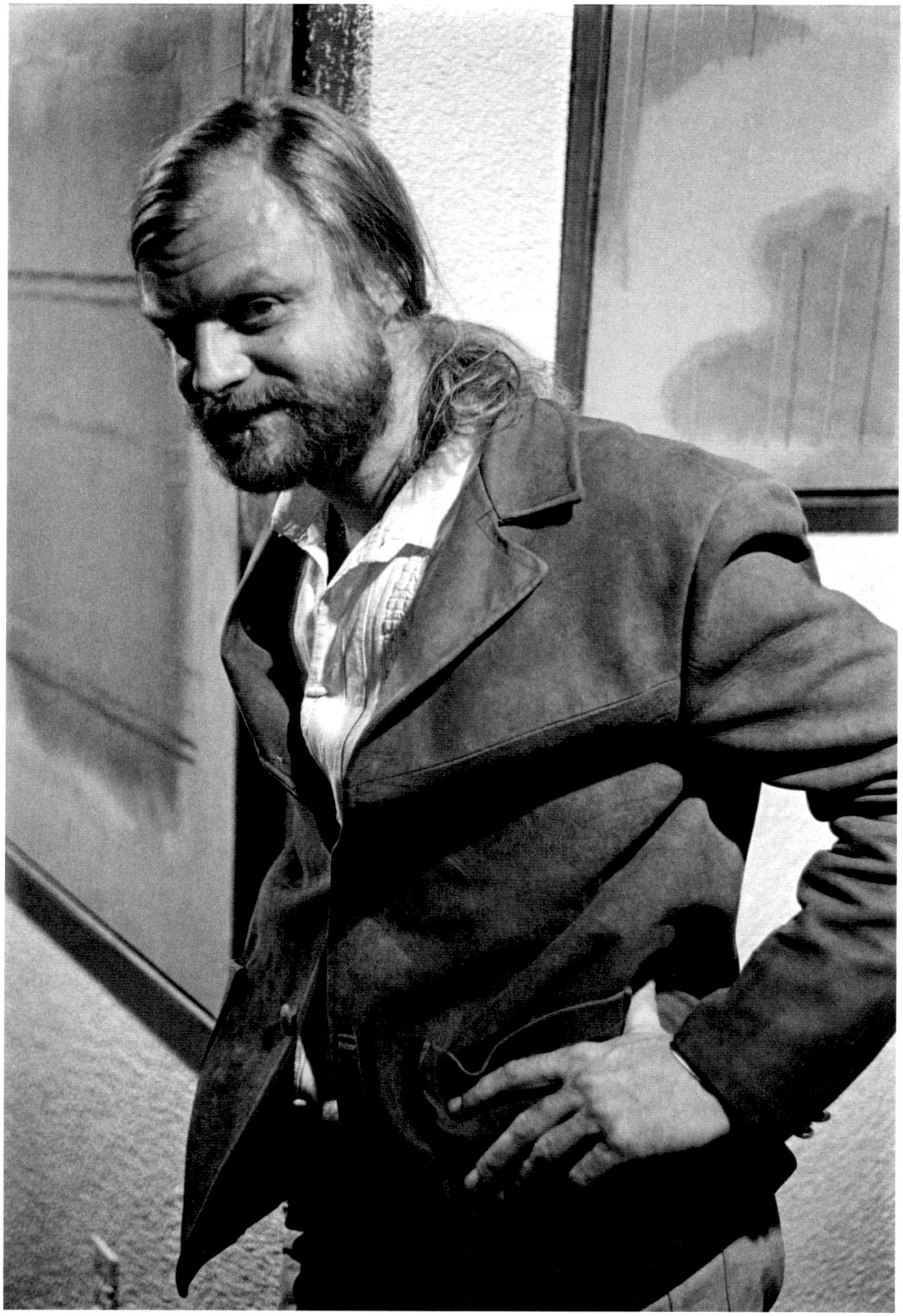

Vernissage de l'exposition de Pnina C. Gagnon à la Galerie Powerhouse, février 1974

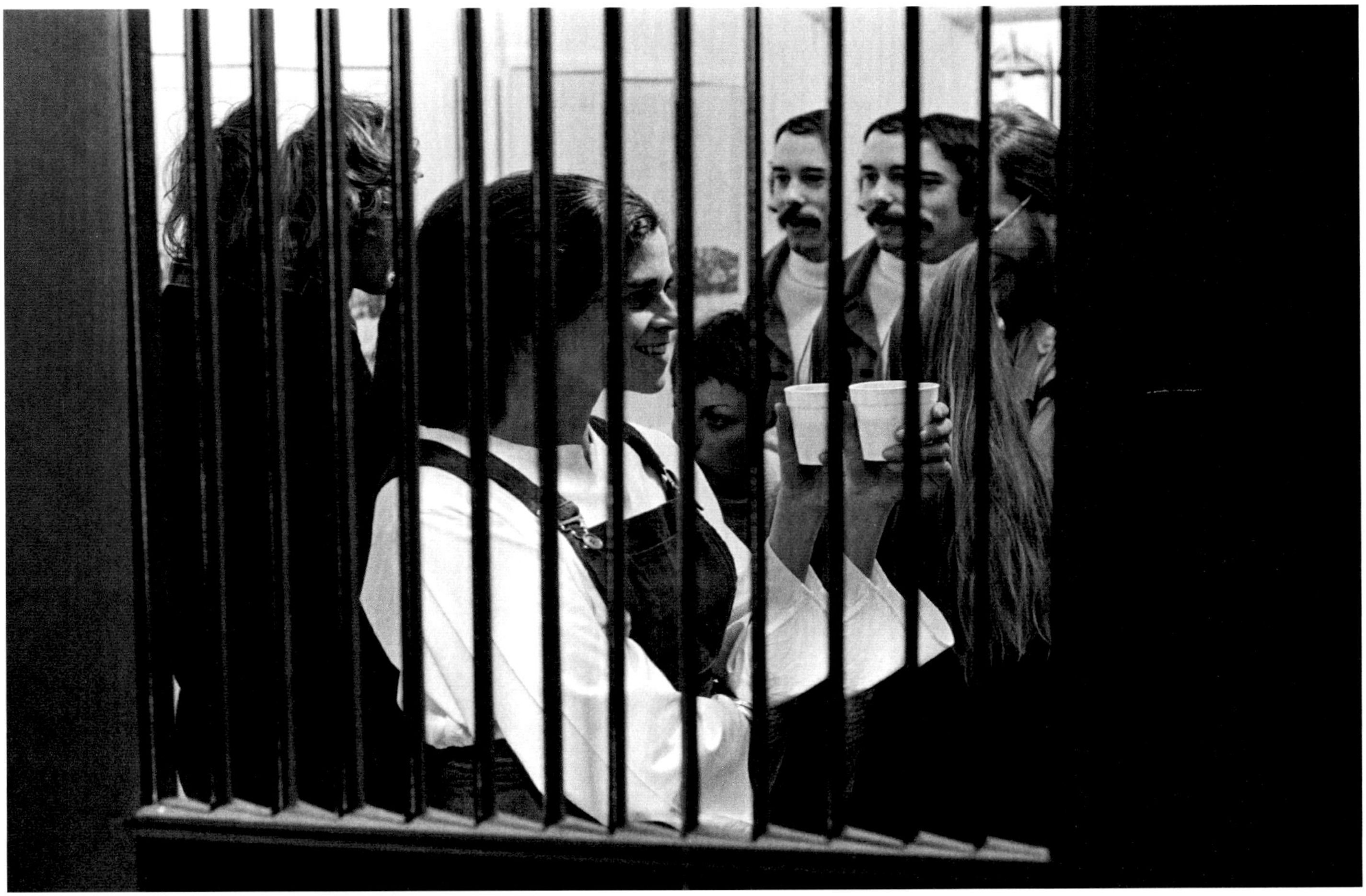

Vittorio Fiorucci, Michael Flomen, John Max et Sam Tata au vernissage de l'exposition de Sam Tata aux Galeries de photographie du Centaur, avril 1974

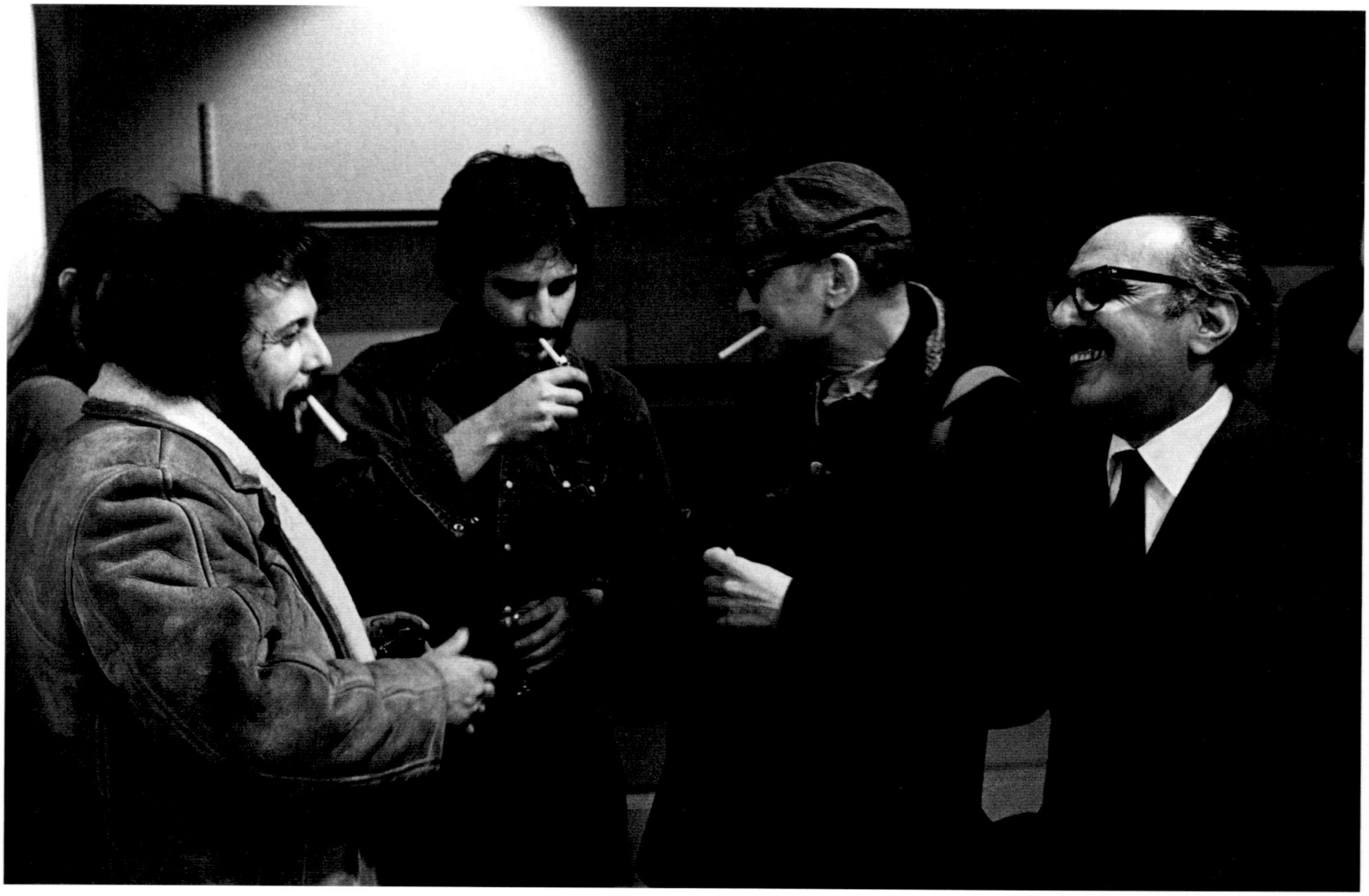

Michel Campeau photographié par John Max photographié par Roger Charbonneau au vernissage de l'exposition de Sam Tata aux Galeries de photographie du Centaur, avril 1974

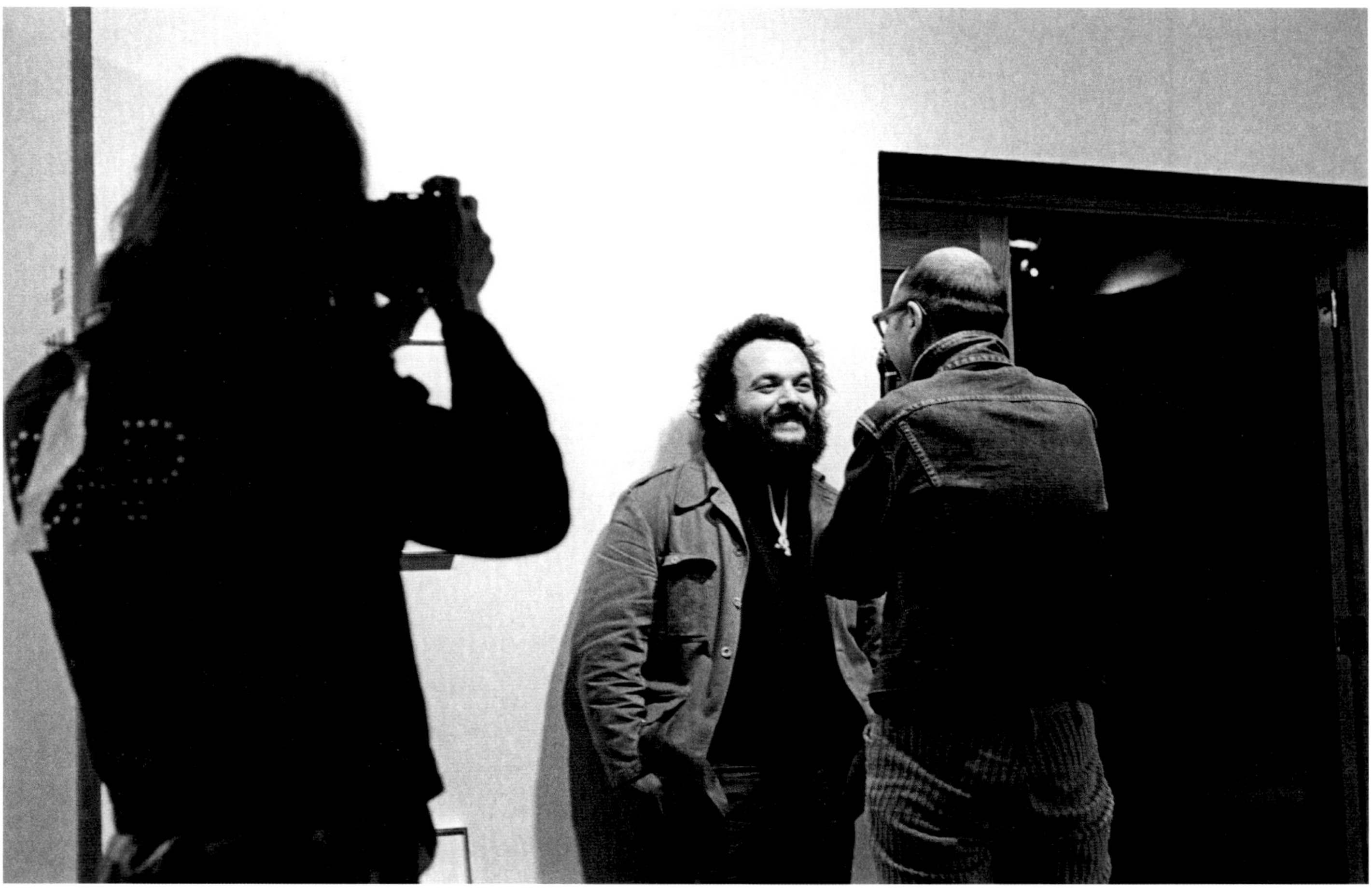

Roman et Edith Vishniac au vernissage de l'exposition de Roman Vishniac aux Galeries de photographie du Centaur, mars 1974

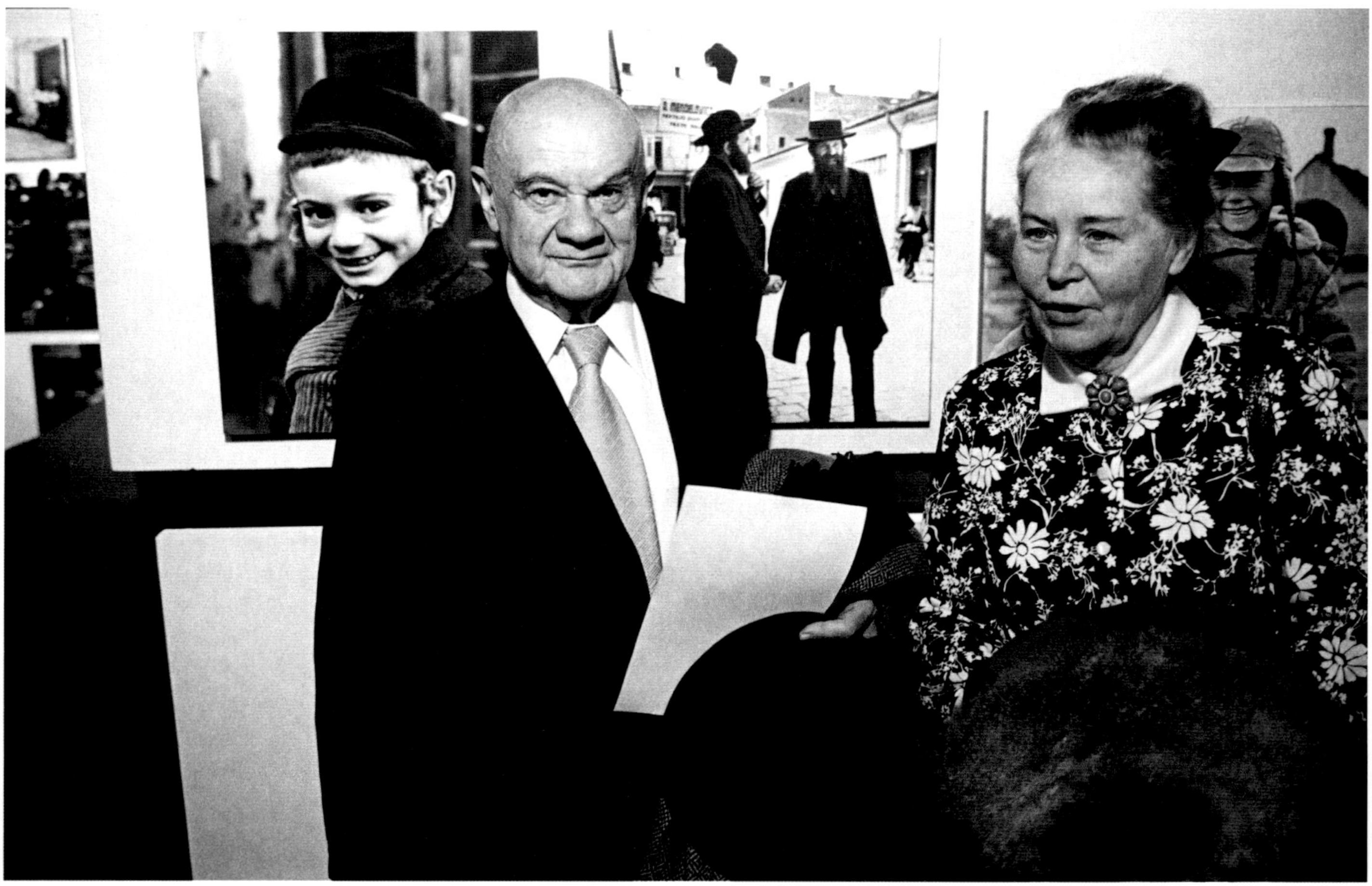

Jacques-Henri Lartigue au vernissage de son exposition à Optica, octobre 1975

p. 128–129 Guy Borremans et Michel Campeau à une réunion des Ateliers d'animation photographique du Québec (LADAP), mars 1975

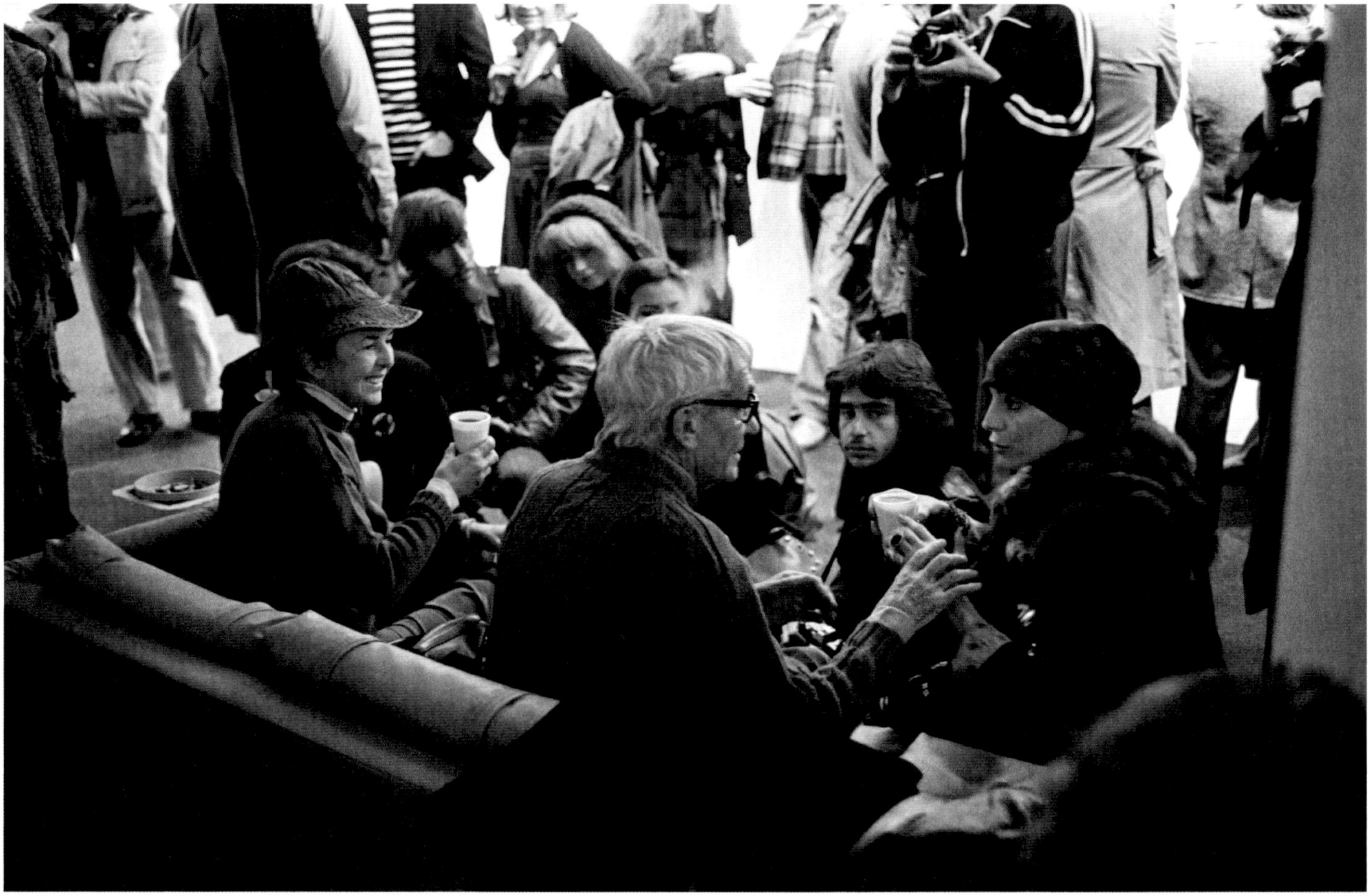

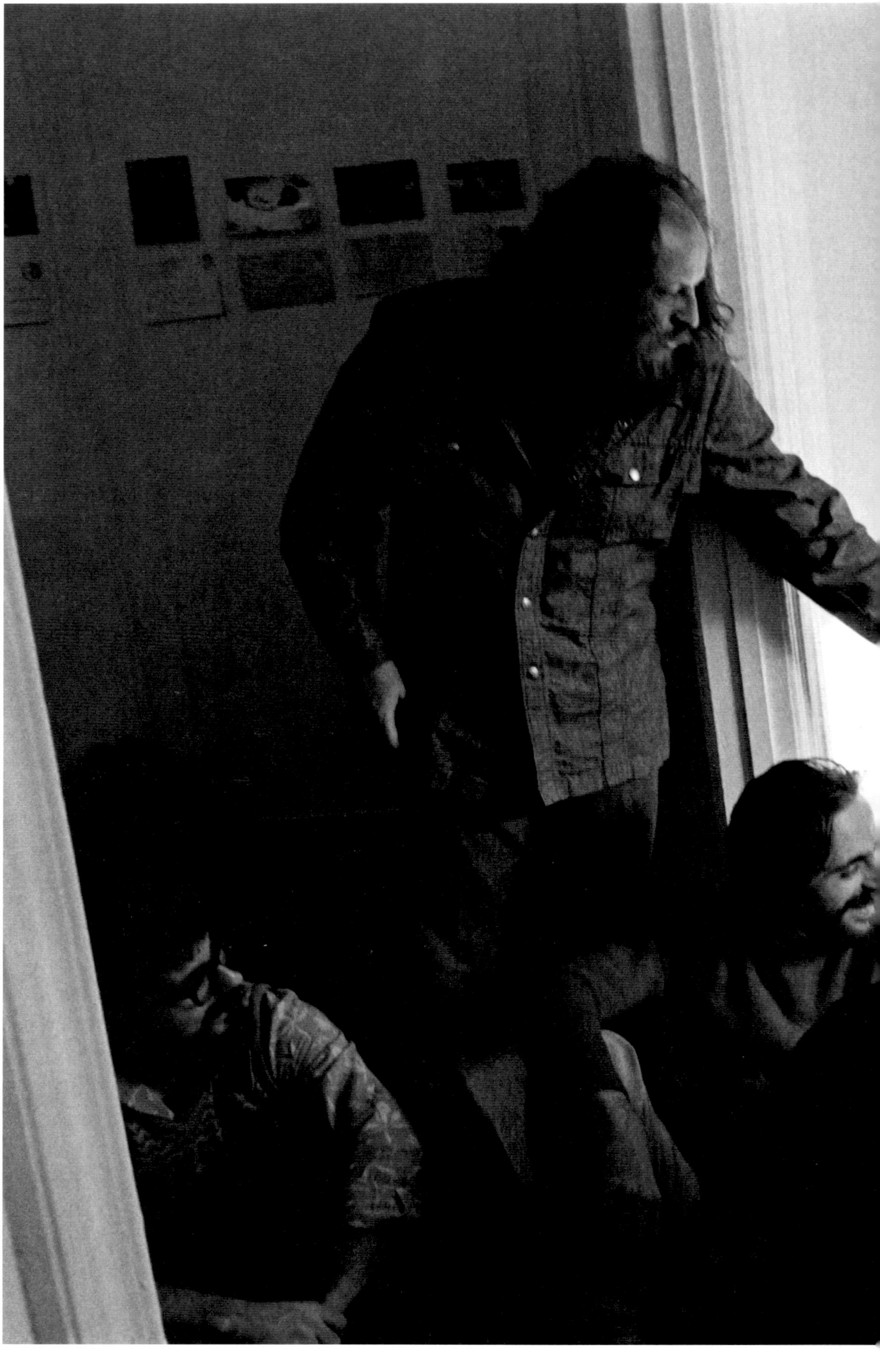

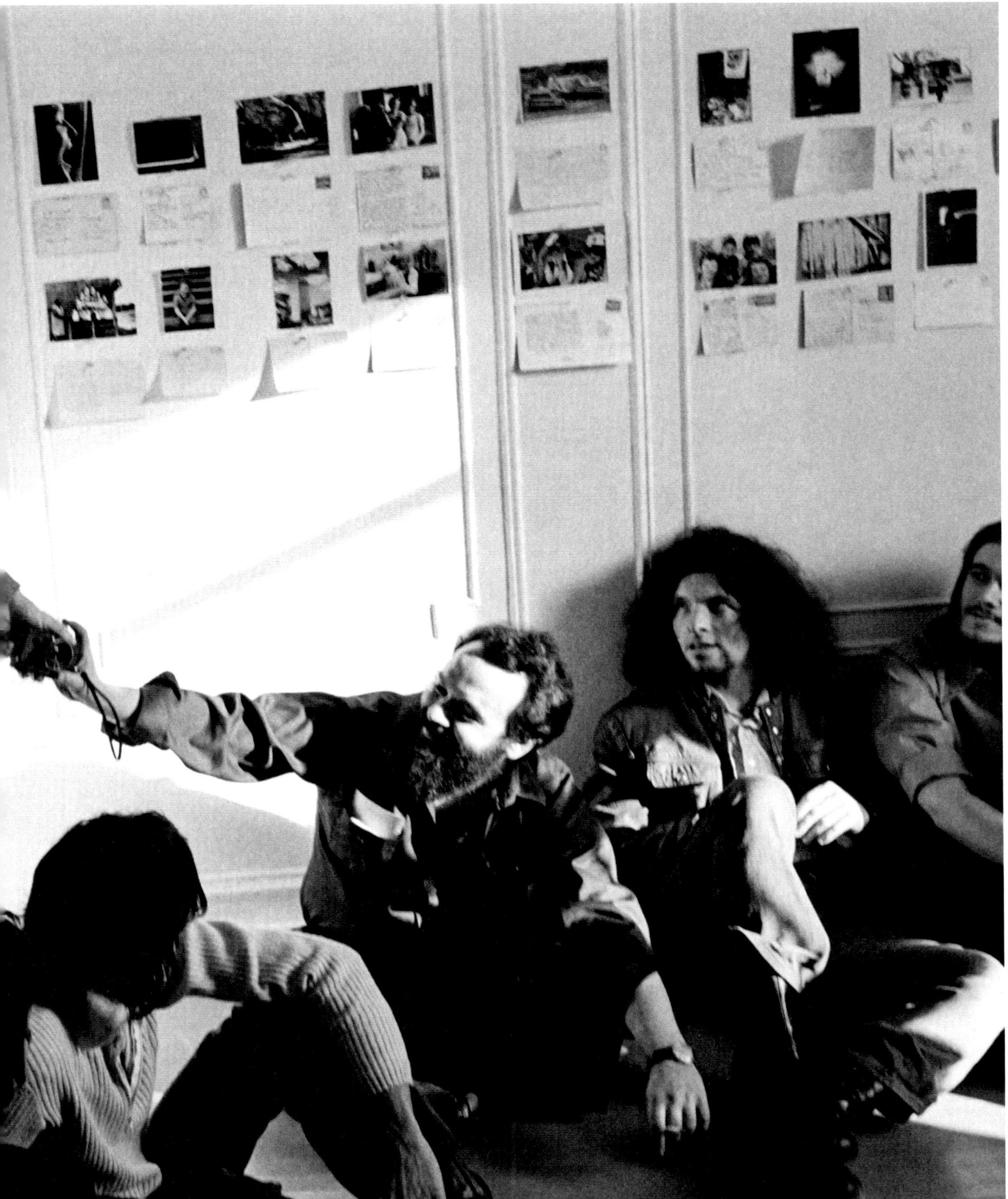

Roger Bellemare et Betty Goodwin au vernissage de l'exposition *Le choix des galeries* à la Place des Arts, avril 1975

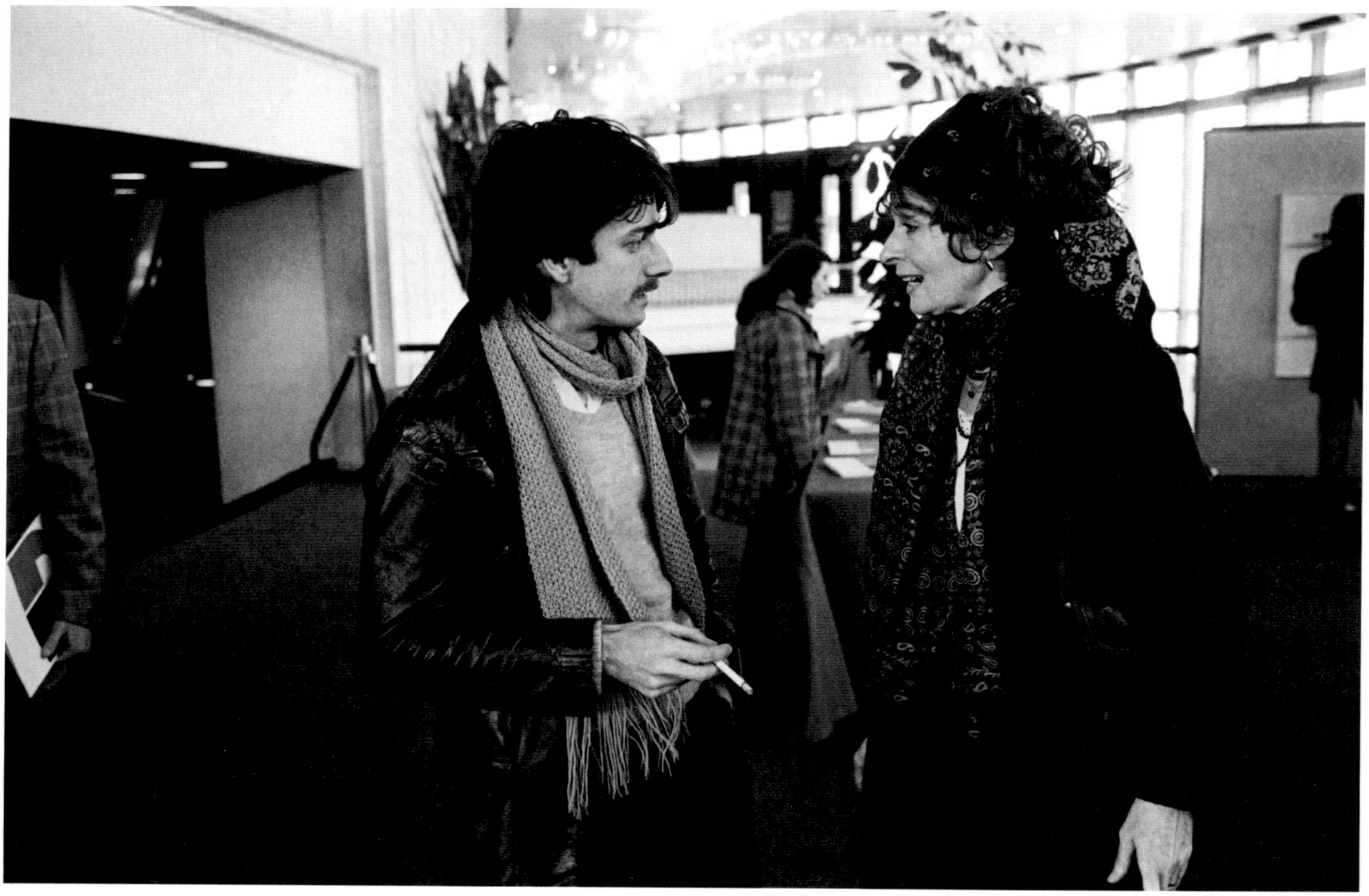

Vernissage de l'exposition d'André Panneton, Louis Pelletier et Christiane Valcourt à la Galerie Graff, novembre 1977

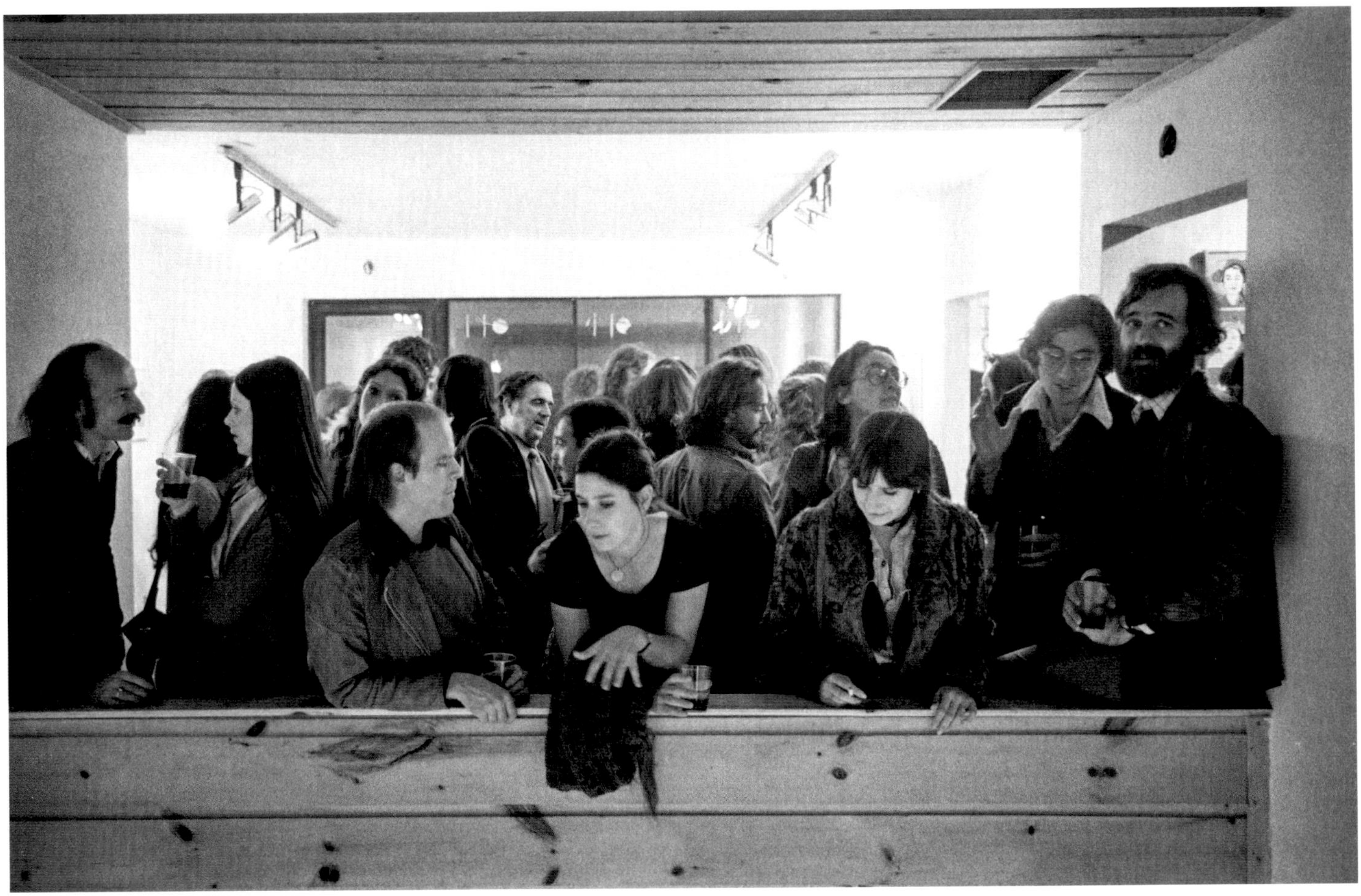

Doreen Lindsay au vernissage de l'exposition *Papier fait main* à la Galerie Powerhouse, janvier 1978

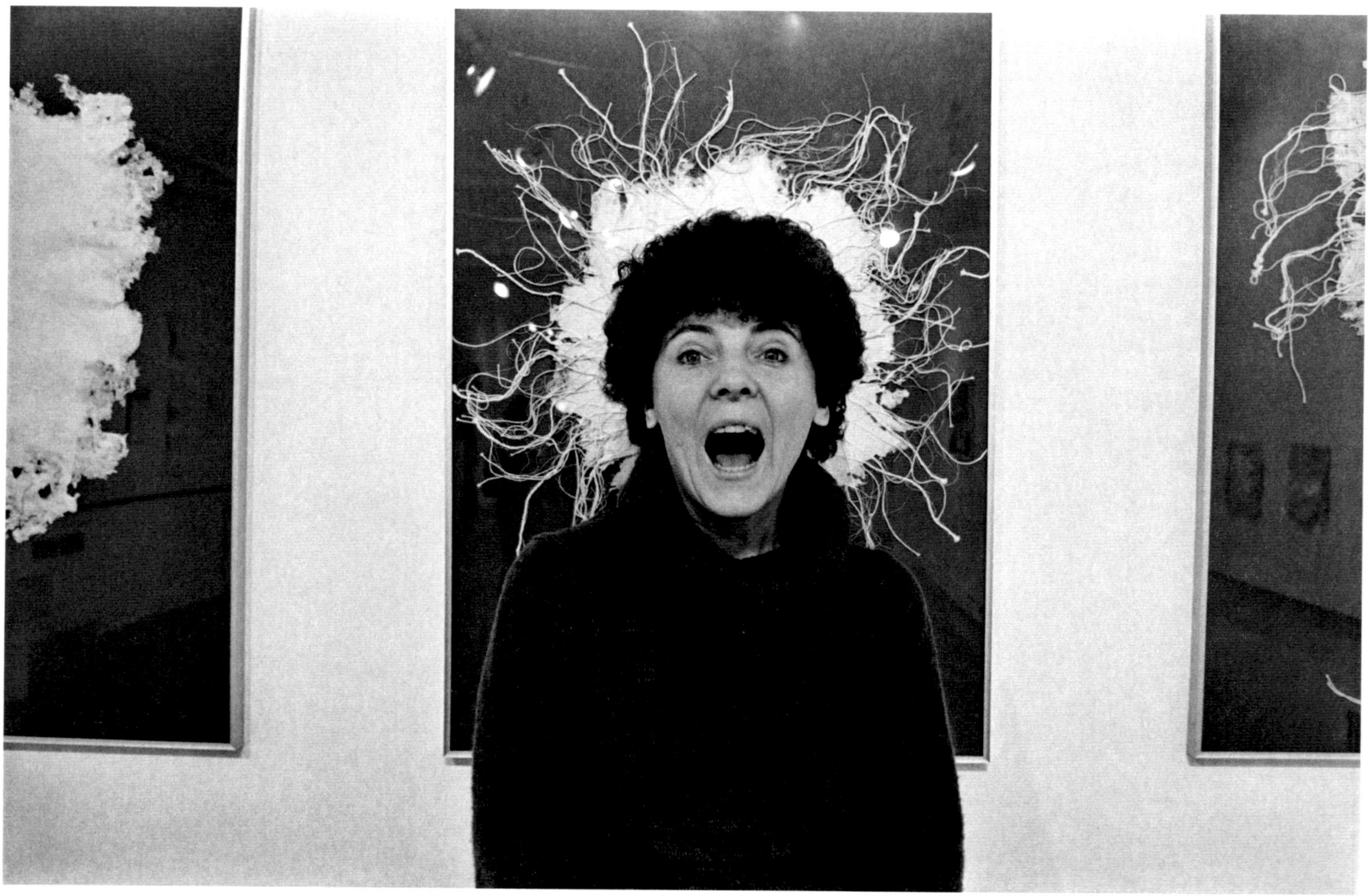

Andrew Lui au vernissage de son exposition à la Galerie Bernard Desroches, mars 1979

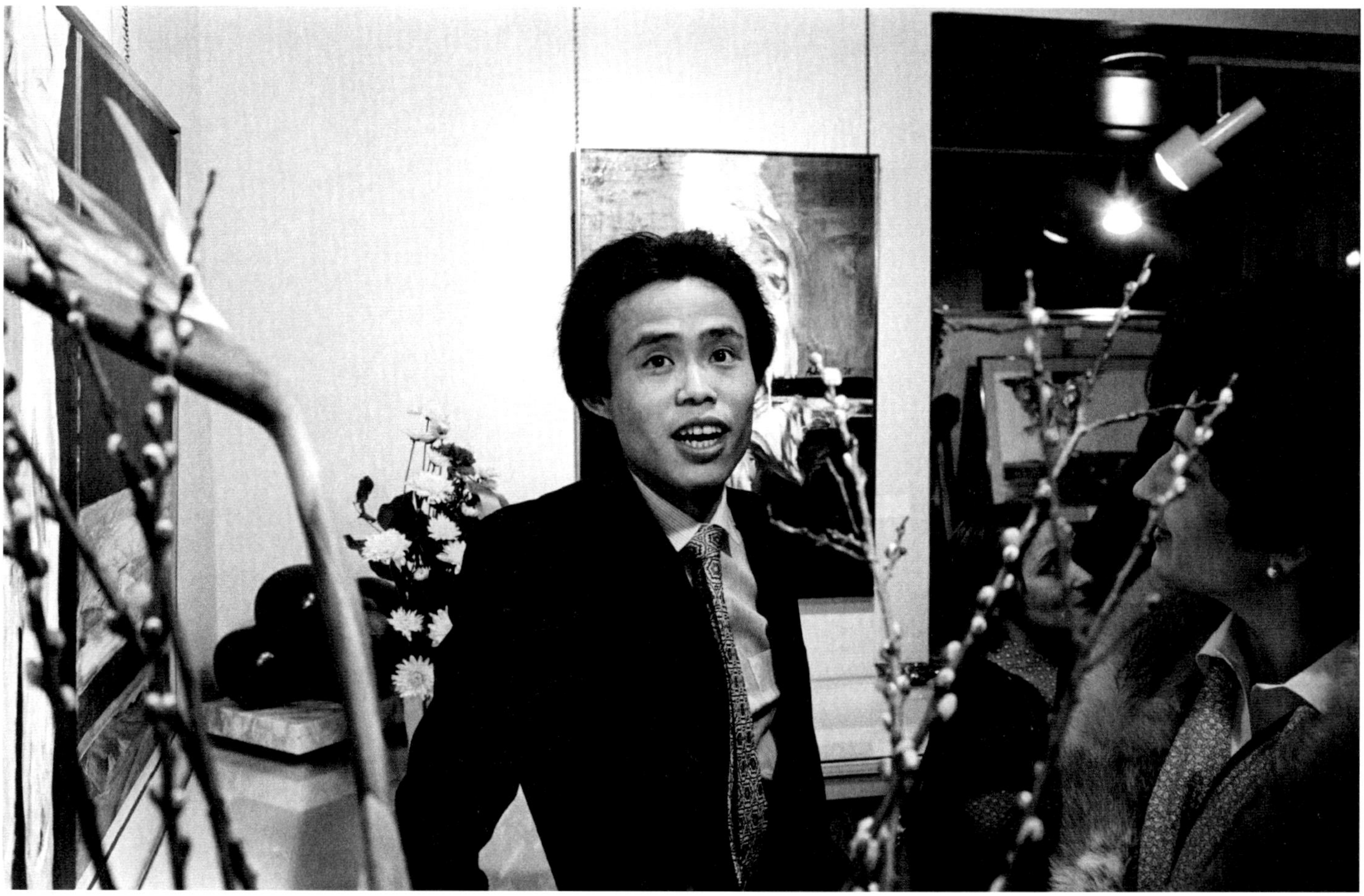

Doreen Lindsay et Andrea Szilasi au vernissage de l'exposition de Doreen Lindsay à la Galerie Powerhouse, mai 1979

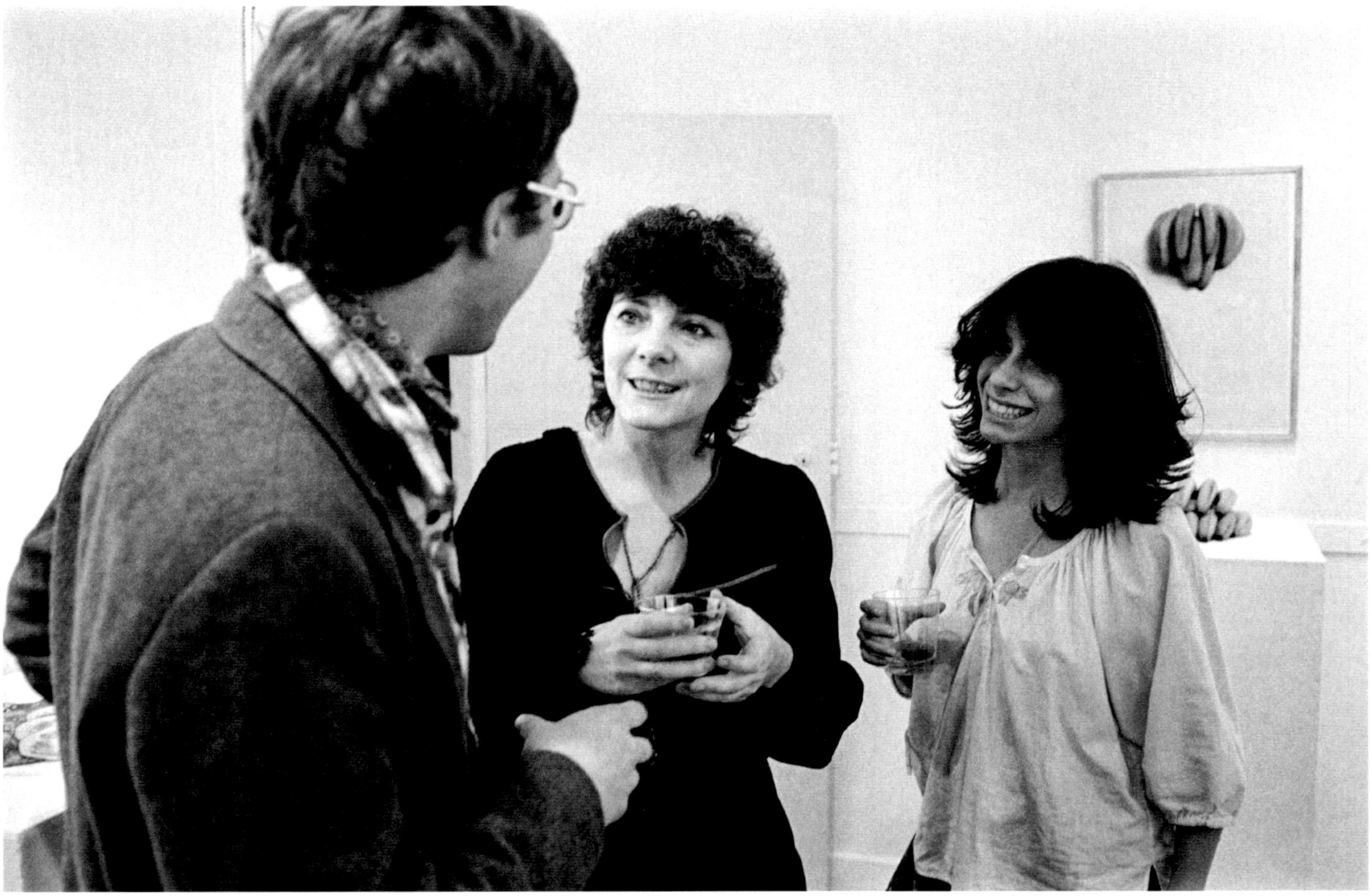

Louise Abbott et Sam Tata au vernissage de l'exposition de Louise Abbott à la Galerie Powerhouse, novembre 1979

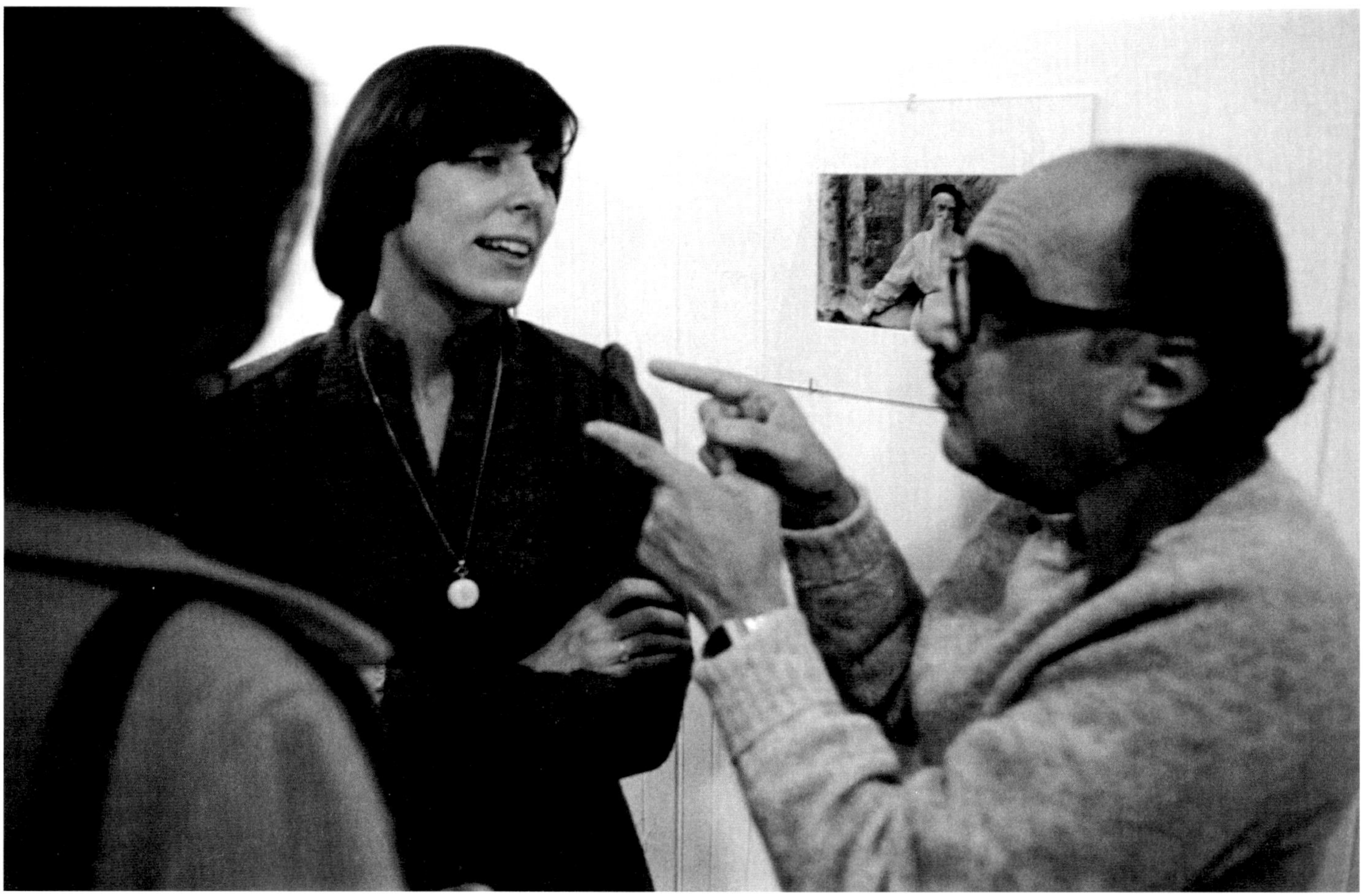

Katherine Tweedie et Tom Gibson au vernissage de l'exposition de Tom Gibson à la Galerie Yajima, mars 1980

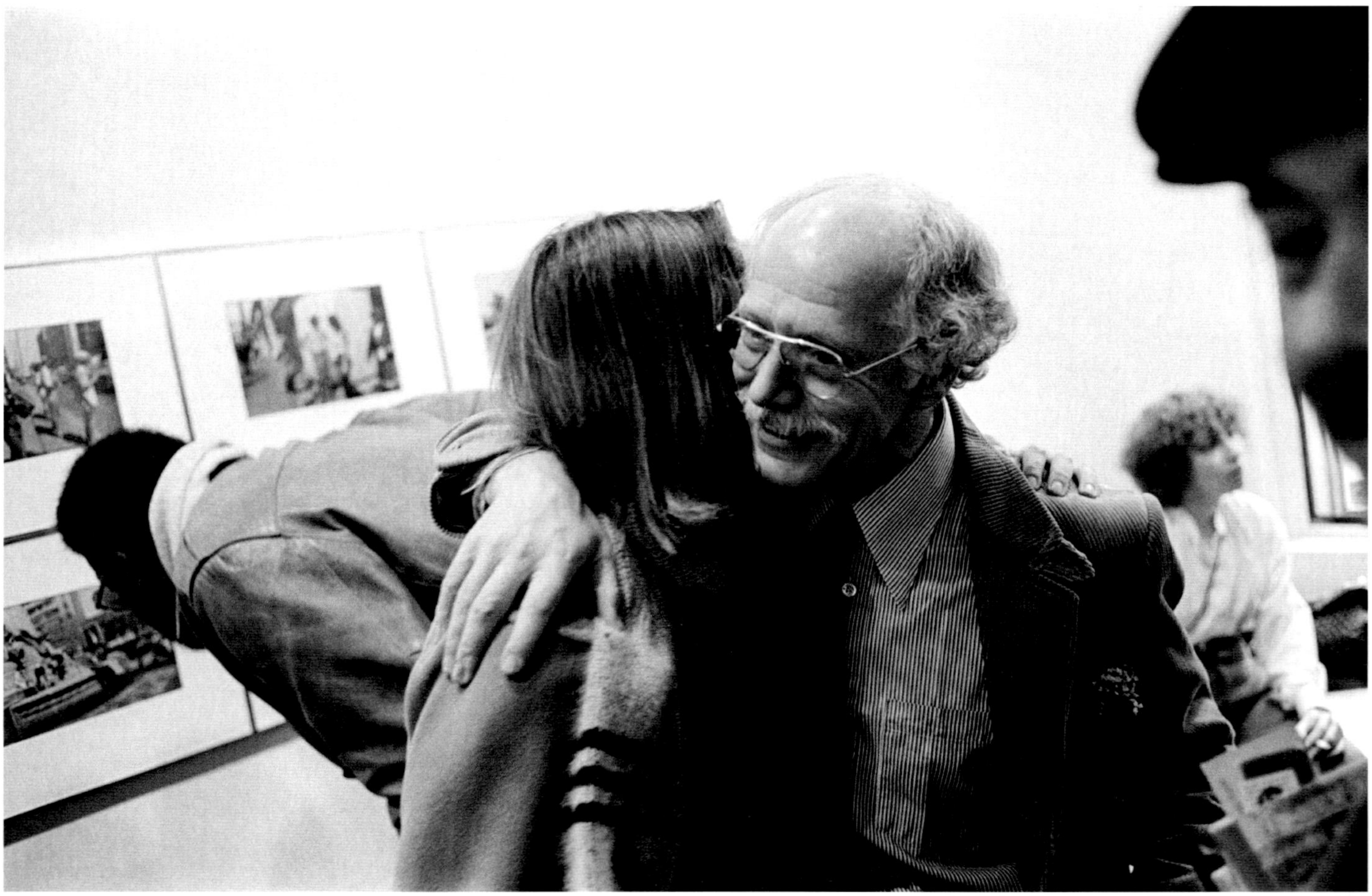

Robert Murray au vernissage de l'exposition de Tom Gibson à la Galerie Yajima, mars 1980

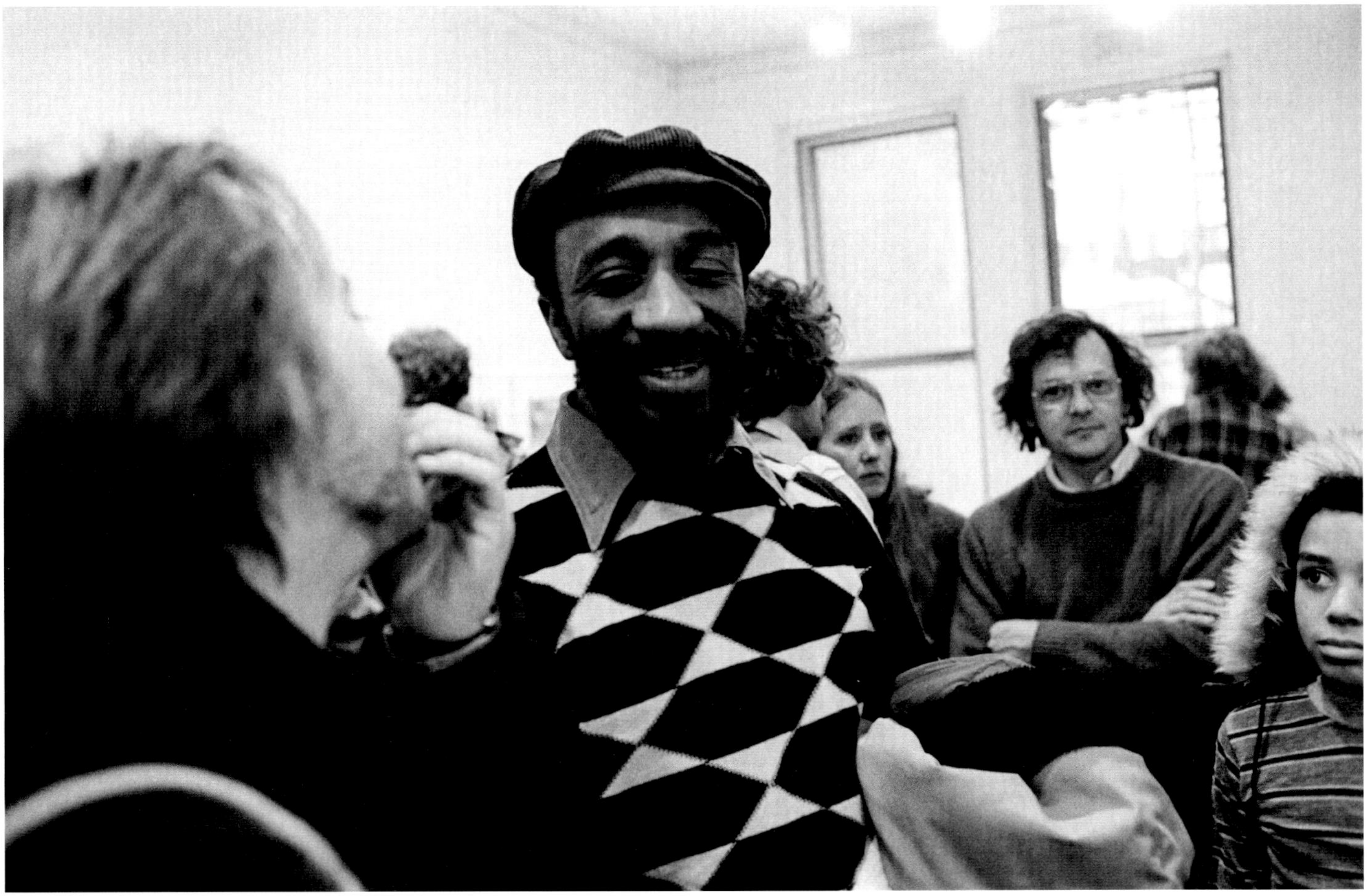

Gilles Hénault, Marcelle Ferron, Michel Lortie et Leo Rosshandler au vernissage de l'exposition de Rita Letendre à la Galerie Gilles Corbeil, novembre 1980

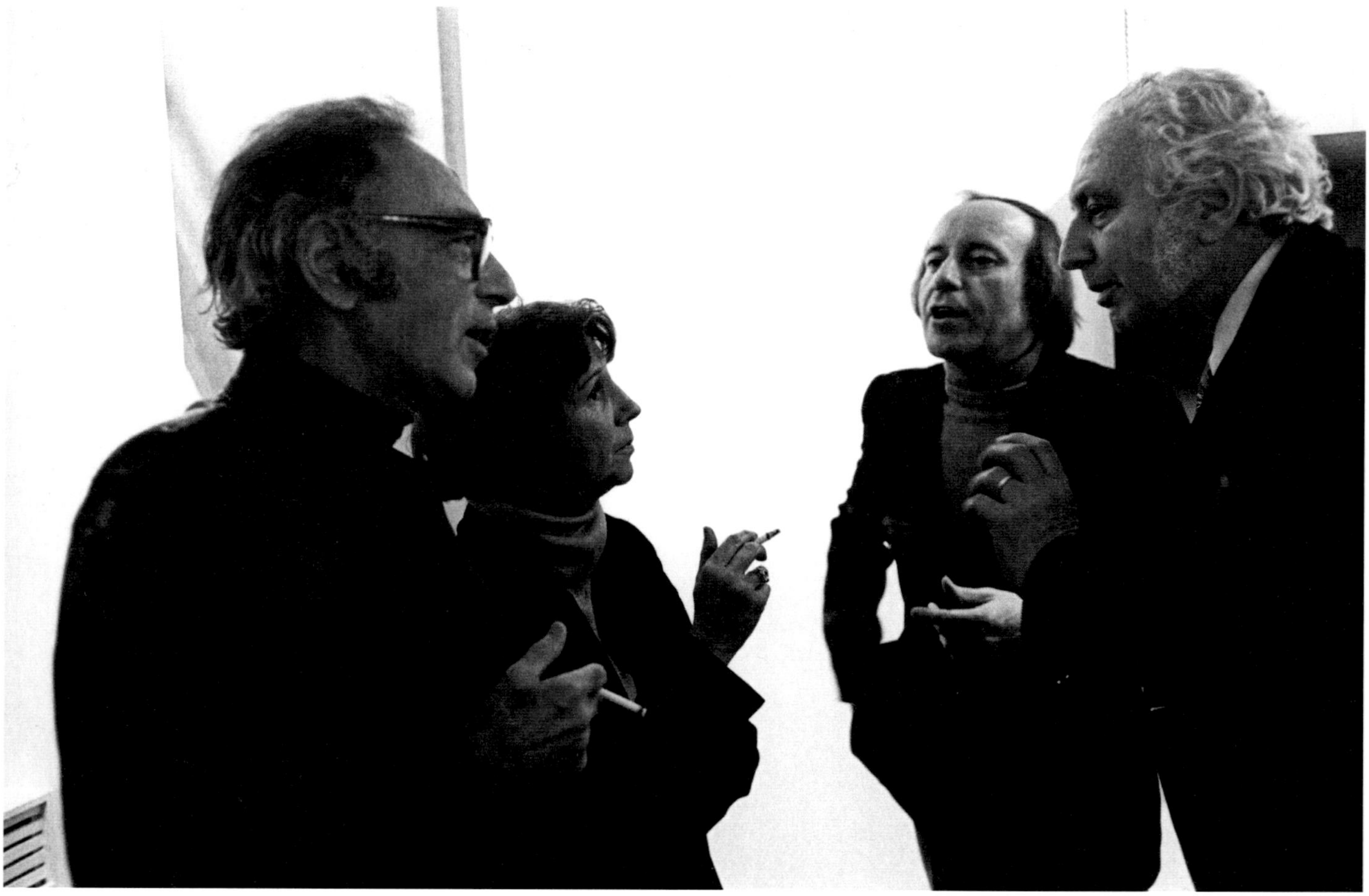

Rita Letendre expliquant une œuvre au vernissage de son exposition à la Galerie Gilles Corbeil, novembre 1980

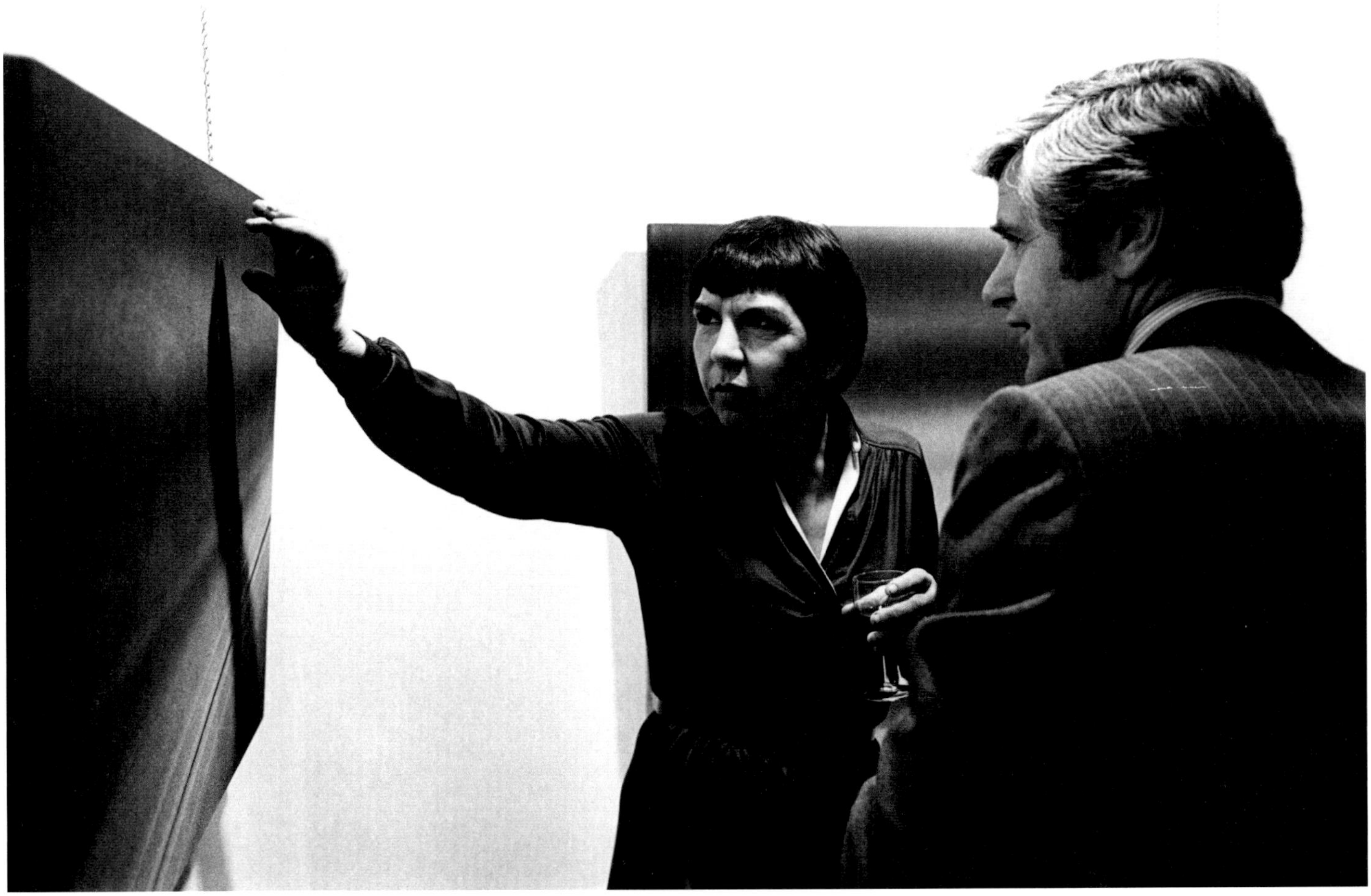

CONVERSATION AVEC GABOR SZILASI

Extraits d'un entretien réalisé par Zoë Tousignant le 26 février 2017

Q. Qu'est-ce qui t'a mené à photographier les vernissages à Montréal ?

R. C'est vraiment par Doreen que j'ai commencé à m'intéresser au monde des arts à Montréal. Je me souviens même que c'est au moment d'un vernissage de Stanley Lewis, en 1959, que l'artiste Nancy Petry nous a présentés. Je me suis intéressé à la vie des arts en général, y compris la musique, la sculpture, la peinture, le dessin. Mais quand j'ai commencé à photographier les vernissages, mon intention n'était pas d'en photographier beaucoup pour éventuellement en faire une exposition et une publication. Je les ai photographiés par curiosité. Je m'intéressais beaucoup à la façon dont vivent les artistes.

J'ai aussi commencé à faire des diapos chez des artistes, à photographier leurs œuvres d'art quand ils avaient besoin de documentation, par exemple, pour des demandes de subventions. Ça m'a permis d'entrer chez les artistes, de jaser avec eux, même de faire des portraits. C'est de cette façon très innocente et intuitive que j'ai photographié les artistes, leurs tableaux et les vernissages. Et j'ai fait des photos dans toutes sortes de lieux, autant des espaces plus modestes que les grandes galeries sur la rue Sherbrooke. Pour moi, il n'y avait aucune différence.

Q. Est-ce que ton appareil t'a permis de franchir des frontières sociales ?

R. C'est vrai que la photographie m'a permis d'entrer chez les gens, avec l'excuse d'avoir à photographier un meuble dans une maison, ou, chez les artistes, leurs œuvres d'art. C'est une des raisons pour lesquelles j'ai choisi la photographie.

Moi, je suis très—ou même trop—curieux de nature. « Nosy » comme on dit en anglais. Et des fois, j'ai posé des questions un peu indiscrètes, mais ce n'est pas la question mais la réponse qui peut être indiscrète. Vraiment, la vie personnelle des gens m'intéresse beaucoup. C'est pour ça que, par exemple, j'ai fait plus tard une série de photos qui combine des portraits noir et blanc et des intérieurs couleur. Je voulais savoir ce qui motive les gens, comment ils vivent, que ce soit des artistes ou des gens d'autres professions.

Q. Sur le plan technique, comment faisais-tu les photos de vernissages ?

R. Quand je photographie des gens, ce sont habituellement des photos d'environnement avec le sujet. Je travaille avec la lumière ambiante la plupart du temps. Dans les vernissages, ce qui était important, c'était la quantité d'informations. C'est-à-dire, de vraiment montrer les visages des gens. Alors, s'il y avait un groupe de quatre ou cinq personnes en train de jaser, je faisais le tour et je prenais trois-quatre photos pour être sûr que chacune d'entre elles allait paraître sur au moins un des négatifs. C'était important aussi de montrer l'exposition même, et c'était parfois difficile de photographier les gens et les œuvres en même temps. Il y avait toujours cette espèce de problème d'essayer de montrer beaucoup d'informations. Mais c'étaient plutôt les gens qui m'intéressaient.

Q. Étais-tu conscient, à l'époque, que tu documentais une histoire de l'art à Montréal ?

R. Non, quand j'ai fait les photos dans les années 1960 et 1970, je n'ai pas pensé que ce serait un document sur les vernissages, sur la vie des artistes à Montréal. C'est vers les années 1990 que j'ai commencé à penser qu'il faudrait bien faire une exposition et une publication avec ces photos. Et ça m'a pris un autre 25 ans avant de le faire ! Je sentais le besoin de montrer au public montréalais ce qui s'est passé il y a 30, 40 ans.

Et là, mon problème, c'est que dans tous ces vernissages, c'est sûr que je connaissais bien les artistes, mais à cause de mes problèmes de mémoire, je reconnais les gens, mais j'oublie les noms. Alors, il a fallu que je contacte des gens de mon âge, ou des plus jeunes, et que je leur montre les photos pour identifier les personnes.

Pour moi, le nom d'une personne est très important. Même quand j'ai fait des photos à la campagne—dans Charlevoix, en Beauce, en Abitibi—, j'ai pris en note les noms des gens, et c'était très important. Parce que ce n'est pas simplement une personne, mais une personne spécifique. Et quand j'ai pris des photos dans les régions rurales lors d'une deuxième visite, j'ai donné des photos. Parce que pour moi, il ne faut pas simplement prendre, il faut que la photo retourne à la communauté.

Q. **Quel est le lien entre ce corpus et le reste de ta pratique photographique ?**

R. Je pense que le point commun entre cette série et d'autres c'est mon intérêt pour les gens, pour l'être humain. Je savais comment commencer une conversation, comment approcher les artistes. En général, je n'ai pas de problème, en tant que photographe, à établir un rapport. Je ne sais pas pourquoi, c'est dans ma nature. C'est important de ne pas être prétentieux, d'avoir une attitude naturelle. Je n'ai pas une nature agressive non plus.

Q. **Es-tu d'accord qu'il s'agit de ta série la plus candide ou spontanée ?**

R. J'ai fait aussi beaucoup de travail avec du grand format, avec un appareil Linhof et des négatifs 4 × 5, et c'est tout à fait une autre approche. J'ai photographié des artistes en noir et blanc avec un appareil 4 × 5, et ce qui est intéressant, c'est qu'on a le temps d'ajuster l'appareil, de choisir le cadre. Malgré cela, parce que je suis d'une nature un peu impatiente, même si l'appareil est sur trépied et que j'ai une très bonne vision sur le verre dépoli, j'ai toujours fait comme si c'était du 35 mm. C'est-à-dire, je n'ai pas pris trop de temps pour faire ma composition. J'aurais pu… non. Quand j'ai travaillé dans les régions rurales, parfois, j'ai fait une seule photo de, je ne sais pas, madame Tremblay ou les deux femmes devant la porte de l'église, et c'était bon. J'étais chanceux.

Q. **Est-ce que photographier les vernissages a influencé le reste de ton travail ?**

R. C'est sûr que le fait d'avoir photographié des vernissages pendant plusieurs années, d'avoir été en contact avec les approches philosophiques des artistes et avec de l'art créé par des moyens d'expression très différents, ça a influencé la façon dont je regarde les choses. Alors quand j'ai photographié d'autres gens qui ne sont pas dans les arts, par exemple le groupe qu'on appelle les Impatients, des personnes atteintes de maladies mentales, j'ai découvert qu'il y a, même chez les gens qui ne sont pas des artistes, certains traits artistiques. J'ai découvert que chez tout le monde il y a une espèce de créativité, qui n'est pas utilisée, mais qui est là.

Q. **Tu fréquentes toujours autant les vernissages. Quels changements perçois-tu entre les vernissages d'aujourd'hui et ceux des années 1960 et 1970 ?**

R. Je pense que l'effervescence de la scène est toujours là. Mais je me demande s'il n'y a pas plus de politique dans les contacts entre les groupes d'artistes aujourd'hui. La vie artistique est beaucoup plus vivante maintenant, grâce aux subventions, aux écoles d'art. Il y a beaucoup d'artistes qui sortent des écoles d'art, et ça devient plus compétitif et politique.

Je vais toujours dans les vernissages, parce que j'aime toujours les gens, ça, ça n'a jamais changé. La scène des vernissages m'intéresse toujours, mais je ne sens pas le besoin de faire des photos… parce que j'ai déjà, je ne sais pas, des dizaines de milliers de négatifs—pourquoi en faire un autre ! À partir des années 1990, presque tous les jours de la semaine, il y avait un vernissage quelque part. Je n'ai pas perdu intérêt, mais je préférais plutôt photographier des gens, des amis, des personnes qui m'intéressaient, mais pas nécessairement dans les arts. Ça a été simplement un changement d'orientation.

p. 144–145 Gabor Szilasi (portant une cravate en métal créée par Henry Saxe) et John Max à la réception organisée pour l'ouverture de Véhicule Art (prise avec l'appareil photo de Gabor Szilasi par un photographe non identifié), octobre 1972

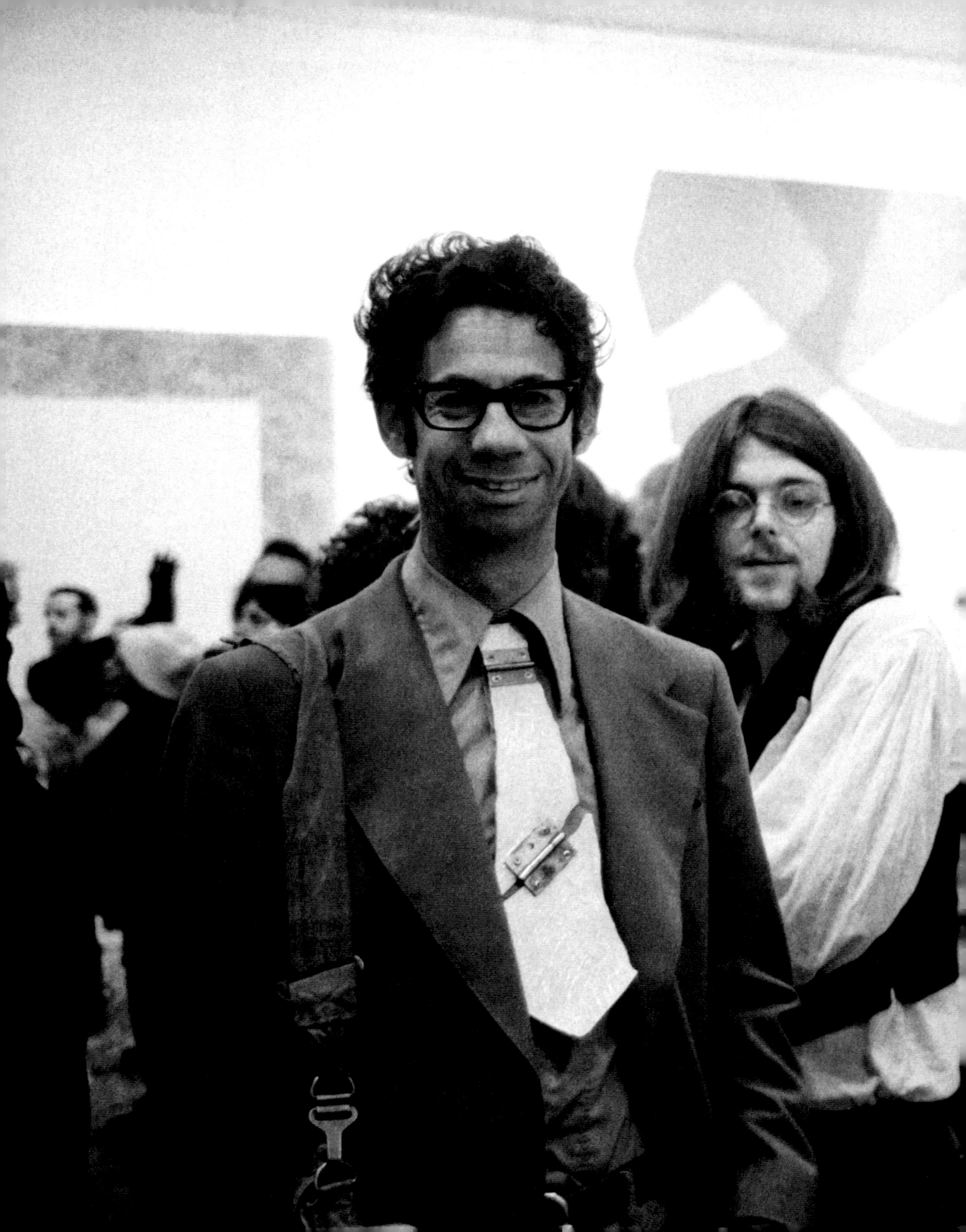

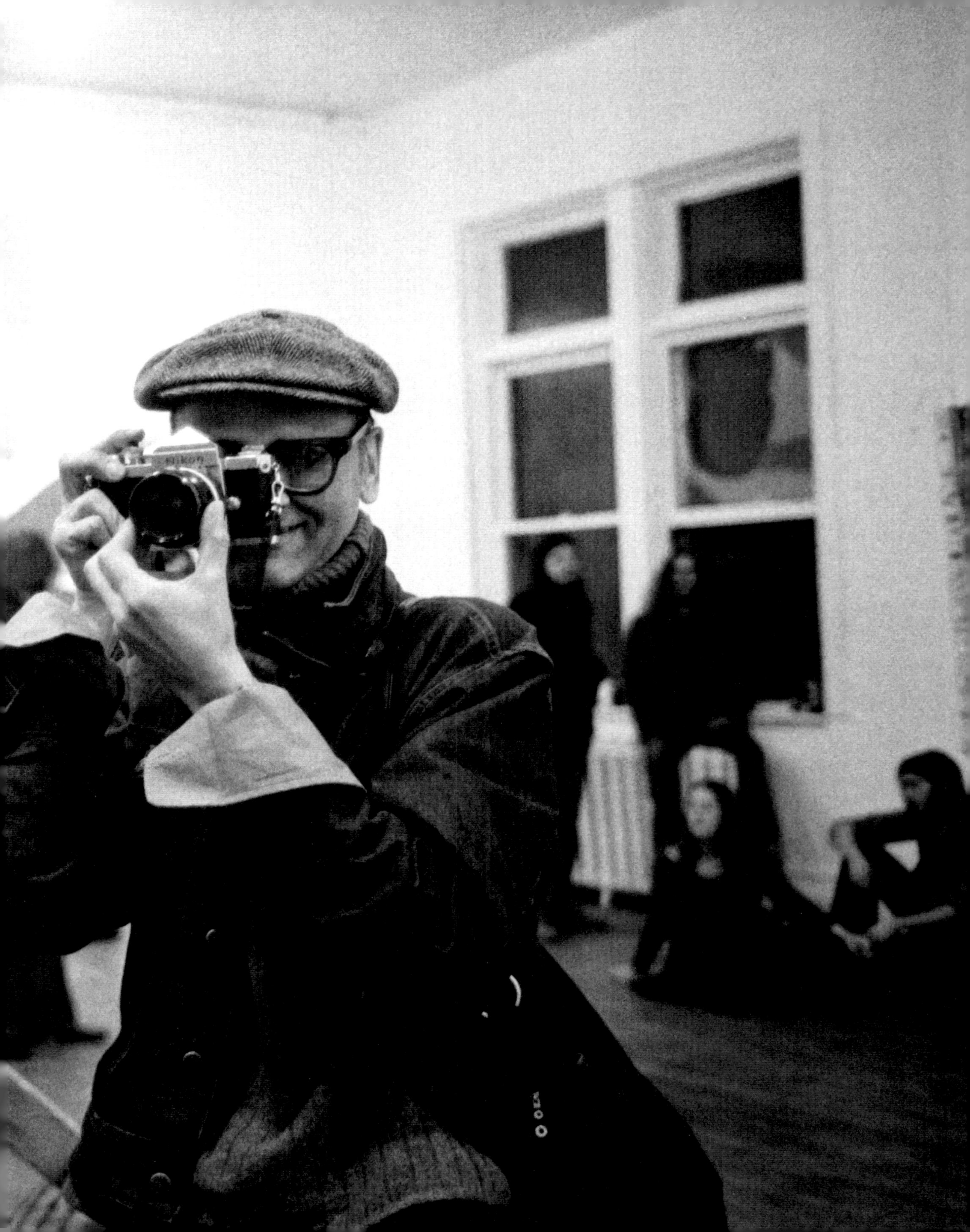

INDEX DES NOMS ET DES LIEUX

Je remercie Robert Graham, qui m'a maintes fois et avec enthousiasme encouragé à m'engager dans ce projet, ainsi que Michel Campeau, qui m'a suggéré de demander à Zoë Tousignant d'être commissaire de l'exposition. Avec intelligence et discernement, Zoë a joué un rôle essentiel dans la réalisation de l'exposition et du livre, et je lui en suis profondément reconnaissant. De l'accommodante et toujours efficace équipe du Musée McCord, j'aimerais particulièrement remercier Suzanne Sauvage, Hélène Samson, Marilyn Aitken et Martine Couillard. Je veux également souligner le très beau travail de Jean Doyon et René Clément à la conception graphique du livre. Ma gratitude, enfin, va à Doreen et Andrea, qui m'ont aidé à examiner des centaines d'épreuves et de planches-contacts, et qui sans cesse m'apportent leur indéfectible soutien.

Gabor Szilasi

Publié par le Musée McCord en collaboration avec McGill-Queen's University Press.

Catalogage avant publication de Bibliothèque et Archives nationales du Québec et Bibliothèque et Archives Canada

Titre :
Gabor Szilasi : le monde de l'art à Montréal, 1960–1980 sous la direction de Zoë Tousignant.

Autres titres :
Gabor Szilasi (2019) / Monde de l'art à Montréal, 1960–1980

Noms :
Tousignant, Zoë, 1978– éditeur intellectuel. Musée McCord, organisme de publication.

Description :
Publié aussi en anglais sous le titre : *Gabor Szilasi: the art world in Montreal, 1960–1980*. Comprend un index.

Identifiants :
Canadiana (livre imprimé) 20190019522
Canadiana (livre numérique) 20190019530

ISBN 9781895615388 (couverture rigide)

ISBN 9781895615418 (PDF)

Vedettes-matière :
RVM : Szilasi, Gabor, 1928–
RVM : Szilasi, Gabor, 1928–Entretiens.
RVM : Artistes–Portraits.
RVM : Photographie artistique–20e siècle.

Classification :
LCC TR681.A7 G33 2019
CDD 779/.2092–dc23

Direction de la publication
Zoë Tousignant, Conservatrice adjointe, Photographie, Musée McCord

Traduction
Danielle Chaput

Révision
Hélène Joly

Traitement des images
Marilyn Aitken, Photographe, Musée McCord

Conception graphique
René Clément et Jean Doyon

Impression
Imprimé au Canada à Friesens, Altona, Manitoba

Crédits images
p. 28 © Getty Images
p. 33 © Brian Merrett
Toutes les autres images © Gabor Szilasi

Cette publication a été rendue possible grâce au soutien du Conseil des arts du Canada et du Conseil des arts et des lettres du Québec.

p. 1 Planche-contact montrant le vernissage de l'exposition de Karel Appel à la Galerie Agnès Lefort, octobre 1962

p. 2–3 Planche-contact montrant un vernissage à la Galerie Godard Lefort, septembre 1968

p. 4–5 Planche-contact montrant le vernissage de l'exposition de Susan et Christopher Caine au Mansfield Book Mart, janvier 1969

p. 6–7 Planche-contact montrant le vernissage de l'exposition de Guido Molinari à la Galerie Sherbrooke, mars 1969

p. 10–11 Doreen Lindsay et Gabor Szilasi au vernissage de l'exposition de Jeremy Taylor au Studio 23 (prise avec l'appareil photo de Gabor Szilasi par un photographe non identifié), novembre 1969

p. 154–155 Planche-contact montrant le vernissage de l'exposition *Borduas et les automatistes, Montréal, 1942–1955* au Musée d'art contemporain, décembre 1971

p. 156–157 Planche-contact montrant le vernissage de l'exposition de Günter Nolte à la Galerie Martal, mars 1972

p. 158–159 Planche-contact montrant le vernissage de l'exposition d'Irene F. Whittome à la Galerie Martal, octobre 1973

CALQ Conseil des arts et des lettres du Québec

Conseil des arts du Canada Canada Council for the Arts

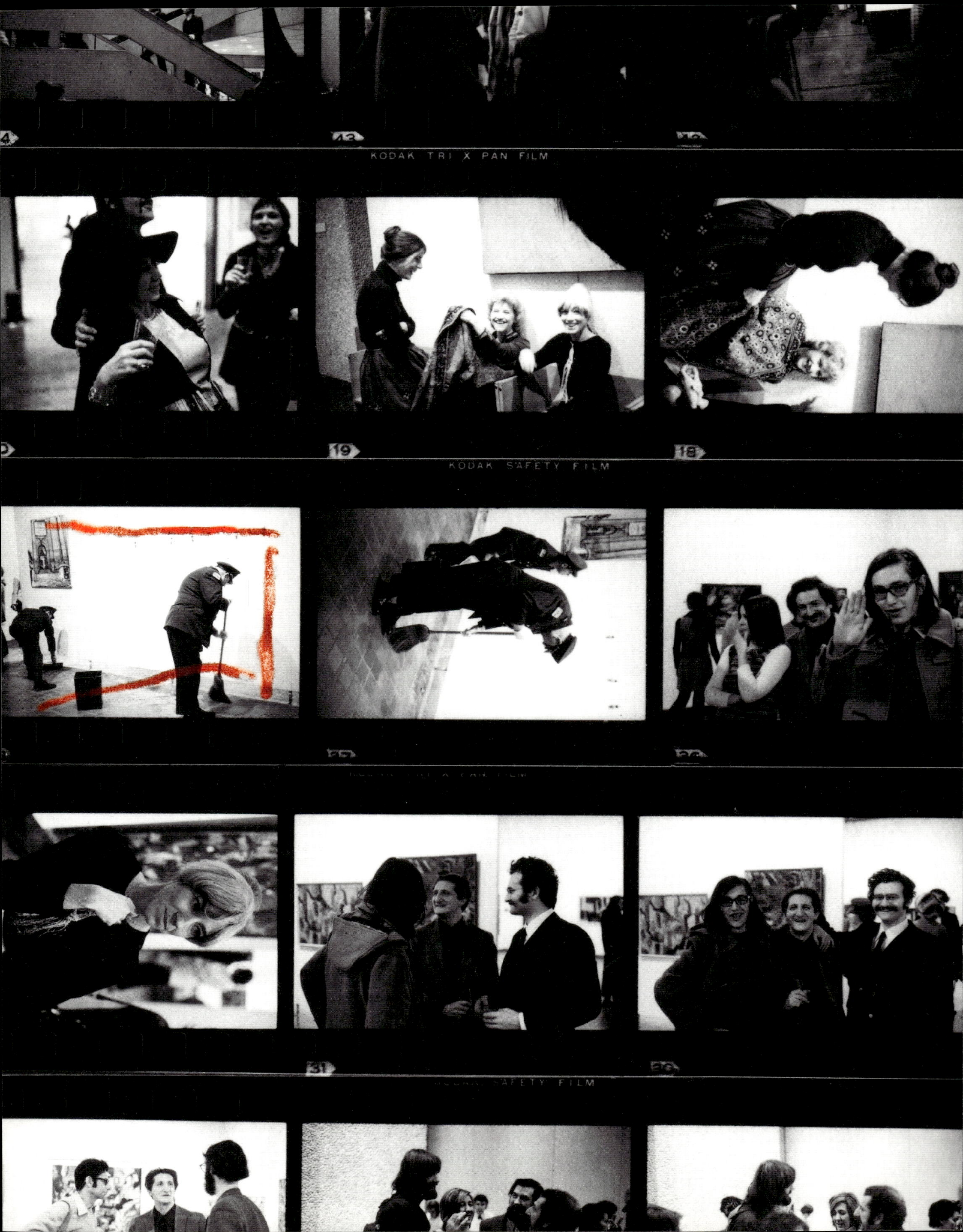
43
KODAK TRI X PAN FILM
19
18
KODAK SAFETY FILM
31
KODAK SAFETY FILM

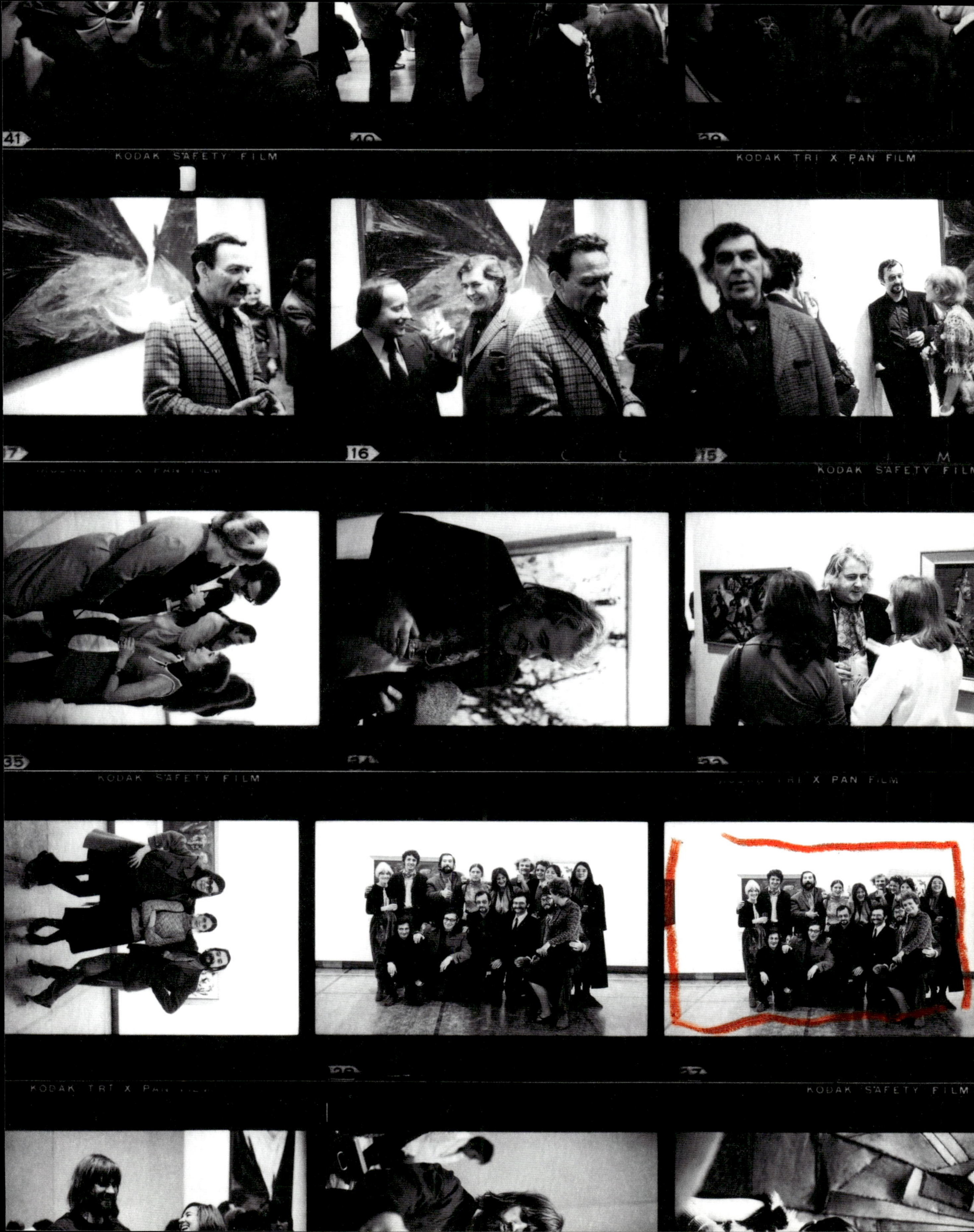
KODAK SAFETY FILM
KODAK TRI X PAN FILM
41
17
16
15
KODAK SAFETY FILM
35
KODAK SAFETY FILM
KODAK TRI X PAN FILM
KODAK SAFETY FILM

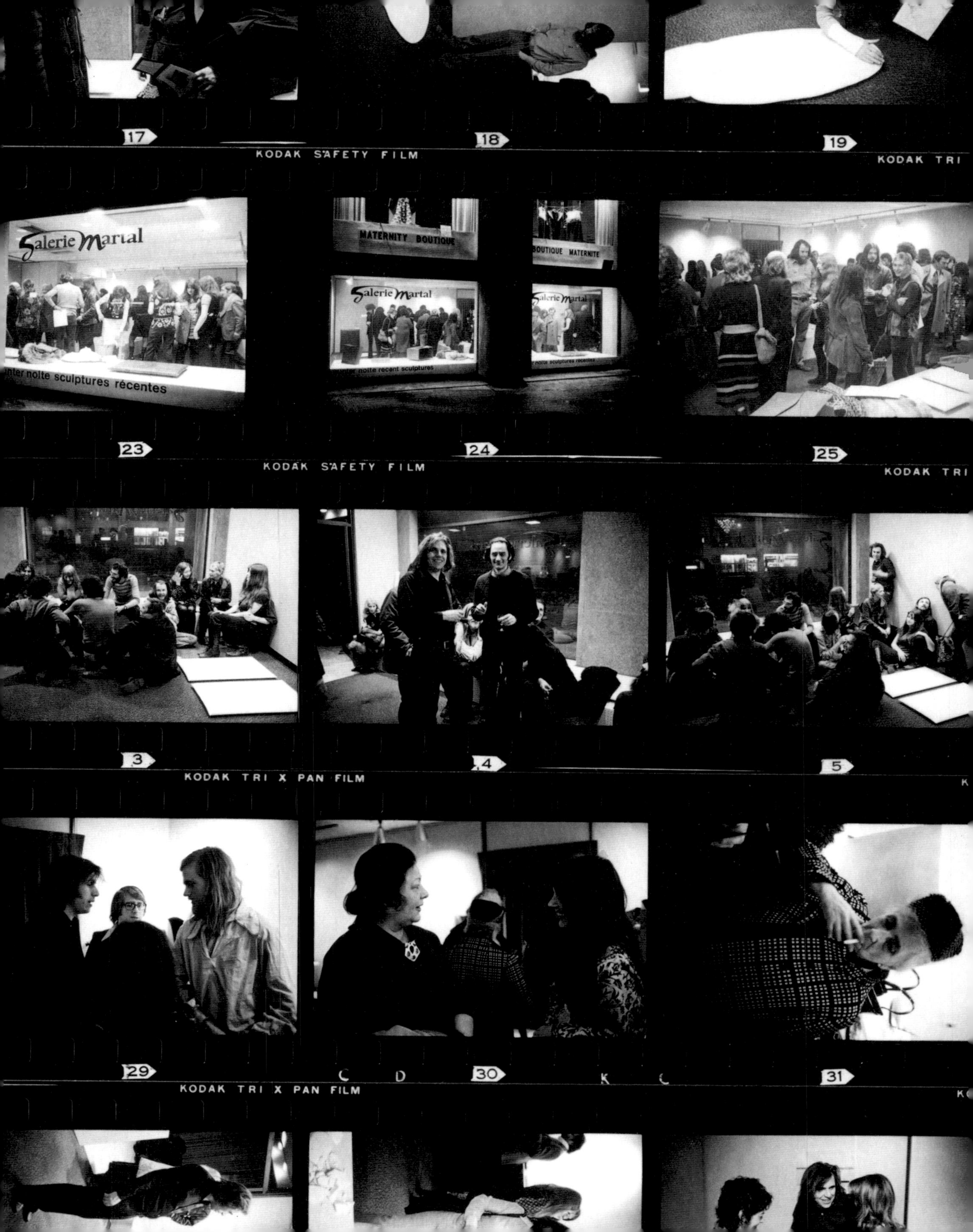
17
18
19
KODAK SAFETY FILM
KODAK TRI
Galerie Martal
inter nolte sculptures récentes
MATERNITY BOUTIQUE
BOUTIQUE MATERNITE
Galerie Martal
inter nolte recent sculptures
23
24
25
KODAK SAFETY FILM
KODAK TRI
3
4
5
KODAK TRI X PAN FILM
29
30
31
KODAK TRI X PAN FILM

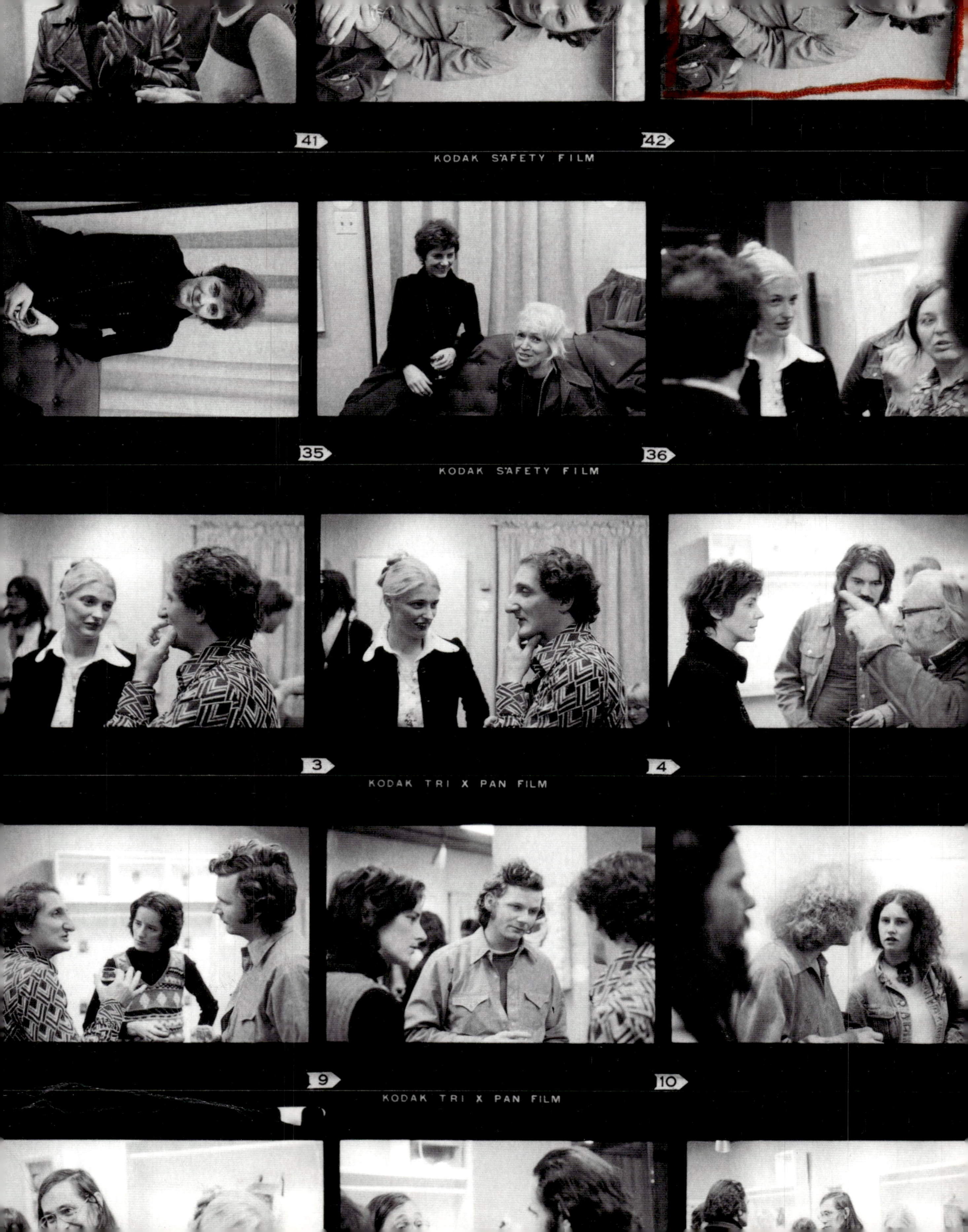
41
42
KODAK SAFETY FILM
35
36
KODAK SAFETY FILM
3
4
KODAK TRI X PAN FILM
9
10
KODAK TRI X PAN FILM

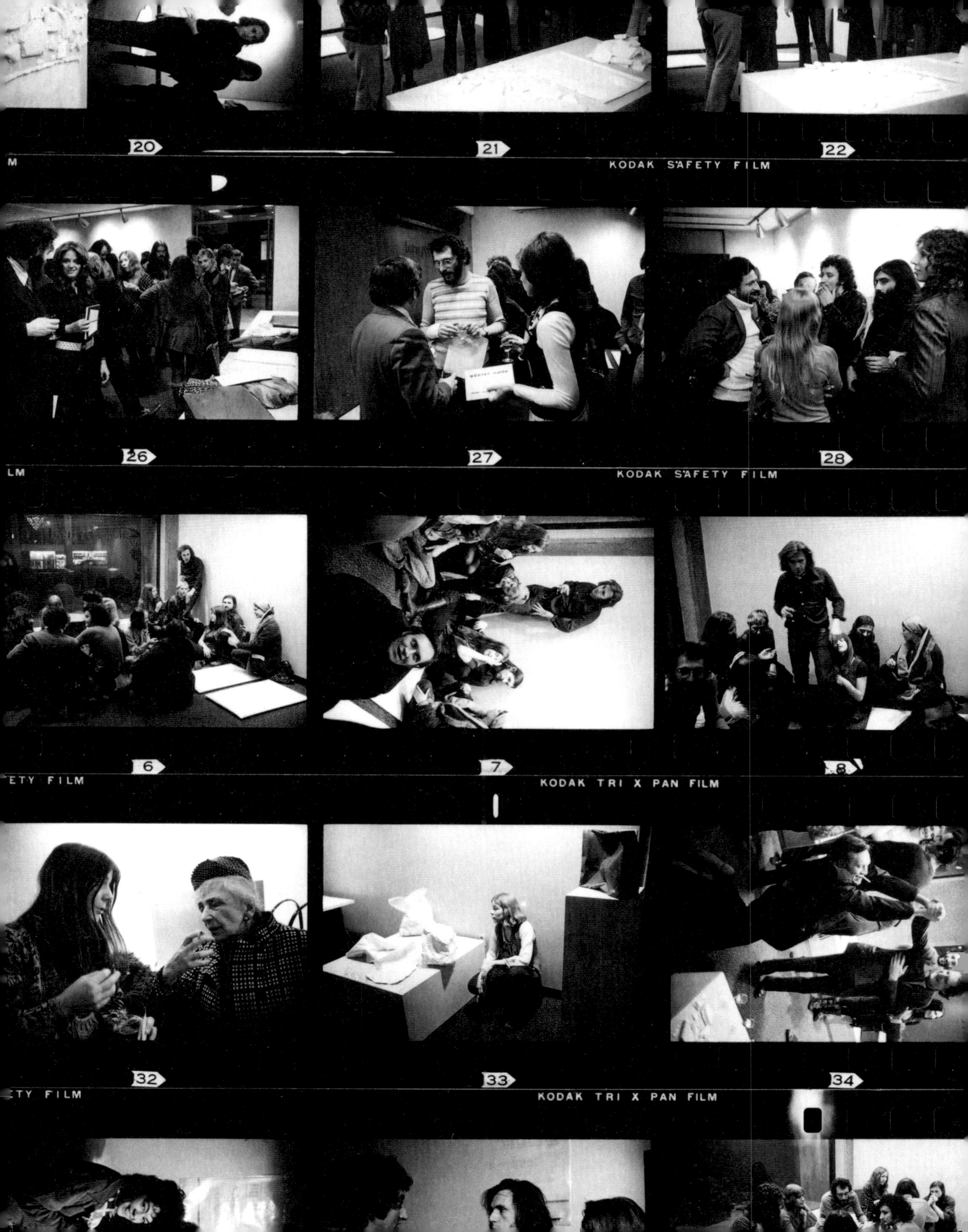
20
21
22
KODAK SAFETY FILM
26
27
28
KODAK SAFETY FILM
6
7
8
KODAK TRI X PAN FILM
32
33
34
KODAK TRI X PAN FILM

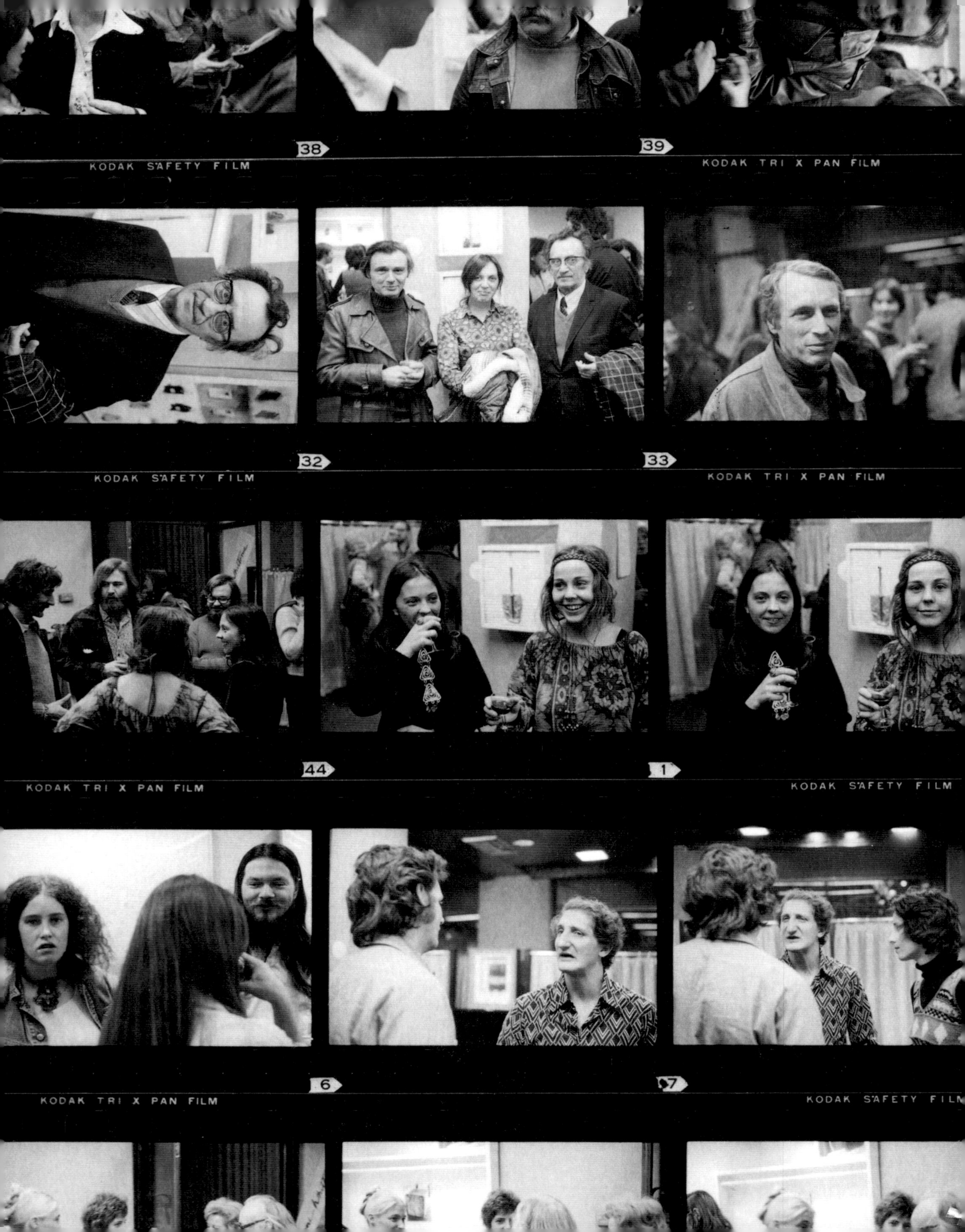
38
39
KODAK SAFETY FILM
KODAK TRI X PAN FILM
32
33
KODAK SAFETY FILM
KODAK TRI X PAN FILM
44
1
KODAK TRI X PAN FILM
KODAK SAFETY FILM
6
7
KODAK TRI X PAN FILM
KODAK SAFETY FILM